美中大國關係下的臺灣發展

臺灣的歷史發展脫離不了美國的掌控 / 沈惠平 著

崧燁文化

目　　錄

前言

緒論 探究美國對臺政策的真實意圖 / 0 0 1

　　一、研究現狀 / 0 0 2

　　二、主要觀點 / 0 1 1

　　三、研究意義、方法與創新 / 0 1 7

　　四、內容安排 / 0 2 3

上篇 美國民族主義與「改造中國」的使命 / 0 2 7

　第一章 美國民族主義 / 0 2 7

　　第一節 民族與民族主義 / 0 2 7

　　第二節 美國民族主義的內涵和特性 / 0 4 5

　　第三節 美國民族主義與外交政策 / 0 5 3

　　第四節 小結 / 0 6 5

　第二章 美國民族主義與「改造中國」的使命 / 0 6 8

　　第一節 中美關係的歷史演變 / 0 6 9

　　第二節 什麼是「改造中國」的使命？ / 0 8 4

　　第三節 美國民族主義與「改造中國」的使命 / 0 9 1

　　第四節 小結 / 0 9 5

美國對臺政策的解讀：一種美國民族主義視角 / １００

第三章 臺灣問題與美國對華戰略 / １００
第一節 美臺關係的歷史演變 / １００
第二節 臺灣問題的產生與實質 / １１１
第三節 美國對華戰略：遏制、接觸還是接觸加防範？ / １２０
第四節 小結 / １３２

第四章 中美關係緩和前美國的對臺政策 / １３４
第一節 美國對臺政策的演化 / １３４
第二節 新中國成立前後美國的對臺政策 / １５１
第三節 三次台海危機與美國的對臺政策 / １５８
第四節 小結 / １６９

第五章 中美建交前後美國的對臺政策 / １７３
第一節 中美關係的改善 / １７４
第二節 尼克森、卡特時期美國的對臺政策 / １８２
第三節 雷根時期美國的對臺政策 / １８８
第四節 小結 / １９６

第六章 後冷戰時代美國的對臺政策 / １９９
第一節 老布希時期美國的對臺政策 / １９９
第二節 柯林頓時期美國的對臺政策 / ２１２
第三節 小布希時期美國的對臺政策 / ２２３
第四節 小結 / ２３０

第七章 結語／２３３

    第一節 如何認識美國民族主義？／２３３

    第二節 如何認識美國民族主義與「改造中國」使命的關係？／２３７

    第三節 如何從美國民族主義與「改造中國」使命的關係視角

        解讀美國的對臺政策？／２４２

    第四節 小結／２４９

附錄 美國對臺政策大事記／２５１

參考文獻／２５７

後記／２７３

前 言

　　在中美兩國交往的歷史過程中，始終存在著一個美國意圖「改造中國」的使命，它植根於美國的民族主義意識形態之中。這一使命在新中國成立後依然根深蒂固於美國人的思想觀念裡，美國對臺灣的扶持成為這種「使命」的延續，即以美國的民主、自由等價值觀和制度來影響和改造臺灣、進而以臺灣為「燈塔」促成中國大陸也發生變化，以期最終達到「改造中國」這一美國對華戰略目標。換言之，美國的對臺政策服從於美國的對華戰略和目標，它可被解讀為「改造中國」使命的體現。這一使命的作用延續至今，長期以來，美國把臺灣當做移植和擴展美國式民主政體和價值觀念的重要一環，更是其影響中國大陸政治進程的一個重要組成部分、或者說臺灣是美國對中國大陸進行「和平演變」的工具。

　　本書以美國民族主義作為理論基礎，試圖從美國民族主義與「改造中國」之使命的關係視角來解讀美國對臺政策的演化過程。這個過程可從「以臺變華」方針的具體演變來探討。縱觀半個多世紀以來的美國對臺政策，可以清楚地看出，美國對臺政策中「以臺變華」方針大致經歷了三個階段的變化。在冷戰對峙時期，「以臺制華」、遏制中共並促使中國大陸內部「崩潰」，同時扶持臺灣有朝一日返回大陸成為美國的政策重點，即以所謂的「自由中國」代替共產主義中國；但到了1950年代末，美國意識到「遏制加孤立」的政策並不能促使中國大陸內部發生改變，「和平方式」開始醞釀，於是，「欲改造中國，必先改造臺灣」的設想被逐步提上政策議程。到了60年代中期，「以臺變華」的方針得以最終確立。1970年代中美關係緩和之後，中美兩國之間的直接接觸雖為演變中國大陸創造了有利條件，但美國依然認為應該加速臺灣的「民主

化改造」,「以臺變華」的方針由此付諸實施並逐漸明朗化。80年代末、90年代初冷戰結束後,美國對臺政策中「以臺變華」的方針被全面推行,臺灣實際上充當了美國向中國大陸推行「和平演變」的「據點」和前沿陣地。總之,美國意圖以臺灣的局部之變促大陸整體之變,以臺灣的先行之變促大陸後來之變,亦即透過對臺灣的「民主化改造」來促進中國大陸邁向「民主化」,最終實現「改造中國」之目標。

緒論　探究美國對臺政策的真實意圖

　　1948年底至1949年初中共在內戰中不斷取得勝利的消息給當時美國朝野帶來了極大的震驚和恐慌，也引發了統治集團內部一場所謂「誰丟失了中國」的激烈爭吵。1949年8月，國務卿艾奇遜（Dean Acheson）[1]在遞交《美中關係白皮書》時所附的信上曾經指出：「不幸但又無法逃避的事實，是中國內戰的結局超出美國的控制能力，美國盡其所能所做或者可能做的任何努力都不能改變這種結果，美國已經盡力而為了。」[2]要言之，艾奇遜等人的解釋是，國民黨的腐敗無能致使其失盡民心，因此，蔣介石政權的失敗在很大程度上是咎由自取，但國民黨的失敗並不等於美國的失敗。相反，「他們認為美國需要耐心，在中國失去影響只是暫時的，待『塵埃落定』之後，美國影響早晚得以重返中國，美國人有朝一日將在中國重新擔負起原先的使命。」[3]說到這裡，人們首先會產生疑問，美國人在中國究竟擔負著什麼樣的使命？其次，為什麼會產生這樣的使命？最後，這樣的使命對中國的發展真有幫助嗎？如此等等，不一而足。

　　學者戴維·麥克林（David McLean）曾經就中共的勝利對美國的心理影響問題指出：「中國新政權對美國的冒犯要比它虐待美國人員、在宣傳上對美國的攻擊、對美國經濟利益的挑戰或中共控制中國對美國構成的戰略威脅要深得多。中共對美國最深刻的冒犯在於，透過忠誠於一種非美的（un-American）意識形態和作為美國主要對手的國家，中共出賣了美國要在亞洲實現自己的全球使命的目標……如果不注意中國在美國民族主義意識形態中（the ideology of U.S.nationalism）所占據的位置，是不可能對1949～1950年間美國對華政策中最獨特的要素給予一個滿意的解釋的。」[4]從麥克林的闡述中，可以推斷中國在美國民族主義意識形態中的重要性，如果不對這一重要性給予重視，人們很難更好地理解美國對華政策中的所作所為，也就無法更準確地解讀美國的對臺政策。本書即以美國民族主義作為理論基礎，試圖從美國民族主義與「改造中國」之使命的關係視角來解讀美國對臺政策的演化過程，以求教於大家。

一、研究現狀

1.美國對臺政策的研究

臺灣問題歷來就是中美關係研究中經久不衰的重要課題，大陸學界的著述主要對1949年以來美國對臺政策的演化作細膩的考察，或者對某個時段如詹森、小布希時期的美國對臺政策進行詳細分析，或者對涉及美臺關係的相關文件進行整理分析。[5]在臺灣學者的相關研究中，被大陸學界大量引用的一部著作是陳志奇的《美國對華政策三十年》，該書的最大特點在於應用資料極為詳盡，讀者可以從中獲取大量的訊息。[6]西方學者關於中美關係和臺灣問題的研究成果是相當豐富的[7]，遺憾的是有關美臺關係的論著卻不多見，即使為數不多的論著也多針對個別危機，而不是就美國對臺政策作深入的探討。已經問世的研究成果中，影響較大的是唐耐心（Nancy Bernkopf Tucker）的著作《不確定的友情：臺灣、香港與美國，1945—1992》。該書認為，美國四十多年來一直是臺灣的「保護國」。對臺灣而言，華盛頓堅決反共的立場就是臺灣穩定和安全的最大保證，只要美國政治領導人把冷戰放在第一位，那麼臺灣就會受到保護。實際上，臺灣可以繼續以「自己的忠誠」來換

取美國的援助，巧妙地應付華府，「使之對臺灣內部政治和社會方面的弊端視而不見或予以原諒」。該書從政治、軍事、經濟、文化以及社會等方面全面、詳盡而又深入地探討了美臺關係，為此書的中譯本做評論的《中國時報週刊》主筆林博文稱：「《不確定的友情》的最大貢獻是，過去三四十年，從來沒有一部著作像它這樣全面、詳盡而又深入地討論美臺關係。」8該書的附錄二介紹了歷年來所有關於美臺關係的著作和論文，這也是此書價值之所在。而臺灣與美國自1949年後的複雜關係，在唐耐心埋首大量解密檔案、歷史人物訪談與學術資料，終於在《海峽對談》這一新書中，首度呈現了一甲子歷史的縱深，不再僅限一般十年或二十年的分析。9

簡言之，目前學界就美國對臺政策的研究文獻，不論從美國的地緣戰略、亞太戰略甚或全球戰略，從美國的政治、經濟與文化的利益角度，還是從美國的意識形態（戰略）利益視角進行考慮，可以發現它們具有一個共同的特徵，即幾乎都認為美國對臺政策的出發點是美國的國家利益，其典型的表述如下：「美國對臺政策始終是以維護美國國家利益、維護和促進美國在世界和亞太地區的領導地位、促進美國的政治經濟文化等利益為基本前提。」10但對於什麼是美國的國家利益？研究者見仁見智。由於對美國國家利益的真實含義的理解差距過大，所以目前學界對美國對臺政策的研究沒有深入。而這涉及另一個非常重要的議題，即對美國民族主義的研究。

2.美國民族主義的研究

眾所周知，在這個民族國家仍然為國際社會主要行為體的時代，任何一個民族國家都存在著民族主義，美國亦不例外，因為任何一個民族國家都會本能地從民族主義的角度來看待自身和外部世界，其最根本的指導思想就是民族主義。不僅如此，民族主義在美國是很有影響的。比如，美國的獨立戰爭實際上就是民族主義的產

物，美利堅民族要擺脫大不列顛民族的統治與壓迫。或者說，美國的民族主義是和美利堅民族的形成相關的。這時的民族主義應該說是有積極意義的，即它符合民族主義一般的定義——指「被征服、被宰制或者被壓迫的情境中」，「從屬的政治群體」的政治運動。然而，後來隨著美國的發展和強大，美國的民族主義則成了其向外擴張的動力和依據。「美國偉大」、「天定命運」和「美國例外論」等觀念都是這種民族主義的表現。簡言之，美國雖不是一個倡導「民族主義」的國家，但「民族主義」在其歷史發展進程中占據著不可忽視的地位。

目前大陸學界對美國民族主義的研究主要散見於一些論文之中，如時殷弘等人的《美國極端民族主義》、劉建飛的《民族主義與美國對外政策》、王緝思的《美國霸權的邏輯》以及吳嘉蓉的《淺論美國的宗教與民族主義意識形態的政治作用》等論文。[11]概而言之，上述研究成果表明美國的民族主義是客觀存在的，儘管許多美國人在主觀上不大願意承認這一點，它在其形成早期具有積極的意義，但從本質上講，這種民族主義的非理性因素在進入20世紀之後，隨著種族、宗教、文化多元化和民主外延的擴大，「天定命運觀」過渡到「普世價值觀」，已與美國在全球的擴張和霸權融為一體了。而曹瑞臣的《現代化進程中的民族主義——美國民族主義的歷史軌跡》一文則透過探討歷史上民族主義的緣起與演變來看近代美國民族主義的歷史軌跡，認為美利堅民族的政治理想、天賦使命觀和民族自豪感鑄就了當今的美國民族主義。而且，在當代美國外交政策的制定與實施中，民族主義日益成為重要的動力。[12]

總的來看，雖然中國對美國民族主義及其對美國外交政策的影響的研究已有一些成果，但是專著性成果並不多見，首部以「美國民族主義」命名的著作《美國民族主義——影響國家安全戰略的

思想根源》，就美國歷史上不同時期美國民族主義與國家安全戰略的相互關係進行考察，試圖透過對歷史和現實政策的梳理和解讀來論證美國走向世界的歷史就是在美國民族主義指導之下不斷擴張、追求世界權力的歷史。這確實從一個側面揭示出美國民族主義與美國外交政策之間的關係，但是總體的論述不夠深入。其他有關美國民族主義與美國外交政策之間相互關係的討論，散見於研究美國外交（政策）的著述之中，如劉建飛在《美國與反共主義》一書中的部分內容就論述了民族主義與美國外交政策的關係。周琪則在《意識形態與美國外交》一書裡的第二章「美國例外論——美國外交政策的根源」中談道，她贊同美國研究者幾乎一致公認的觀點，即「美國例外論是理解美國人的自我形象、民族主義、政治文化和外交政策的關鍵」，由此可見，不瞭解美國例外論就不可能理解美國的民族主義。在此基礎上，她比較詳細地對所謂的「美國例外論」的起源作了較為深入的分析，並得出結論認為：美國例外論是美國對外政策的源泉，它不僅孕育了指導美國19世紀擴張的「天定命運」之說，而且從美國立國起就是其理想主義外交政策以及現實主義外交政策的根源。[13]可以說，周琪對美國例外論的闡述為我們理解美國民族主義提供了值得參考的見解。此外，王曉德雖然不是專門研究美國民族主義的學者，但他的著述有助於我們更好地理解美國民族主義，比如他在《美國文化與外交》[14]一書中對美國文化與外交（政策）之間關係所作的分析和闡述對進一步研究美國民族主義是有助益的。其中，他對「天賦使命」的詮釋尤為有用，這是因為按照亨廷頓的觀點，即關於美國特殊命運的思想是美國民族主義的核心，所以，不充分理解美國的「天賦使命」說，將很難分析美國的民族主義問題。王立新在《意識形態與美國外交政策》一書的第二章中比較詳細地分析了美國民族主義意識形態的主要內容，包括美國人的自我形象、國家認同思想、對國家偉大的不同觀點以及國家使命觀和完成使命的方式。在此基礎上，他總結出美國

民族主義的三個特徵：在全世界推廣和實現美國價值觀和理想成為美國民族主義的重要目標、美國民族主義具有強烈的宗教色彩以及美國慣於尋找「他者」即自由的敵人來強化自身的國家認同與民族凝聚力。15潘亞玲在《美國愛國主義與對外政策》一書裡對美國愛國主義與民族主義的區別，則有助於我們更深刻地理解美國的民族主義。16在中國就該主題的研究而言，目前所能找到的學位論文也不多，如潘亞玲的博士論文《「9·11」後的美國愛國主義與對外政策》（復旦大學，2007）、張爽的博士論文《「美國至上」：對冷戰後美國國家安全戰略報告的一種解讀》（復旦大學，2004）、杜麗的碩士論文《冷戰後美國民族主義對美國對華政策的影響》（福建師範大學，2007）、孫玉婷的碩士論文《杜魯門時期美國「冷戰共識」的形成》（山東師範大學，2006）、張妍的碩士論文《美國對外政策決策中的新聞媒體因素分析》（中共中央黨校，2004）等。這些學位論文就美國民族主義對美國外交政策中的某個部分或某個時期的影響進行了較為細緻的考察，給予人們不少啟示。雖然如此，中國所有的研究整體感似乎稍嫌不足，並且都有待更為深入地研究，比如對美國民族主義的特殊性的探究。

講到美國的民族主義，幾乎所有的西方（主要是美國）研究著述首先都要提到美國的民族認同或民族意識的獨特性，即與其他民族的認同主要指向本民族的傳統、土地、血緣和社群等相比，美利堅民族的民族意識則主要由普適性的社會、政治價值觀（體現在所謂的「美國信念」之中，或者說美國信念是美國民族認同的獨特根源）所塑造。如塞繆爾·亨廷頓（Samuel P.Huntington）17所言，「大家基本上都同意，美國是根據某種政治理想構建出來，並受著自由平等承諾或夢想的激勵。這些政治理想是美國國民認同的核心，在推動美國政治演進和發展中發揮著關鍵性的作用。」18或者說，「美國人對美國的認同，主要在於政治理念和體制，而不在地方。」19由此導致美國人傾向於認為，美利堅民族是上帝的

選民,他們注定要在新世界創造一個嶄新的國家,作為照亮其他國家的「燈塔」。如此一來,美國例外論應運而生。所謂美國例外論就是指這樣一種觀念:上帝選擇了美利堅民族(作為上帝的選民)把它安置在北美這片新大陸上,並賦予它特殊的使命——在這裡建立一個自由和民主的樣板。美國因此成為一座「山巔之城」(a city on a hill),是世界各國光焰奪目的榜樣。美利堅民族還由此肩負著上帝所委託的把自由民主的價值觀念和民主制度推廣到世界各個角落的使命。「例外論」在美國深入人心,這是因為許多美國人認為,作為上帝選擇的一個特殊國度,美國對人類的歷史發展和命運承擔著一種特殊的責任,負有把世界從「苦海」中拯救出來的「使命」。正如安德森(Benedict Anderson)曾經指出的,美國例外論是美國信仰體系的核心,它有助於確立美國「想像的共同體」[20],這種神話根深蒂固於美國白人文化之中,深深地影響著美國人對外部世界的看法與態度。其結果,當美利堅合眾國作為一個主權實體開始發展與其他國家的外交關係時,這種使命觀對政府決策者的思想產生了深刻影響,並在美國外交政策中體現出來,成為表現在美國對外關係上的一個顯著特徵,就如美國歷史學家莫雷爾·赫爾德(Morrell Held)等人在《文化與外交》一書的導言中寫道:「美國外交事務的出發點是這樣一種信仰,即美國在外部世界關係中享有一種任何其他國家都不能享有的特殊使命。」[21]

當然,迄今為止包括美國學者在內的國外學者對美國民族主義及其對美國外交政策影響的專門論述不多,目前所能見到的比較系統論述美國民族主義的英文著作主要有:漢斯·科恩(Hans Kohn)的《美國民族主義:解釋性文集》(1957)、約翰·弗塞科(John Fousek)的《領導自由世界:美國民族主義與冷戰的文化起源》(2000)以及阿納托爾·列文(Anatol Lieven)的《美國對或錯:對美國民族主義的剖析》(2004)[22]等。這些著作仔細地考察了美國民族主義的性質與特徵以及對美國外交(政策)的影

響。漢斯·科恩的著作可能是第一本專門探討美國民族主義的文集，他主要討論了標誌著美國民族主義的五個方面的問題，即美國民族主義的起源、美國民族主義與其他國家的關係、美國民族主義的聯邦結構、美國民族主義的多族裔特徵以及它在民族共同體中的地位等。[23]約翰·弗塞科在其著作中提出一個新概念即「美國民族主義化的全球主義」（American nationalist globalism），這種意識形態把美國的選民屬性、使命和命運等傳統的民族主義意識形態與（二戰結束後）正在出現的整個世界現在是美國外交政策所關注的恰當空間之觀念結合起來。他認為這種理念使得二戰後美國的民族主義和全球主義成為一塊硬幣的兩面，美國正是根據國家偉大與全球責任相一致的觀點來確定對蘇政策，由此作者進一步考察冷戰的文化根源。[24]阿納托爾·列文則指出，美國民族主義在美國的思維和行為中是根深蒂固的，它具體表達了適合於美國與世界的偉大和持久價值的信仰和原則。當然，由於社會分化的原因，美國的民族主義表現出兩個主要的靈魂即所謂的「美國議題」或美國公民民族主義（源自「美國信念」）和「美國對立面」（存在種族—宗教根源）。其中，前者支配官方與大眾的政治文化，是美國在世界中的權勢和影響的主要支撐，並給人類提供大量的積極教益。後者則是「美國信念」的對立面，是「受傷的復仇的民族主義」，它會導致對外部世界無端的仇恨甚至恐懼，再加上強迫症式地相信美國「精英」和知識分子背叛祖國，這不但在中國是破壞性的，也貶低了美國人具有特殊的使命去幫助其他國家這一在歷史長河中為很多領導人和思想家以不同的方式加以闡發的理念。因此，美國精英應該對自己祖國給世界樹立的榜樣更有信心，也更關注，這一榜樣是透過其公共機構、其價值觀和日常美國人的幸福生活展現的……美國以經濟發達的多元民族國家這一形象展現在所有種族面前，在過去的歲月裡，這一形象由於其根本性的和平、非擴張特徵和很大程度上的真實性變得如此強大，美國人有必要繼續確保這一形象的

真實性。25如上所述，這些著作都提到美國信念、美國例外論主要決定了美國民族主義的特性，進而言之，美國獨特的民族主義又影響了美國的外交政策並產生了相應的結果。此外，邁克爾·亨特（Michael Hunt）在《意識形態與美國外交政策》一書中用了相當的篇幅講述同美國外交政策有關的三種意識形態（對國家強大的看法、種族等級觀念和對革命的態度）的歷史，透過分析得出結論，即美國外交政策意識形態所具有的巨大力量可追溯到這些外交政策意識形態與美國民族主義之間的密切聯繫的關係，而且隨著時間推移，二者相輔相成，或者說外交政策的核心觀念原本出自占優勢的民族主義，當美國變得日益強大後，這些觀念的實施又反過來使早先就有的國家觀念進一步鞏固。最後作者還就美國的民族主義外交政策提出一些建議，並且指出，「削弱美國的民族主義，對鼓勵民族主義的例外論意識甚至哪怕是稍加非難，也將帶來真正的危險」26。由此可見，雖然此書並不專門探討美國民族主義的問題，但非常有助於理解美國的民族主義與外交政策之間的關係。

此外，迄今為止筆者在外文文獻中，僅找到一本被冠以專門論述美國民族主義及其與美國外交政策之間關係的學位論文，即《領導自由世界：美國民族主義與1945—1950年冷戰的意識形態起源》（1994）27，該文認為美國的民族主義是導致冷戰開始的意識形態根源並作了比較詳細的考察。其他有關探討美國民族主義及其對美國外交政策影響的研究成果主要散見於一些文章或演講稿之中，如《「布希主義」與美國民族主義》（2002）、《美國民族主義的悖論》（2003）、《美國的新民族主義》（2004）、《美國民族主義與「9·11」事件到伊拉克戰爭的美國外交政策》（2004）、《以歐洲為鑑：美國民族主義的危險性》（2004）等28。其中，保羅·邁克卡尼（Paul Mc Cart-ney，2002）認為美國民族主義體現了兩種經常對立的價值觀：一是普世主義，即美國人與其他人分享同樣的道德理想如自由和平等；二是孤立主義，它

使得美國人有權追求保存其主權的政策,而其他國家沒有相同的權利。這種情況使得美國的外交政策往往自相矛盾並使美國的國家安全受到威脅。因此,他主張美國應該追求使其權力與理想相一致的政策以改善國家安全的狀況。[29]而裴敏欣(Minxin Pei,2003)的文章《美國民族主義的悖論》則為理解美國民族主義及其對美國外交政策的影響提供了很好的見解。他在文中認為,與其他國家一樣,民族主義情緒不可避免地滲透到美國政治之中,但是,導致美國民族主義真正與眾不同的是,在日常生活中,其諸多表現方式非常自然,不著人為痕跡。這是因為,首先美國民族主義最強大的源泉之一是公民自願,普通民眾願意透過個人主動或公民團體提供公共物品;其次,推動美國社會生活發展的基層活動同樣使得美國民族主義充滿活力、引人嚮往;最後,愛國誓詞的歷史對美國獨特的民族主義形式提供了一個完美的詮釋。概而言之,在美國,促進民族主義是私人事業。這使得民族主義情緒更加純真、富有吸引力與合法性。儘管美國人意識到民族主義的存在,他們也並不視之為民族主義,原因在於美國民族主義的三大特徵:首先,美國民族主義基於政治理想,而非文化或種族優越感;其次,美國民族主義是勝利訴求的,而非悲情訴求的;最後,美國民族主義向前看,而大多數國家的民族主義恰恰相反。總之,政治理想主義、民族自豪感與相對褊狹相結合造就了美國民族主義。當它驅動美國的外交政策之時,美國民族主義的自相矛盾和內在張力、它對美國海外合法性造成的傷害應該值得美國人民的反思。[30]

從以上文獻回顧來看,研究者們的著述為人們對塑造和推動美國外交政策的美國民族主義有了比較清晰的瞭解。正如裴敏欣所說的,美國民族主義存在兩種悖論:一是,儘管美國是一個擁有強烈民族主義的國家,但它卻並不視之為民族主義;二是,儘管美國社會中存在強烈的民族主義,但美國的決策者卻非常不重視其他國家的民族主義力量,所以在應對海外民族主義時既不敏感又缺乏技

巧。原因在哪呢？邁克爾·亨特告訴我們，「否認我們自己植根很深的民族主義意識形態，甚或見不到我們同其他國家的民族主義有相似之處，可以追溯到美國民族主義本身所具有的一個顯著特點：強烈的千年盛世情結。這一情結鑄就了這個國家，使它向全人類承擔特殊責任，擔當起救世主的角色」。其結果，當美國民族主義驅動其外交政策時，它引致了廣泛的反美主義。所以，「要讓美國人知道，我們自己的民族經歷與理想同地球上其他大多數居民之間存在鴻溝，我們也許應當遏制外交事務中顯然是長期存在的無知與種族優越論的觀點。」[31]總體而言，儘管現有的研究已經取得不少的成就，但是目前的文獻就美國民族主義對美國外交政策的影響所作的研究還存在很多不足，尤其沒有詳細地探討美國民族主義的特殊性及其對美國外交政策的影響，更不用說從美國民族主義的視角來對美國對臺政策進行專題研究，或者確切地說，這方面的研究還幾乎沒人涉及。本書就是要在前人所作研究並獲得相應成果的基礎上，從美國民族主義的視角探究美國對臺政策的真實意圖。

二、主要觀點

　　中美建交之後，美國一方面承諾遵守「一個中國」政策，另一方面卻又長期堅守《與臺灣關係法》並大肆向臺灣大量出售先進武器。美國為什麼不改變插手臺灣問題的政策呢？原因很簡單，美國對臺政策實質上就是要維持「不戰不和、不統不獨」的現狀，一方面要利用臺灣的戰略位置實現其「以臺制華」策略；另一方面，美國希望臺灣成為「和平演變」中國大陸的政治力量，於是不遺餘力地要推動臺灣的「民主化」實現其擴展「民主」的理念，以達到「以臺變華」的目的。前者隨著中國的日益崛起而被充分利用；後者則牽涉中美關係中長期以來一直存在的所謂「中美特殊關係」的

神話,可簡稱「中國神話」(the China Myth)32,本書稱之為「改變中國」(to change China)或「改造中國」(to transform China)的使命。「自近代以來,中國在美國民族主義意識形態中扮演的就是證明美國文化具有普世優越性的角色。中國成為實現美國民族抱負、國家使命和樹立美國國家威望的巨大試驗場。試驗的成功不僅將證明基督教和美國文化的普世性,而且在傳播自己文化和生活方式上的成功也是一個國家大國地位和榮耀的象徵。」「在這一神話中,美國長期以來是中國主權的保護者和現代化事業的指導者;美國的價值觀和制度具有普世性;中國人民願意接受這樣的價值觀和制度,願意接受美國的指導,並因此對美國的善行非常感激。......中美關係神話的構建及其被廣泛的接受滿足了美國人的民族主義心理需要,中國成為美國拯救世界計劃的一部分,中國在訴說著美國的偉大。」33由此可見,長期以來中國在美國民族主義意識形態中占據一種特殊的位置。美國有一些人認為與中國有「特殊友誼」、「特殊關係」,美國的「使命」是引導中國等一些國家走上美國和西方文明的發展道路。這就是艾奇遜所謂的:「我們歷史性的對華友好政策」34,以及杜勒斯(John Foster)35所說的:美國對中國「懷有特殊友誼」36。

從這個意義上說,美國的對華外交服務於源自美國民族主義的「改造中國」之使命。而美國的對臺政策則服從於美國的對華戰略和目標,它可被解讀為「改造中國」使命的體現。新中國的成立是一個轉折點,它打破了美國企圖建立一個符合自己心願的「強大中國」的夢想,標誌著多年來美國企圖主宰中國命運的努力歸於失敗。「美國的目的和計劃,就是要把中國這個幅員廣大的國家塑造成符合美國心願的形象,使中國在戰後成為美國在整個遠東不可缺少的夥伴。但是由於美國目的和計劃的缺陷,由於實現這些目的和計劃時的決策錯誤......美國的這種嘗試終於遭到了失敗。」37然

而，美國並不甘心這種「劃時代的、歷史性的失敗」38，新中國成立前後，杜魯門政府曾打算在臺灣問題上採取「脫身」政策，目的是保持與中國大陸的接觸為「改造中國」創造條件，「美國政府考慮與新中國保持某種聯繫的出發點是為了保留在中國的勢力，最低限度也要擴大美國在中國的思想影響。」39朝鮮戰爭的爆發暫時中斷與中國大陸的接觸。在冷戰對峙時期，「以臺制華」、遏制中共並促使中國大陸內部崩潰，同時扶持臺灣有朝一日返回大陸成為美國的政策重點，即以所謂的「自由中國」代替共產主義中國；但到了1950年代末，美國意識到「遏制加孤立」的政策並不能促使中國大陸內部發生改變，「和平方式」開始醞釀，於是，「欲改造中國，必先改造臺灣」的設想被逐步提上政策議程。到了60年代中期，「以臺變華」的方針得以最終確立。這時美國的做法是，繼續支持國民黨政權在臺灣保留下來，同時開始對其「民主化改造」40並以此影響中國大陸，意圖以臺灣的局部之變促大陸整體之變，以臺灣的先行之變促大陸後來之變。1970年代中美關係緩和之後，中美兩國之間的直接接觸雖為演變中國大陸創造了有利條件，但美國依然認為應該加速臺灣的「民主改造」，「以臺變華」的方針由此付諸實施並逐漸明朗化。80年代末90年代初冷戰結束後，美國對臺政策中「以臺變華」的方針被全面推行，臺灣實際上充當了美國向中國大陸推行「和平演變」的「據點」和前沿陣地。同時，美國為應對中國大陸的崛起不放棄「以臺制華」的方針，儘管其含義已今非昔比了。

　　美國對臺政策中「以臺變華」方針的推行與使用，與美國對華「和平演變」政策的演化大概是一致的，這從一個側面反映出美國對臺政策服務於美國的對華政策取向。最早提出從內部瓦解、推翻中國共產黨領導的政權和社會主義制度的人，是司徒雷登（John Leighton Stuart）和艾奇遜。1948年12月，在蔣家政權瀕臨覆滅的絕境之際，美國駐華大使司徒雷登建議胡適參加人民解放戰爭勝

利後組建的聯合政府,以便領導一場「新思想運動」來抵制共產主義在中國的勝利。41美國前國務卿艾奇遜是對華實行和平演變的始作俑者。1949年7月30日,艾奇遜致函杜魯門總統,提出了鼓勵和支持中國的「民主個人主義者」,讓他們混入革命陣營,構成革命陣營中的所謂反對派,對即將誕生的新中國實行「和平演變」策略。同年8月,美國國務院發表《美國與中國關係》白皮書,強調要鼓勵和培養中國的「民主個人主義者」,使之「東山再起」,施展其自由主義的影響,促使未來的社會主義新中國演變成資本主義國家。42而對華和平演變戰略的真正發明權則屬於杜勒斯。1953年,美國發動的矛頭對準中國的侵朝戰爭以失敗告終。中國經過三年努力,恢復了國民經濟,鞏固了新生的人民政權。美國統治集團意識到,單靠武力來顛覆中國是很難行得通的,因此,必須在武力遏制的同時,把和平演變提上日程。這一年,國務卿杜勒斯提出要用「更為有力或更為主動」的「解放政策」來取代那「無效的遏制政策」。他把社會主義國家的人民稱為「被奴役的人民」,鼓吹必須時刻關注這些「被奴役的人民解放問題」,主張用「和平的方法」達到這一目的。他認為,「用和平的手段取得勝利」是西方對付共產主義的「高尚戰略」。1956年,杜勒斯乘中國大陸實行「百花齊放,百家爭鳴」方針之機,在一次國策聲明中宣稱,美國的政策是要促進蘇聯、東歐和中國等社會主義國家的自由化,並把希望寄託在這些國家的第三代和第四代身上。1958年8月,美國國務院發表備忘錄,更露骨地說,美國認為「共產主義在中國統治不是長久性的,它有朝一日總會消失的。美國想透過不給北京外交上承認的做法,來加速這種消失的過程」。1958年10月,杜勒斯飛抵臺灣,親手策劃制定了對中國和平演變的具體政策。事後他公開宣稱,要「用和平方法使全中國得到自由」,「辦法不是使用武力,而是用行為和榜樣來支持大陸中國人的思想和心靈」,「使大陸上的人民重新獲得自由」。43這樣,杜勒斯就把對華實行和平

演變政策提高到了戰略高度。

　　1950、60年代的歷屆美國政府首腦都是對華推行和平演變戰略的鼓吹者。甘迺迪政府的助理國務卿希爾斯曼在《美國對共產黨中國的政策》演說中，鼓吹美國要以「保持實力和堅定而又準備談判的政策」，「促使中國大陸發生一些變化」，幻想中國的「第二代領導人」會「最終放棄僵硬的階級觀點」，「重新接受多元化的世界來代替似乎是共產主義為人類社會規定的目標」。44以後，尼克森、卡特、雷根、老布希等人都極力主張透過和平演變促使中國「變質」。以尼克森為例，他在中國問題上既是一個現實主義者，又是一個具有濃厚美國觀念的美國政治家。他完全按照美國社會的基本價值觀念去看待中國，希望用美國的民主改造中國。他呼籲積極支持中國走市場經濟道路，認為鄧小平的改革目標「雖然不是取得更多的政治自由」，但「經濟自由必將導致政治自由」，因而力主美國正確運用「中國需要美國的經濟合作和重視美國的軍事實力」這些因素，保持與中國的交往，促使中國的變化。45冷戰結束後，隨著國際形勢的緩和，西方國家在利用人員往來實行思想滲透方面把工作重點放在留學生和訪問學者身上。美國新聞署發表文章公開聲稱：「美國應向中國正在成長的年輕一代灌輸美國的價值觀念，這比向他們傳授科學知識更重要。」並認為，在這方面花點錢是值得的，「對西方來說，這是一筆『明智』的投資」，「我們絕不要忽視訓練一批數量可觀的中國未來領導人的意義」。46簡言之，自1950年代美國國務卿杜勒斯明確提出後，演變中國一直是幾十年來美國對華戰略和對華外交的重要內容之一；冷戰結束後，美國更是把演變中國、改變中國提到美國對華戰略和對華外交的根本目的和目標的高度。即使是重視美中戰略關係的老布希政府，演變中國也是其對華外交的重要內容。「美國的理想和價值觀必須成為美國同中國接觸中的極重要的組成部分。」「民主思想改變了世界各國，同樣的變革最終會降臨中國。只要繼續同中國打交

道,美國就可以對中國將來的發展方向起一點作用。」47柯林頓、小布希則公開表示,中國領導人和人民應該接受美國的民主價值和自由觀念。由此可知,美國今後將繼續根據它的理想和價值觀念,以維護「民主」、「自由」「人權」為由,加強對中國的和平演變。因此,美國會繼續推行「以臺制華」方針,利用臺灣問題來牽制中國的發展和對外影響的擴大,更將大力利用臺灣地區的「民主」發展來影響中國大陸,使臺灣成為「中國大陸最終改革的重要因素」,為整個美國對華戰略服務。48也就是說,美國試圖透過「以臺變華」最終實現「改造中國」的目標。

　　總之,中美關係一直是中外學者和社會各界人士關心的問題,按照美國《商業週刊》雜誌的評說,「在美國政治中,除了大選之外,再沒有任何一件事情如此複雜和充滿感情色彩」49,而臺灣問題無疑又是中美關係中最敏感、最重要的問題,也是最具爆發性與最不易處理的問題。對中國政府而言,臺灣是中國不可分割的領土,是中國主權的組成部分,實現臺灣與大陸的統一是中國政府與人民的神聖使命,任何一個中國人都不可能在臺灣問題上做出任何原則上的妥協與讓步;對美國政府而言,臺灣被視為美國在西太平洋上一艘「永不沉沒的航空母艦」50,是圍堵中國鏈環上的重要環節,也是美國的所謂「自由世界盟友」,美國希望將臺灣樹立為後發展地區「自由與繁榮」的典範,並透過臺灣問題向中國政府施壓,「遏制」中國的發展,是美國在處理對華事務中時刻考慮打出來的一張「王牌」。與此同時,臺灣還具有「民主示範」的功用,以圖促進中國大陸發生演變。在不同歷史時期,美國決策層對美國對華關係的戰略定位不可避免會影響美國對台海問題的處理方式,比如美國的對華戰略取向是「遏制」、「接觸」抑或是「接觸加防範」?不同的選擇將對美國的臺灣政策產生不同的影響。但從美國民族主義與「改造中國」使命的關係角度而言,「以臺變華」的方針雖經歷從醞釀到確立、從付諸實施到明朗化直至全面推行三個階

段的演化過程51，卻貫徹始終。這是因為，對於美國人來說，「改變中國」是美國一項未竟的使命或事業。「美國人仍然深深滲透著一種長期以來要改變他們印象中的中國的『傳教士心態』。對美國人來說，這個問題看來絕不是要不要改變中國的問題，而是如何改變中國的問題。」52正是這種「傳教士心態」使得美國人在試圖透過與中國大陸直接接觸謀求改變之外，在美國對華戰略中，保持對臺灣的控制不僅有著軍事戰略上的重大意義，即臺灣成為美國對中國實行戰略牽制的一個不可缺少的籌碼；而且在政治、意識形態上也具有同樣的重要利益。意識形態上，美國可以利用臺灣的所謂「民主、自由」向大陸施加壓力；政治上，美國要對中國進行滲透，實施「和平演變」，顛覆中國大陸的社會主義制度，需要一個直接對中國施加影響的前進基地，而臺灣恰恰是最合適的選擇：臺灣的「政治發展經驗」是美國演變大陸的「利器」。「臺灣的價值很大⋯⋯它不但創造了經濟成就，也在政治發展上相當迅速，更且他們為大陸的人們提供了另一種選擇之途。」53尤其在香港、澳門已經先後回歸中國的情形之下，臺灣在這一點上的作用就更為突出，美國試圖將臺灣樹立為一個「和平演變」的樣板，以所謂「臺灣經驗」引導中國大陸走向資本主義，實現「改造中國」的使命。

三、研究意義、方法與創新

新中國成立之後，中美關係出現過這樣那樣的問題，但都比不上臺灣問題存在的時間長，對兩國的影響大。臺灣問題始終是中美關係中的核心問題、原則問題、要害問題。這在冷戰時期如此，在後冷戰時代更是如此。

1.研究意義

眾所周知，二戰結束後美國對臺政策一直是美國整體對華政策的「依變項」，中美關係的變遷制約著台海局勢的變動；當然，美國對臺政策反過來也對美國對華政策有著一定程度的影響，兩岸關係的變遷也牽引著中美關係的發展。臺灣問題不能決定中美關係發展的大勢與總體格局，但在某些情況下，臺灣問題卻具有巨大的殺傷力，在很大程度上制約與牽制著中美關係的發展走向。「因為美國在臺灣問題上的政策立場決定著美國對華戰略的性質和實質，從而決定著中美關係的性質和狀態。」[54]在很多情況下，臺灣問題也可能具有「牽一髮而動全局」的影響力，美臺關係的發展與中美關係的變遷，因而互為因果，形成了「你中有我」的互動態勢。因此，對美國的臺灣政策進行深入的解讀有助於更好地理解中美關係發展演變的趨勢與規律。

從理論上講，從美國民族主義的視角來解讀美國的對臺政策是台海問題研究中一個不可缺少的部分。具體而言，這樣的研究不但能夠有助於比較全面地認識和瞭解美國的民族主義，對中國大陸對美、對臺工作也具有積極的實踐意義，即為我們在制定對美、對臺政策時提供有意義的經驗與教訓。由於美國民族主義的獨特性在於美利堅民族的民族認同感來自於其成員對於美國的制度和價值觀優於世界其他國家的強烈共識，這使得美國民族主義相當缺乏自我反省的精神、從來沒有認真思考過自己提供給其他國家的文化範式的侷限性，從而不可避免地導致美國民族主義思想中存在一個最大的問題，即把與美國的不同看法看作是對美國的威脅和挑戰，其結果，「強烈的美國民族主義思想決定了美國必須有一個敵人。」[55]瞭解了美國民族主義的特性及其對外交政策的影響，中國政府將能夠更恰當地處理好中美關係，為中國的發展創造和諧的外部環境。與此同時，這樣的研究有助於我們深化對臺工作，為兩岸關係的和平發展創造有利環境。自新中國成立以來，臺灣問題一直是困擾中美關係的主要因素之一。從1949年至1979年建交前，

臺灣問題是直接阻撓中美兩國關係正常化的最大障礙，也是中美建交談判中的核心問題。建交後，臺灣問題更因《與臺灣關係法》的出現而多次引起中美關係的緊張，而且在1982年曾一度造成「危機」。1989年之後，臺灣問題更是頻繁衝擊中美關係：1992年老布希的對臺軍售，1995年的李登輝「訪美」、1996年的台海危機等使中美關係危機不斷，因此對此問題的研究也變得更具現實意義。

總體而言，從美國民族主義的視角解讀美國的對臺政策，具有如下重要的理論意義和現實意義。

第一，有助於拓展台海問題研究的領域。美國對臺政策一直是中國研究的一個重點。雖然關於美國對臺政策的研究在逐步深入，例如唐耐心的新著《海峽對談》得出一項清晰卻驚人的結論。她認為，「互不信任」一直是美國與臺灣六十多年來的問題，美國與臺灣關係雖緊密，彼此號稱好友，卻從未完全擁抱對方。因此，美國與臺灣的關係雖然因為中國而緊密交纏，彼此雖有部分共同利益的交集，但更常見的，卻是因互信不足而產生的猜疑與誤解。56但目前的研究仍然缺乏對美國的臺灣政策進行深度分析。鑑於此，為拓展台海問題的研究領域，本書擬從美國民族主義的新視角分析美國對臺政策，以加深對美國對臺政策的認識。

第二，便於全面理解、認清美國對臺政策。關於美國對臺政策，中國外研究者雖然對此已有不少的研究，但在某些問題上還不夠深入，甚至是有意或無意的忽視。這些問題包括：什麼是美國的國家利益？有何特徵？美國對臺政策的真實意圖是什麼？如果從美國民族主義的視角著手進行研究，將有助於回答以上問題，有助於全面理解和認清美國對臺政策。

第三，可為中國大陸對美、對臺政策的制定提供借鑑。長期以來，美國對華政策對中國國家安全和經濟發展的影響很大，所以近

代歷屆中國政府都把對美政策放在十分重要的位置上。改革開放以來，隨著中國對外關係日益擴大，美國對華策對中國的影響更是有增無減。深入認識和瞭解美國的對臺政策對於中國制定合理的對美、對臺政策具有十分重要的借鑑意義。

　　最後，有助於加深對美國對臺政策演變的認識。臺灣因其地理位置的特殊性和重要性，一直被美國視作其亞太戰略以至全球戰略中的重要地緣戰略資產。二戰結束後歷屆美國政府始終認為，臺灣對於美國在東亞乃至世界的利益具有政治、經濟、軍事上的重要戰略價值。在冷戰時期，美國把臺灣當作其反對共產主義的前哨陣地，利用臺灣遏制中國，防止共產主義擴張。冷戰結束以後，國際格局與世界形勢發生了深刻的變化，臺灣的戰略地位愈發凸顯，美國在臺的利益因素增多了。美國在臺不僅有戰略安全利益，而且有巨大的經濟利益、政治利益，特別是意識形態利益愈益明顯。「隨著美國將臺塑造為『亞洲民主的燈塔』，『民主』與經濟、安全利益一併成為美國在臺利益不可或缺的組成部分，也成為美對臺提供政治、軍事、『外交』支持的重要原動力之一。」[57]從美國民族主義的視角進行分析有助於加深對美國對臺政策演化過程的認識。

2.研究方法

　　所謂「研究方法」是指研究者在解決議題時蒐集、處理與分析資料的手段。在方法大辭典中對方法的定義是「『方法』一詞來源於希臘文，意思是沿著正確的道路或方法運動。在主觀認識客觀的活動中，是指獲得、收集、整理關於對象的經驗材料以及對所獲得的消息進行加工的方法。」它是指人們認識世界和改造世界所應用的行為方式、程序及手段的總和。所以研究方法就是指我們認識對象、理解對象時，進行研究所抱持的進行研究的過程中蒐集研究的資料和分析研究資料的方式。[58]「工欲善其事，必先利其器」，科學的研究方法，是探討任何學術問題包括探討美國對臺政策的研

究者所不能踰越的。傳統的研究較多採取史學的方法，即用描述性的手法敘述美臺關係的變化。這種史學的方法對於人們認識歷史、總結歷史經驗、指導實踐是非常有益的。關於美國外交政策，目前學界主要採用利益分析模式。這種模式認為，美國對外政策實際上是以國家利益為中心，其他因素（如意識形態因素）次之。在國際政治中，沒有永久的朋友，也沒有永久的敵人，只有利益是永久和不變的。因此，國家利益為國際政治的出發點和歸宿點，是國際政治中的最後語言，是美國外交政策的基石，也是美國對臺政策的出發點。換言之，美國對臺政策的基本出發點就是美國的根本國家利益。具體來說，美國的對臺政策是為了維護美國在世界和亞太地區的領導地位，具體落實美國的亞太戰略，推進美國的政治經濟文化等的利益。[59]

以上分析方法或模式對本書的研究具有啟發的作用。但具體而言，本書主要採用了如下的研究方法：

（1）文獻分析法——文獻收集和分析是科學知識產生的基礎，也是一切方法的基礎方法，可以透過文獻分析來尋找問題的定位、經驗的基礎，以及未來進一步研究方向的理由。文獻分析法作為一種非實驗性的研究方法，主要藉由圖書館、學術研究中心、政府機關及網絡等處所蒐集到相關的資料進行研究，包括海內外的學術著作、學術期刊、學術論文、官方書面文件等，此外，領導人言論、回憶錄等也是資料收集的重點。

（2）歷史分析法——所謂的歷史分析法是借助對於相關社會歷史過程的史料進行分析和整理，以認識研究對象的過去、現在並幫助預測未來的一種研究方法。這種研究方法的實質在於探求研究對象本身的發展過程和人類認識該事物的歷史發展過程，而不僅僅是單純的描述具體的歷史事件或歷史之中人的活動。這種方法的核心是基於所掌握的檔案資料、歷史文獻，力圖做出「接近原來」的

描述與判斷。本書主要是透過書籍、文件、報紙、期刊、文稿等來解讀美國對臺政策在歷史演進過程中的變化。

（3）縱向比較的方法——縱向比較方法又稱為「歷時性比較方法」或「垂直比較方法」。它是比較同一事物在不同時間內的具體形態異同的方法。換句話說，它是在時間系列上對歷史事物發展前後階段進行異同比較的方法。本書透過劃分三個階段來比較不同時期美國對臺政策的演變情況。另外，本書也涉及重大的歷史事件，研究其來龍去脈，檢視在這些歷史事件前後，美國對臺政策的變化及結果。

3.研究創新

從上述研究現狀的回顧來看，中國外學者對美國民族主義、美國對臺政策的研究已經取得不少的成就，也積累了豐富的資料，這些都需要及時去總結和提升。從總體上講，本書就是試圖在前人研究的基礎上從美國民族主義的視角探討美國的對臺政策。具體的，可以從三個方面來看：

首先，明確界定什麼是美國民族主義及其特性。「就本質而言，不論是何種民族主義，其思想意識形態本身基本上都是建立在現代理性基礎之上的」[60]，美國的民族主義亦不例外，但也有其特殊之處。這是因為，作為一個以政治信念來界定的民族，美利堅民族之所以是「上帝的選民」不在於美國人民是某一特殊的種族，而是在於美國人民的民主、自由和向前看等理性的精神，更為重要的是這種理性的精神傳播具有普遍的意義，也就是有普世性的，因此美利堅民族是天定也就是由上帝選中要將這樣的理念傳播至全球的民族。也就是說，美國在強調自身利益的同時，美國人還認為自己肩負著向外部世界推廣美國的制度、傳播民主和自由的價值觀念、改造世界的神聖使命。

其次，目前美國對臺政策研究的文獻幾乎都以美國的國家利益

作為出發點，但對於什麼是美國國家利益的真實含義沒有搞清楚，所以得出的結論不夠全面。本書在美國民族主義研究的基礎上探討美國的國家利益，並由此分析美國對臺政策，應該對美國對臺政策的深入研究有所幫助，這也是筆者的期待。

最後，把美國民族主義與美國對臺政策兩個議題領域結合在一起進行研究，本身就是一個新的嘗試或創新所在。當然，學者們在這個問題上所進行的研究幾乎是一個空白，本書只能從宏觀上從美國民族主義與「改造中國」使命的角度探討美國對臺政策的演變進程。總而言之，本書擬從理論與歷史相結合的角度，試圖詳細探討美國民族主義及其特性，並以此作為基礎深入解讀美國的對臺政策。

四、內容安排

回顧世界歷史，進入20世紀以來，世界上發生的引人注目的大事，幾乎都與美國有著不同程度的關係，因此，美國的外交政策就成為一個值得研究的重要課題。這其中，美國民族主義作為塑造和驅動美國外交政策的一個不可忽視的重要性因素，人們對它的研究還比較薄弱。本書研究的主要目的就在於運用民族與民族主義理論探討美國民族主義及其特性，並由此探究美國對臺政策的真實意圖。其整體思路是：首先概述作為研究起點的民族的概念和類型、民族主義的概念和特徵以及分析民族主義的類型，在此基礎上詳細解析美國民族主義的含義、特徵與表現及其形成和發展（第一章）。其次，以民族主義和美國民族主義的理論分析作為鋪墊，接著分析美國民族主義與「改造中國」使命的關係（第二章）。這兩章構成本書的上篇。最後，從美國民族主義的視角分析美國的對臺政策（第三、四、五、六章），這四章構成下篇。上述整體思路可

簡化為：美國民族主義→「改造中國」的使命→美國對臺政策的演化。在前述內容的基礎上作出總結，它主要包括三個方面的內容，即如何認識美國民族主義、如何理解美國民族主義與「改造中國」使命的關係以及如何從美國民族主義與「改造中國」使命的關係角度來解讀美國的對臺政策。

緒論部分主要交代研究現狀，主要觀點，研究意義、方法與創新以及整體的研究思路和內容安排。

上篇「美國民族主義與『改造中國』的使命」的內容包括：

第一章為民族與民族主義的理論分析和美國民族主義的具體剖析。這一章主要概述民族與民族主義的相關理論如民族主義的概念與特徵、類型分析等，為美國民族主義的具體剖析做好理論鋪墊。第一節是作為研究起點的民族與民族主義；第二節是美國民族主義的性質與特徵；第三節是美國民族主義與其外交政策的關係分析；第四節是就上述內容作些總結。

第二章為美國民族主義與所謂「改造中國」使命的關係之探討。第一節敘述中美關係的歷史演變；第二節則在此基礎上具體分析什麼是「改造中國」的使命；第三節則分析美國民族主義與「改造中國」使命的關係；第四節就本章的主要內容作些總結。

下篇「美國對臺政策的解讀：一種美國民族主義視角」的內容包括：

第三章為臺灣問題與美國對華戰略關係探討。第一節簡單敘述美臺關係的歷史演變；第二節分析臺灣問題的產生及其實質；第三節則認為臺灣問題的實質就是美國對華戰略問題，因此有必要詳細分析美國對華戰略的種種情況；第四節是本章的總結。

第四章為中美關係緩和之前美國對臺政策的分析。第一節論述美國對臺政策的演化情況，可以概括為：一個宗旨即服從於美國的

對華戰略需要、兩個方針即「以臺制華」和「以臺變華」、三個階段，這些構成以下章節的分析框架；第二節分析新中國成立前後美國對臺政策；第三節分析三次台海危機期間美國的對臺政策；第四節同樣是就本章的內容作了總結。

第五章為中美建交前後美國對臺政策演變的分析。第一節簡述中美關係的改善過程；第二節分析尼克森到卡特時期的美國對臺政策；第三節分析雷根期間美國的對臺政策；第四節是本章內容的總結。

第六章為後冷戰時代美國對臺政策的分析。第一、二、三節分別分析老布希、柯林頓、小布希時期美國的對臺政策，第四節是本章內容的總結。

結語部分就全文作總結，主要包括三個方面的內容，即如何認識美國的民族主義及其特性、如何認識美國民族主義與所謂「改造中國」使命的關係，以及如何從美國民族主義與「改造中國」使命的關係角度解讀美國對臺政策的演變等。

本書的框架結構可見下圖。

```
┌─────────────────┐
│     緒  論      │
└────────┬────────┘
         ▼
┌─上篇──────────────────────┐
│  ┌──────────────────┐    │
│  │ 第一章、美國民族主義 │    │
│  └────────┬─────────┘    │
│           ▼              │
│  ┌──────────────────┐    │
│  │ 第二章、美國民族主義與│   │
│  │   「改造中國」的使命  │   │
│  └──────────────────┘    │
└──────────────────────────┘
         ▼
┌─下篇──────────────────────┐
│  ┌──────────────────┐    │
│  │ 第三章、台灣問題與美國對華戰略 │
│  └────────┬─────────┘    │
│           ▼              │
│  ┌──────────────────┐    │
│  │ 第四章、中美關係緩和前 │   │
│  │    美國的對台政策   │    │
│  └────────┬─────────┘    │
│           ▼              │
│  ┌──────────────────┐    │
│  │ 第五章、中美建交前後美國的對台政策 │
│  └────────┬─────────┘    │
│           ▼              │
│  ┌──────────────────┐    │
│  │ 第六章、後冷戰時代美國的對台政策 │
│  └──────────────────┘    │
└──────────────────────────┘
         ▼
┌─────────────────┐
│     結  語      │
└─────────────────┘
```

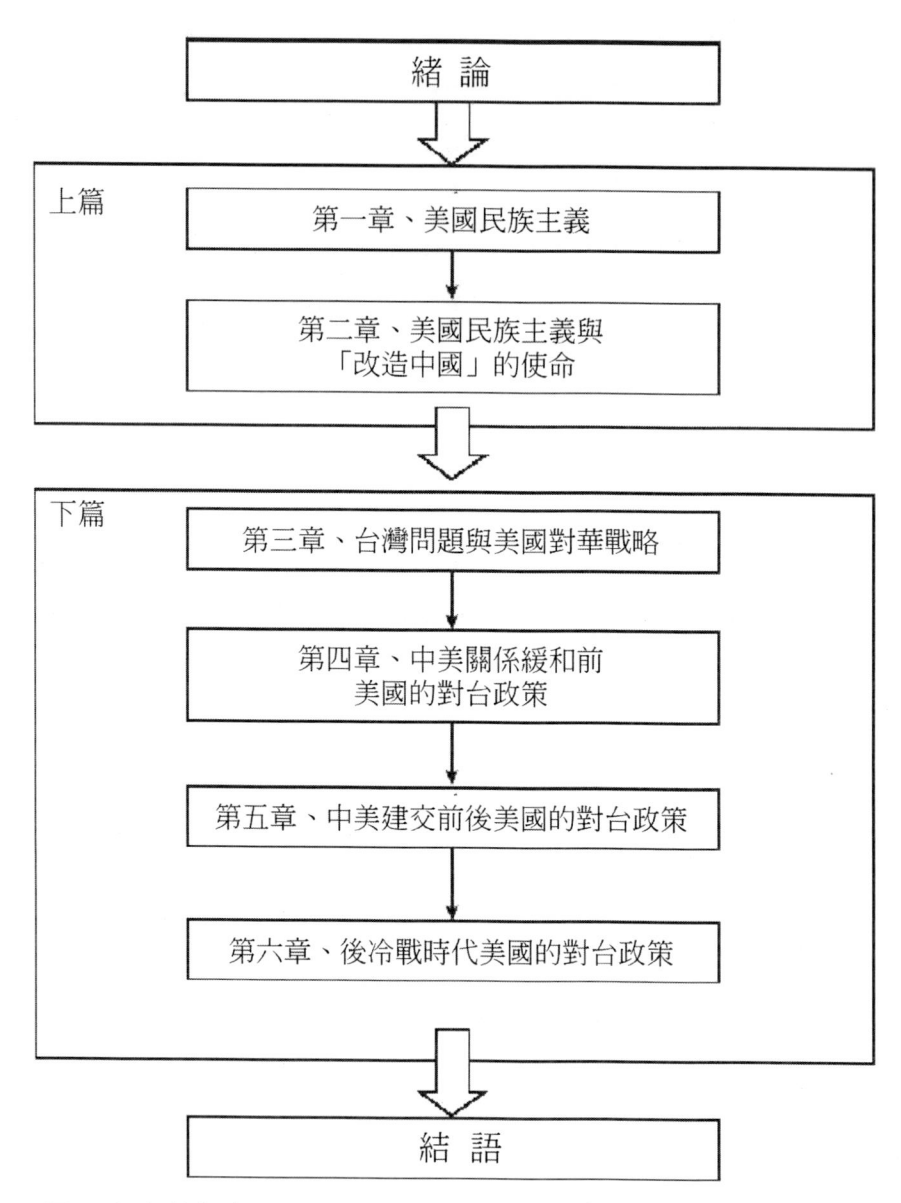

圖　本書的框架結構資料來源：作者自製

上篇　美國民族主義與「改造中國」的使命

第一章　美國民族主義

　　任何一項研究工作，都必須有一個邏輯起點或一個特定的研究對象。換言之，堅實的立論基礎是進行分析論證的可靠起點，沙灘上建塔固然可以美麗一時，卻經不起時間的流逝和沖刷，更不用說豐富變幻的社會實踐了。毋庸置疑，民族與民族主義是本書的研究起點，所以第一章對民族與民族主義、美國民族主義的相關理論問題進行了闡述，它們各自具有自己特定的內涵和外延。

第一節　民族與民族主義

　　英國著名史學家埃裡克·霍布斯鮑姆（Eric J.Hobsbawm）曾經在其《民族與民族主義》一書的導論裡描繪道，「試想，在核戰浩劫後的一天，一位來自銀河系外的星際史學家，在接受到地球毀於核戰的訊息後，橫渡銀河，親赴戰爭後滿目瘡痍的地球，想一探地球毀滅之因。他或她（暫且不論銀河系外的生物繁衍問題），殫盡心力，從殘存的圖書與文獻中，找尋地球毀滅之因的蛛絲馬跡——顯然，精良的核武器已達成其全面摧毀人類的目的，但卻奇怪地將人類的財物保留了下來。經過一番詳細的調查，這位星際史學家的結論是，若想一窺近兩世紀以降的地球歷史，則非從『民族』以及衍生自民族的種種概念入手不可。」[61]作為研究的起點，本書自然是從認識什麼是民族開始的。

一、民族的概念及其類型

（一）民族的概念

民族一詞的英文為nation，源自拉丁語natio，意思是「誕生物」，指的是誕生於同一地方的一群人，由實際的或想像的具有相同血統和共同語言者組成的社會集團，以後出現了該詞基本的和派生的涵義。17世紀後，西方用「民族」（nation）來稱呼主權國家的人民，而不問其種族和語言是否一致了。從法國大革命到第一次世界大戰時期，歐洲大陸的政治家和外交家們也經常使用「民族」這個概念來指享有主權的民族國家，於是「民族」又成為「國家」（state、country）的同義詞。就中國而言，雖然早在西方的民族觀念傳到之前，就有眾多的民族生活在中華大地上，但是「民族」這個概念卻是實實在在的一個西方的概念。或者說，在西方的民族概念傳入中國之前祖國會群體的合法性的基礎；而以主觀標準來衡量民族，則是想透過這個標準來加強某個社會群體的凝聚力。客觀派的觀點還在於確認自身的民族身分的同時，否認其他特定群體的民族身分；而主觀派的觀點則賦予了想建立『民族』的社會群體（或未被公眾或大多數承認為民族的群體）以更大的活動空間，以便在他們認為合適的時候，建立他們自己的民族，樹立起這個社會群體內部的認同感」，所以，「爭論的背後恐怕都有一個利益的因素在起作用」。或者，「可以這樣說，無論是以主觀因素來劃定民族，還是用客觀標準來界定民族，都是為了試圖有利於下定義者心中所要建立或想維護的國家，都是出於定義者要維護他本人所在的那個民族的利益，這便有了民族主義的最初的動因。」68

其次，是現代主義／族群─象徵主義劃分法。69「現代主義」的民族理論在當今西方學術界占據著主導地位，這種理論興起於1960年代，主要代表人物有凱杜里（Elie Kedourie）、蓋爾納（Ernes Gellner）、霍布斯鮑姆和安東尼·吉登斯（Anthony

Giddens）等人。簡單而言，他們的著述強調了民族的現代性、政治性、市民（或公民）性以及其緣起的西歐性。現代性指的是民族是從18世紀末法國大革命（至多是從美國革命）開始的；政治性是指民族與國家的緊密結合；市民或公民性是指民族成員具有平等的法權和民族具有對全體成員的動員能力；而民族緣起的西歐性則是指西歐是民族的發源地，民族這一現代歷史現像是透過西歐向全世界的擴張才具有全球性的。相對於「現代主義」民族理論，「族群—象徵主義」民族理論的產生略晚一步，其主要的代表人物是哈金森（John Hutchinson）、哈斯廷斯（Adrian Hastings）、阿姆斯特朗（John A.Armstrong）以及安東尼·史密斯（Anthony D.Smith）等。其中，史密斯無疑是這一學派的最重要的代表人物，他的著述特別注重研究民族的歷史性，民族的族群基礎及其文化特徵，尤其是強調民族的重要歷史地位和持久的生命力。概括起來，「族群—象徵主義」民族理論有關民族的基本觀點是：1.民族的基礎是族群；2.族群的重要成分是族群起源的神話、族群地域的象徵等文化因素而不是人種因素；3.研究民族必須從長時段的歷史文化入手，而族群恰恰就植根於悠久的歷史文化之中；4.現代民族是透過代表上層的橫向族群和代表下層的縱向族群的作用，在不斷市民化和政治化的過程中產生的；5.由於民族的核心是有著持久歷史文化基礎的族群，因此其歷史悠久，不是現代的產物，民族和民族主義的存在也因此將是持久的。

西方對民族概念的界定，其基本觀點可見下表1：

表1　民族的概念

西方的流派	基本觀點
主觀派	主要強調人的情感和意願在民族形成過程中的作用
客觀派	主要強調民族構成的客觀因素，包括地理條件、種族、語言、習慣以及共同的法律制度和政治制度
現代主義	強調民族的現代性、政治性、市民或公民性以及起原的西歐性
族群－象徵主義	強調民族的族群基礎、族群起源的神話、族群地域的象徵等文化因素

資料來源：作者自製

除了借鑑國外上述的兩種界定方法之外，中國還存在廣義／狹義之分。70廣義論者認為，「民族」泛指歷史上形成的不同於社會發展階段的人們共同體，包括由一定的共同語言、共同地域、共同經濟和共同文化聯繫起來的各種穩定的群體，它存在於自原始社會以來的各種社會形態之中，包括原始民族（民族、部落）、古代民族（即部族或稱前資本主義民族）和現代民族等。狹義論者則以為，「民族」就是現代民族，它是資本主義時代的產物。事實上，透過分析我們可以看到，廣義與狹義之間的分歧正反映了人類社會發展進程中民族形成的階段性。本書所指的民族正是狹義上的現代民族。

如上所述，關於民族的種種概念的分析，研究者們各執一端，觀點相異。以現代主義和族群—象徵主義兩種觀點為例，前者強調「民族」的現代性和政治性，注重「民族」的市民或公民性質以及它和國家之間的緊密關係，族群—象徵主義則強調「民族」的歷史性和族群性；現代主義強調民族與國家在邊界和中國人民共享單一的族群文化上的一致性，族群—象徵主義則強調民族與國家二者之間在概念上的區別；現代主義雖然強調民族與族群之間有著不可分割的聯繫，但卻否認族群是民族的基礎，而族群—象徵主義則強調了民族的族群基礎，如此等等，不一而足。面對這種仁者見仁、智者見智的情況，有些研究者提出了綜合的觀點，比如阿姆斯特朗就認為，民族群體是由政治的和文化上的原因綜合起作用

的。一方面，民族的產生離不開共同的語言、文化等因素，但另一方面，僅僅有這些東西，只能說是具有了構成民族得以產生的基礎，還不能確保民族一定產生。只有同時具備社會的因素，如共同的利益、價值觀念、經濟制度和歷史的原因以及在這些因素基礎上形成的要求統一的政治意願的時候，民族才可能產生。而且，在他看來，後一方面是更為重要的。他同時指出，民族的形成與發展，是植根於一個有關共同祖先的神話，這個神話是否具有歷史真實並不重要，重要的是這個神話能夠被認為是真實的，並因此提供了一種有關這個民族的共同的想像。[71]由是觀之，要比較全面地界定民族，顯然應該把主觀因素和客觀因素結合起來。同樣的，「歷史地看，現代主義與族群—象徵主義也是能夠統一的，它們對於民族概念理解的不同，反映了民族概念不同發展階段的兩種意義，它們統一於民族概念發展的歷史中。」[72]

　　正是從歷史發展的角度出發，權威的《韋伯大辭典》對民族一詞作了如下的依次解釋：1.由一般表現為共同語言、宗教、習俗等等的假設的血緣關係聯結起來的人群；2.具有相同的慣例、習俗以及社會同一意識與共同利益的人群；3.統一在一個單一的獨立政府之下的一國居民之總體，即國家。[73]這些解釋如實地體現了民族概念的歷史發展，表明進入世界史的現代階段之後，民族既是一個文化心理範疇，也是一個政治範疇。綜合上面對民族概念的分析，可以對現代民族作如下的理解，即現代民族是在近代歐洲伴隨著資本主義的發展而出現的，以共同文化為關係的，在一定地域範圍內由具有共同利益的人們所構成的穩定共同體。從「民族」一詞本身的演化來看，它最初只是一個血緣上的種族概念，後來逐漸被賦予了文化上的含義，再後來則又被賦予其政治的含義。最終，它們三者統一於對民族概念的完整理解之中。而政治上的含義逐漸確立了在其中的主導地位，這一點在美利堅民族中表現得更甚。

（二）民族的分類

　　如前所述，作為一個歷史範疇，民族是人類社會發展到一定階段的共同體形態。對於這樣一種共同體的分類問題，人們從不同的角度、不同側面或不同的特徵等入手進行了劃分。如果按照一般的歷史科學的分期所展開的劃分，民族可以分為原始民族、古代民族和現代民族等。但這樣的劃分頗有爭議，因為至今研究者們還無法就原始或古代存在的共同體形式是否為民族一事達成共識。由此可見，對於民族這樣一個有著複雜的、多層含義的概念和範疇，對其進行分類也是一個非常困難的問題。寧騷在《民族與國家》一書中對根據不同標準對民族進行分類的若干類型進行了整理，給出了七種分類法，即1.按照語言譜系的分類；2.按照地域的分類；3.按照文化特徵的分類；4.按照經濟類型的分類；5.按照社會經濟形態和民族統治階級的階級屬性的分類；6.按照政治的標準的分類，以及7.按照人口的數量的分類。[74]從這些不同的分類中可以看到，當前學術界由於根據不同的劃分標準而對民族進行了不同的分類。

　　目前人們基本認同的分類是，把民族區分為「政治民族」與「文化民族」。有研究者指出，美國的國際關係學家卡爾·多伊奇（Karl Deutsch）較早地提出了「政治民族」和「文化民族」的劃分。其中，「文化民族」是歷史形成的文化的共同體，而「政治民族」是擁有國家的群體，或已產生準備政府的功能，有能力制定、支持共同願望的群體。[75]事實上，早在1907年，德國史學家梅涅克（Friedrich　Meineche）就區分了「文化民族」與「政治民族」。「文化」民族的特點是具有高水平的族群同質性，其優勢在於，它因強大和歷史性的民族團結感而緊密結合，通常比較穩定和具有凝聚力。另一方面，文化民族往往自我認定為排他性團體。民族成員的動力不是源自自發的政治效忠，而是來自近乎天生的族群認同。因而文化民族往往自認為是一個源於共同祖先的擴展性血緣

團體。比如，梅涅克將希臘人、德國人、俄國人和愛爾蘭人等確定為文化民族的範例，這些民族可被看成是「有機的」，因為它們受到自然或歷史力量而非政治力量的塑造。相比而言，民族本質上為政治實體的觀點所強調的，是公民的忠誠和政治效忠，而非文化認同。因而民族主要是因共同的公民資格結合起來的一群人，而不管其文化、族群等認同怎樣。或者說，「政治」民族中公民身分比族群認同有更大的政治意義。在這裡，美國和法國常被視為典型的政治民族。作為「移民樂土」的美國有著獨特的多族群和多元文化特點，這使之難以在共同文化和歷史聯繫基礎上建立民族認同。相反，美國的民族自覺感是透過教育體系、透過培養尊重一套共同價值——特別是《獨立宣言》和美國憲法中闡釋的價值，而有意識地建立起來的。與此類似，法國的民族認同與1789年法國革命的傳統和原則緊密聯繫。[76]概言之，我們可以這樣來理解，即「『政治民族』就是和國家主權相聯繫的『國民』或『國族』，而『文化民族』或者是與『政治民族』重合而成為構成一個民族國家的民族群體（如單一民族國家），或者是作為『政治民族』即『國族』之組成部分的民族群體而存在」。因此，「『政治民族』只能屬於一個主權國家，而『文化民族』則可能是主權國家之下的次群體，也可能是分佈在不同國家甚至沒有自己國家的民族。」[77]

　　二、民族主義的概念與特徵

　　哈斯曾經說過，民族主義是隻大象，研究者是個瞎子，每個研究者只能摸到「民族主義」大象的一部分。[78]如此一來，研究者們對民族主義的解釋不知凡幾，但是沒有一個定義能夠為人們所普遍接受，因為沒有一種解釋能夠全面而準確地把握民族主義的所有特徵和內容。其結果，就如19世紀的政論家白哲特（Walter Bagehot）在談到「民族是什麼」時講道：「若你不曾問起民族的意義為何，我們會以為我們早已知道答案，但是，實際上我們很難

解釋清楚到底民族是什麼，也很難給它一個簡單定義。」79就民族主義而言，白哲特的話同樣適用。

（一）民族主義的概念

「民族主義」作為一個歷史概念，與「民族」一樣顯然不是從人類歷史產生開始就有的，它們都經歷了一個較大的演化過程。加上研究者的立場、觀點和角度不同，因此，如同民族沒有一個公認的普遍適用和被認可的概念一樣，關於民族主義一詞的含義在中國內外學術界一直是眾說紛云。本書不想陷入如此繁雜的概念之爭，也不想再添加一個所謂的定義，而僅舉安東尼·史密斯的定義。他綜合其他人的看法，根據民族主義促進民族利益的主要目標是民族自治、統一和認同，給出了一個指導性的定義：「一種為某一群體爭取和維護自治、統一和認同的意識形態運動，該群體的部分成員認為有必要組成一個事實上的或潛在的『民族』。」80而從「民族主義」的詞義來說，史密斯認為有八種用法：民族特點或民族特性；用以專指民族的術語、成語或特徵；忠於某一民族並維護其利益的一種感情；熱望本民族獨立和統一的一種態度；使這樣的熱望體現於組織形式中的一種政治綱領；以工業國有化為基礎的一種社會主義形式；一種鼓吹某些民族為上帝的選民的學說；歷史上民族形成的整個過程。81

儘管存在各種各樣的定義，現代意義上的民族主義，往往可以被界定為一種以民族感情、民族意識為基礎的綱領、理想、學說或運動，正如美國學者卡爾頓·海斯（Carlton J.H.Hayes）所指出的四點：1.民族主義是一種歷史進程———在此進程中建設民族國家；2.民族主義一詞意味著包含在實際的歷史進程中的理論、原則或信念；3.民族主義是某種將歷史進程和政治理論結合在一起的特定的政治行動；4.民族主義意味著對民族和民族國家的忠誠超越於其他任何對象。82受此啟發，有中國研究者給出了比較完整的相應解

釋，即「具體而言，民族主義應該包括以下幾個層次：A.民族主義首先是一種心理意識，即對本族體的共同歷史文化傳統的心理認同、價值忠誠和情感歸屬。民族主義在這種層次上主要表現為對本族體的共同歷史、共同的居住地、共同祖先、共同文化（包括宗教）、風俗習慣等的心理認同。B.民族主義是一種思想狀態或理論學說，它作為對本族體心理認同意識的昇華，表現為透過其思想或學說確認本族體存在、發展、利益的合法性，並透過表現為知識精英較為系統的思想或學說。C.民族主義是一種政治綱領，它作為民族主義意識形態層面的最高層次，它往往表現為政治精英及其政治團體（如政黨）所追求的實現民族利益的政治綱領。D.民族主義是一種社會實踐運動，表現為歷史上的或正在進行中的，以實現從不同程度的自治到建立民族國家等不同層次目標的社會政治實踐。」[83]由上所見，中國研究者的系統見解為理解民族主義的概念提供了極大的幫助。

（二）民族主義的特徵

從以上的民族主義概念出發，一般認為民族主義具有主觀性、實踐性、時代性和全民性等特徵。比如就主觀性而言，安德森富有成效地把民族主義的特徵概括為一種建立「想像共同體」的過程。也就是說，他認識到，民族主義的新奇之處是它能夠使我們感到我們與那些從未見過面的人有著共同的命運。[84]這種想像當然是一種主觀上的現象。對於全民性，眾所周知，民族主義是民族成員共同經歷和集體記憶的產物，是由一系列民族意識、民族情感和民族認同等構成的。它一經形成，便對全體民族成員具有無比的感召力和約束力，使他們產生一種自覺的歸屬感，從而使得民族主義在民族國家內部具有巨大的號召力和吸引力，等等。

英國學者以賽亞·伯林（Isaiah Berlin）則認為，透過種種表象，民族主義具有四大特徵：1.堅信民族要求之至高；2.民族所有

成員的有機聯繫；3.我族價值之有價值就是因為它是我族的；4.在諸多權威或忠誠的競爭者中，民族訴求是至高的。85具體而言，首先，民族主義是對屬於某個特別的人類群體的堅信不疑，以及對該群體區別於其他群體的生活方式的信奉不渝。因為共同的疆界、習俗、法律、記憶、信仰、藝術和宗教、社會制度等因素，有時還包括共同的遺傳、血緣、種族特性塑造了該群體中的個體，塑造了他們的目標和價值觀；其次，民族主義堅信，民族是一個類似於生物有機體的模式，這個民族正當發展所需要的東西，就構成了其共同的目標。而這些目標則是至高無上的，不管這些目標是知識的、宗教的還是道德的。有了這些目標，才能避免民族的墮落和毀滅。民族主義由此堅信，人的本性能夠充分實現的最基本的人類社會單位，不是個體，而是民族；因此，如果家庭、部落、氏族以及地區等次級社會單位要想充分地維持自己的生存，就必須致力於創造及維繫自己的民族；第三，民族主義的理論裡必然保護這樣的觀念，即之所以堅持某一個具體的信念、追求某一個具體的政策、服務於某一個具體的目標以及過某一個具體的生活，最重要的一個理由或者是唯一的理由是，這些目標、信念、政策和生活都是我們自己的。原因在於，這些價值是我所在民族的，這些思想、感覺、這些行動的方針都是生養我的具體的社會生活的要求，它們綿延於我們的民族之過去、現在和未來，透過無數的紐帶使我與之血肉相連，否則我就會失去目標、就會枯萎凋零、就會永遠失去生命；最後，成熟的民族主義終致這樣的地步，就是我所歸屬的有機體欲滿足自己的需求如果與其他群體的目標之間不能協調的話，我別無選擇，只有迫使別人屈服，所以，沒有任何東西可以阻止我去實現我族至高無上的目標。

  本書主張，首先，作為一種意識形態和歷史運動，民族主義最基本的特徵是其政治屬性，這也是民族主義興起的最顯著的特徵。換言之，民族主義作為一種社會政治運動，其基本目標就是要建立

一個屬於本民族的國家和政府,它與「追求國家身分」的政治實踐緊密結合,並在政治實踐的過程中形成了決定現代民族—國家政治發展的意識形態與社會運動,由此促進了社會生活的一體化,最終造就了現代民族國家,即建立主權國家的目標。因此,「作為自由進程的一部分,民族主義可以被定義為一種理性的意識形態框架,透過它可以實現理性的和廣受稱道的政治目標。」86其次,作為現代性的產物,民族主義是現代理性的產物應該是其最主要的特徵,「因為民族主義本身就具有明確的現代性,而現代性的基礎就是源自近代西歐啟蒙運動的理性主義。……現代理性主義強調,世界萬物不論主體、客體都是可以說明的,人世間的一切原則上都能被置於一個單一的系統之內。」「換句話說,不論哪種民族主義,就其本源而言,其基本理念都是建立在現代理性的宏大敘事之上的。即使是走向極端的、對人類社會極具破壞性的民族主義,比如上個世紀給全世界帶來災難的第二次世界大戰中的法西斯主義,也都是『現代理性』的產物。」87

三、民族主義的類型分析

正如有的學者指出的,「作為一種意識形態,民族主義是自歐洲中世紀晚期以來千千萬萬個學者、思想家和政治家對於民族、民族利益和民族關係問題所作的理論思考。」88由於研究者的立場、觀點和態度不盡相同,他們對民族主義所給出的「理論思考」是各種各樣的,具體就民族主義的類型劃分而言,中國外研究者由於採用不同的標準從而產生了多種多樣的觀點。89

(一)民族主義的類型劃分

下面結合本書的研究需要,可以對民族主義的類型進行如下的劃分。

首先,根據民族主義的形態或根據民族主義內容及利益取向側

重點的不同,人們傾向於把民族主義劃分為政治民族主義、經濟民族主義和文化民族主義。簡單地講,所謂文化民族主義,就是文化領域的民族主義,或者說是民族主義在文化上的訴求。經濟民族主義則是民族主義在經濟上的訴求。而對於政治民族主義來說,其「內在機理是:民族整體是國家權力的主體,而不是世襲權力或傳統宗法政制的延續,它的基礎是全體公民或整個族群所認同的政治社區或區域聯盟,而不計較家族、血統或身分的差異」,因此,「政治民族主義的最高境界是不以共同的祖先崇拜或起源意識作為立國的基礎,而是基於18世紀啟蒙運動帶來的民主與自由的傳統精神,然後加上公民意識、社會權利和個人自決。」90

其次,就民族主義所涵蓋的地區而言,可以在三個層次上劃分民族主義,即國內民族主義、國家民族主義以及泛民族主義。其中,國內民族主義是指某個民族國家內部各民族之間的民族主義,泛民族主義則是由於共同的宗教、種族或文化而形成的跨國界、泛地區的民族主義,如泛伊斯蘭教主義、泛突厥主義等。而國家民族主義是「某個民族國家為了維護自身的利益而在國際關係中表現出來的帶有傾向性的思想、情緒、態度,或推行的運動和行動。國家民族主義是以民族國家為基本單位,以民族國家利益為核心的。它反映了某個民族國家與其他民族國家以及當今世界的關係,是民族國家存在的基本方式,因而是一種能在國際政治中發揮作用和影響的力量因素」。91

第三,也有許多研究者指出,族裔民族主義(ethnic nationalism)與公民民族主義(civic nationalism)是民族主義諸多分類中最基本的兩種類型。92前者主要是一個文化層面的概念。它從強調血緣、人種和語言等因素,逐漸轉向某個特定族裔的傳統與文化。族裔民族主義者所認同的文化是族裔共同體經過人為選擇、加工,抑或虛構出來的東西。在狹義上可以被理解為種族或

語言的群體；在廣義上，族裔指的是種族、語言、宗教、部落或階層等歸屬的群體。後者主要是一個政治層面的概念。它強調的是公民的政治權利、義務與信仰，其基礎是共同的法律和公共文化。二者都是現代社會中文化與政治合流的產物，但公民民族主義借助政治與法律，統合不同的族群，實現公民的普遍權益與民族的團結。雖然它也有文化訴求，但在更深層次上卻是一種政治情緒，流露著濃厚的政治色彩。而族裔民族主義訴諸歷史與文化，抵禦他者，維護族裔的特殊性。雖然它與政治權益鬥爭存在某種聯繫，但主要卻是一種文化思潮，展示出鮮明的文化品性。

最後，按照個體及其與民族國家認同的關係方式，美國學者格林菲爾德（Liah Greenfield）把民族主義分為個人主義—公民型、集體主義—公民型以及集體主義—種族型三種類型。[93]在個人主義—公民型的民族主義模式裡，社會是由個人組合而成的觀念，與民族性的公民概念融為一體。因此，公民的民族性等同於公民權。在這種情況下，民族國家的成員資格最終取決於個人成為其成員的意願。與之相反，集體化的民族主義則視民族國家為集體化的個體，其意願、需求和利益優先於組成該民族國家的個人的意願、需求和利益，並由具有特殊素質的精英們來確定。其中，集體主義—種族型民族主義將民族的單一化定義與成員的種族化概念相結合它對民族性所持有的準生物學（最終是種族主義）的觀念強化了其將個人視為民族這樣一個更大的理想化的生物體中的生物成員或細胞，因而拒絕給予其成員絲毫個人自由。在這一框架下，民族國家的特權和主權自治被重新界定為免受外部勢力統治的自由。而在集體主義—公民型的國家裡，其社會政治體制和歷史傳統反映出了一種複合的視覺。

以上民族主義的分類可見表2：

表2 民族主義的類型

民族主義分類的標準	民族主義的類型
按照民族主義的形態或民族主義內容及利益取向重點的不同	政治民族主義、經濟民族主義、文化民族主義
按照民族主義所涵蓋的地區	國內民族主義、國家民族主義、泛民族主義
按照民族主義建立的基礎是政治理念還是血緣、人種和語言等自然因素	族裔民族主義、公民民族主義
按照個體及其與國家認同的關係方法	個人主義-公民型民族主義、集體主義-公民型民族主義、集體主義-種族型民族主義

資料來源：作者自製

此外，需要提到的是，英國學者艾亞·普利澤爾（Ilya Prizel）在探討民族認同與外交政策行為之間的關係時，曾經就當今世界上存在於不同國家的民族主義進行了分類。他認為，儘管民族主義沒有形成具體的意識形態，迄今為止也不存在兩個完全相同的民族主義的事例，但是我們仍然可以劃分出五種類型的民族主義。[94]應當說，這樣的劃分有助於更加深入理解民族主義類型的多樣性和複雜性。

第一類民族主義，其民族認同以共同的政治制度為基礎，不依靠共同的血緣、共同的祖先、共同的宗教以及共同的語言。這種類型的民族主義以英語國家如美國和英國為代表，其政治制度依靠18世紀的理性主義作為合法性的源泉。這些政治制度起源於啟蒙運動，所以它們是理性的、具有普世主義的。因此，這類國家的外交政策在傾向於法律原則至上化的同時，也帶有某種使命性的色彩。

第二類民族主義，其民族認同產生於那些渴望擺脫霸權控制或殖民統治的國家，它們表現出強烈的文化意識和對霸權者或統治者的強烈的政治憤慨（ressentiment）。這類國家包括中東歐、墨西哥和部分中美洲、南美洲的一些國家。在這些國家裡，由於對霸權控制或殖民統治的政治憤慨，人民在內心裡激發了強烈的政治和

社會不公正感、深厚的文化防禦心理或是對歷史的迷戀。比如，東歐國家傾向於強調他們在17世紀的輝煌歷史，墨西哥和祕魯人民強調其被殖民前的歷史，巴西則強調它和非洲的淵源。

第三類，民族認同可以在當代的法國身上找到，是法國式的民族主義。作為一個古老的國家，法蘭西民族身分的標誌是其普世性文化。法國文化在法國人心中占據核心地位，是法國界定自我身分的一個永久標尺，法國人因此強調法國文化的「正統性」和純粹性。所以，即使在與法西斯保持合作時，維希政權的領導人仍然宣稱要維護「法國性」的核心地位。今天，法國實力的不足使其文化優越感深受挫折，這在法國的民族認同中引發了強烈的文化防禦心理。因此之故，保衛法國文化的獨特性和追求大國地位，就成為法國外交政策的核心目標。

第四類，是自1950年代從歐屬殖民地中新獨立的亞非國家。在這類民族主義中，這些國家的民族認同來自於中間性群體與殖民者的鬥爭過程之中，一般來說還缺少傳統制度作為民族身分的參照物。其中，那些中間性群體常常作為本土人群的政治代言人，他們總體上是本土化的，但由於很多人有過留學或出國的經歷，他們因此能夠超然於本土人群。例如，在印度民族認同的創建過程中發揮領軍作用的是一群「血液和膚色為印度人，卻有著英國人的品味、觀點、倫理道德和學識修養的」精英階層。

第五類，神權性民族主義，一般出現在那些民族宗教在世界宗教中處於非主流地位的國家，例如沙皇時代的俄羅斯和今天的伊朗。與俄羅斯自視為唯一的「正統」基督教國家一樣，當今的伊朗作為唯一的以什葉派穆斯林為主體的國家，它在把其民族身分與獨特的宗教形式相嫁接的同時，宣稱肩負著整個伊斯蘭世界的「信仰衛道士」的職責。概言之，俄羅斯和伊朗都想借助於神學性的意識形態，宣揚普世主義的彌賽亞精神，實際上是利用國家宗教來強化

民族認同，並以此方式獲取政權的合法性。

（二）美國民族主義的類型分析

在分析美國民族主義的類型之前，下面先簡述美利堅民族95的演變歷程。

首先，美利堅民族核心的形成。一般認為，美洲的原住民（Native A-merican）是北美大陸上最早的居民，而且也是美利堅民族的組成部分，但他們不是這個民族（國家）的核心。美利堅民族的核心是由那些自17世紀初起逐漸移居於北美大陸東部地區的來自西北歐、特別是英格蘭的移民及其後裔組成的，這些人被稱為WASP——W指白人，AS指的是盎格魯—薩克遜，是白種人中的一個特殊的類別，P指基督新教徒。自英格蘭人於1607年在維吉尼亞、1620年在馬薩諸塞建立兩個永久定居點，為美利堅民族的誕生奠定第一塊基石開始，在北美大陸的拓殖過程中，北美先民們逐漸開拓出獨具特色的十三個英屬北美殖民地：在各個分散的殖民地裡形成的規則、傳統、經濟結構和民族結構，對於日後美利堅民族的形成起了很大的作用。隨後在與英國宗主國的鬥爭中，北美各個殖民地的聯合、獨立與統一，標誌著美利堅民族核心的形成。1783年北美13個殖民地獲得獨立並成立美利堅合眾國政府。至此，對於13個州的移民來說民族獨立和統一的問題基本上得到解決，對於今天的美國來說美利堅民族的核心形成了。

其次，美利堅民族的發展過程。美利堅合眾國建立後，隨著美國領土的不斷擴大和資本主義經濟的蓬勃發展，歐洲各地的居民受此刺激和吸引而源源不斷地移居到美國。到19世紀中期以後，不僅美利堅民族的核心進一步得以擴充，而且增加了新的成分。與此同時，美國人的宗教信仰也開始趨向多樣化。但黑人奴隸制的存在嚴重地阻礙著美利堅民族的形成與發展。矛盾的激化導致南北戰爭的爆發。內戰結束後，黑人開始在法律上被承認為美利堅民族的一

個組成部分。同時，美利堅民族的核心也隨著工業資本主義的勝利重新實現了統一。南北戰爭以後，美國出現了工業化的高潮，導致對勞動力的全面需求，從而吸引大批新移民湧進美國。此後，不斷有人出於各種原因移民到美國。其中，絕大多數移民逐漸認同以盎格魯──撒克遜文化為基礎的美國價值觀和理想，從而成為美利堅民族的一分子。概言之，美國是一個典型的移民國家，最初就是建立在移居北美的諸多歐洲（以英國為主）清教徒之上。隨著時間的推移，不同地區、不同膚色、不同民族和不同宗教信仰的人陸續來到了美國，加入到這個民族之中，使之成為名副其實的「民族的大熔爐」。因為他們中的絕大多數人依然保留了原有的風俗習慣和宗教信仰，而今的美國人也不是來自於同一種族、文化和宗教，所以共同的價值觀便成為美利堅民族的主體。「理解當今美國民族主義的關鍵是關注其對國家認同和多元文化的論爭。右翼民族主義結構的核心就是努力捍衛民族的統一性，透過呼籲共同的文化，抵制將美國人的共性建立在多元文化和多元歷史之上的觀點。對於保守主義者來說，民族認同是透過公民資格和愛國主義所構建的，這種公民資格和愛國主義使族群、種族和文化的差別從屬於『大熔爐』的同化邏輯。換句話說，美國當今的民族主義從亞歷山大·漢密爾頓，到亞伯拉罕·林肯，再到西奧多·羅斯福一直流傳著，強調不同區域、不同種族、不同族群的美國人圍繞共同的民族認同而統一起來。」96

從美利堅民族的演化過程中可以總結出，美利堅的民族性（nationali-ty）──通常意義上指民族共同體成員在漫長的歷史演化過程中所產生的一種與其他民族不同的共同心理觀念、思維方式和風俗習慣等特質──建立於三個基礎之上：97首先，移民始祖帶來自由主義的英國傳統；其次，迎接移民的廣袤肥沃的土地，使得他們可以尋求獨立和帝國主義擴張，並為美國人的發明創造提供了條件；最後，深厚的歷史根基和寬廣的生存空間與廣泛自由的

思想聯繫在一起，使得美國人有能力同化無數的外來移民，這些移民又填補了美國廣闊的空間，成為美國的又一批創造者。所以，美國就是一個敞開的大門，一個移民組成的民族，這種民族認同如同美國民族主義一樣重要，因為它既具有個人主義自由的特色，又有聯邦主義整體觀念的特點。概言之，按照美國學者阿雷耶利（Yehoshua Arieli）的看法，美國居民有不同的種族、宗教和文化背景，缺乏通常意義上的民族性。因此，北美人民的聯合「不是基於共同的民族性，而是基於普遍的原則」。這種原則致力於實現全人類普適的理想，只有它才能塑造出「美國主義」（Americanism）這個原則，即透過公民權——公民權是個人成為民族共同體一員的唯一標準，忠於民族就是忠於憲法——得以實現的個人主義原則。98

美國民族主義雖然也具有一般民族主義的基本內涵，即「忠誠於本民族，為維護和擴大本民族利益而鬥爭的思想觀念」99，但它是一種特殊的民族主義。按照安東尼·史密斯的看法，儘管美國在事實上是建立在新教英格蘭族群的文化基礎之上的，但是奴隸制、對美洲原住民的征服和持續的移民浪潮已經將它變為一個真正的多族群的複合的民族，但是它是一個由共同語言、共同法律、共享政治象徵和「世俗宗教」——向國旗敬禮、慶祝公共節日、禮拜憲法和立國者、紀念光榮的陣亡將士等等——凝合起來的民族。100這種情況使得美國的國家認同與其他國家的不同，「對大多數社會的人民而言，國民認同是歷史長期演進的結果，它包含著共同的祖先、共同的經驗、共同的種族背景、共同的語言、共同的文化，往往還有共同的宗教。因此，國民認同在性質上是集體性的，但美國的情況並非如此。美國的民族主義是政治性的不是集體性的。」101

從歷史上看，「美國信念」（以自由、民主的價值觀和法治規

範為其核心）一直都是美國民族主義最重要的核心之一。這是因為，「美國的民族主義不是建立在土地、種族或民族的基礎上，而是建立在一套抽象的觀念和政府的安排的基礎之上。」102。所以可以把美國民族主義界定為以「美國信念」為核心、實現美國國家利益的國家民族主義。所謂國家民族主義是相對於中國民族主義和跨國家、跨地區的泛民族主義而言的，它是透過國家形式表現出來的、與國家利益相吻合或一致的民族主義，也就是民族主義的國際表現。之所以使用國家民族主義的概念，「更多的是為了分析和理解國家對外政策的根源和實質。權威的觀點認為，國家利益是國家參與對外交往的直接動因和終極目標。但是國家利益在現實生活中卻是多變或難以界定的，那麼到底是什麼東西貫穿了不同時期、不同類型的國家利益而保持了國家對外政策的連續性和穩定性呢？……這就是國家民族主義。」103

第二節　美國民族主義的內涵和特性

一般認為，美國民族主義源自美國的獨特條件。從其思想淵源而言，它主要有兩大來源，一是殖民時期的清教主義，二是來自歐洲的自由民主思想。或者說，美國民族主義的起源，一是清教主義，二是自由主義。北美人民正是從這兩個思想淵源中找到了反抗英國的殖民統治以及構建新的民族國家的強大思想武器。從美國建立至今，美國民族主義的發展大致經歷了三個時期：一是從立國到19世紀末的大陸時期；二是從19世紀末開始到第二次世界大戰的地區時期；三是從二戰結束之後的全球時期。在不同的時期，美國的民族主義呈現出不同的形式，即「天定命運」的大陸擴張主義、「新天定命運」的海外擴張主義以及民族主義化的全球主義等。在美國民族主義在其形成和發展的過程中，逐漸呈現出兩個最主要的特徵：一是美國人強烈的選民意識和天命意識；二是美國人對自

由、民主等理念和體制的執著。104

一、美國民族主義的內涵

「美國民族主義」是「民族主義」的下位概念，兩者之間是個性與共性的關係。因此，與「民族主義」這個概念相比，「美國民族主義」應該既具有「民族主義」的某些共性，又具有自身的特殊性。從共性的角度來說，美國民族主義的內涵包括以下幾個方面：

首先，作為一種心理狀態或思想觀念，美國民族主義體現為美國人具有強烈的民族自豪感，即他們不僅對自己的價值觀非常自豪，而且認為這些價值觀是普世的，這使得美國人時常懷有一種優越感的複雜心理：按照雷根總統十分喜歡引用的約翰·溫思羅普（John Winthrop）的話來說，美國是「人間天國」，是人類的燈塔，因此，「我們體現了人類不言而喻的真理」，「我們認為我們優於其他任何人。」105

其次，作為一種思想體系或意識形態——這裡的意識形態是指對世界和社會的系統見解，也是一種理論信仰——美國民族主義體現為「美國信念」，即對自由、平等、民主、個人主義、人權、法治和私有財產制這樣一些政治原則的堅守，美國人民就是出於對這種信念的篤信而團結在一起的。

最後，作為一種社會實踐和群眾運動，美國民族主義體現在美國人的日常生活和行為之中，比如普通民眾願意透過個人主動或公民團體為社會提供公共物品，或是自願參與民間的基層活動。在更多的情況下則與愛國主義融為一體，並透過具體的行為例如懸掛國旗、背誦愛國誓詞等演變為「美國情結」。概言之，「在美國，促進民族主義是私人事業」，其諸多表現方式如此尋常，幾乎不著人為痕跡。106

二、美國民族主義的特性

美國民族主義除了擁有民族主義的某些共性之外,還有自己的特殊性。實際上,美國民族主義的特點就是美國民族主義的特殊性,也就是美國民族主義和一般的民族主義相比較所擁有的不同之處。和一般的民族主義相比,美國的民族主義具有如下的特點,可以從兩個角度來看:

首先,宗教觀念中的「使命感」,即美國的「天賦使命」神話,又稱使命觀或天命觀。它主張美利堅民族作為上帝選定的民族被賦予「救世主」的角色,或者說美國具有解救全人類的使命,而且這一使命既不是含糊不清的,也不是不可企及的,而是注定的、輝煌的和神聖的。事實上,從移民始祖到北美創建「山巔之城」開始,美國人一直都把自己看成是上帝選定的民族,這個民族肩負的不僅僅是美國民族本身的使命,同時她還是世界上其他民族的楷模,她還必須履行與上帝的契約——拯救其他民族。概而言之,美國對自己的前途及其與世界的看法,從來都未曾擺脫過殖民初期的烙印,「當時,清教徒『到蠻荒之地去』,並非由於受到英國君主或倫敦商人的派遣,他們是尊奉上帝的使命而去的。」因此,「不論美國人後來怎樣描繪他們歷史的方向,不論是稱之為『天意』還是『命運』,他們都始終保持著一種使命感。」[107]

其次,世俗觀念中的美國優越論。宗教信仰促使美國公眾相信上帝賦予美國一種特殊的使命,這使得在美國世俗觀念中產生了一種優越論,即美國主義。它指的是這樣一種信念:美國的理想、價值觀念和現實優越於任何其他國家。眾所周知,民族主義存在於各國之中,其一般的含義是效忠自己的國家,熱愛自己的國家,為自己的國家感到自豪。美國的民族主義亦不例外,但它還有一種「美國第一」、「美國例外」等的優越感。究其原因,在於:一是美國的民族主義基於美國的自由、民主價值觀念,而不是基於種族或民族性;二是美國的民族主義還源於美國歷史上所取得的成就以及由此獲得的信心;三是美國民族主義寄希望於本民族的未來及其獨一

無二的偉大性。這些都使得美國的民族主義顯得與眾不同，並在美國與外部世界的交往中所常常顯示出來的高人一等之中得以反映。

在以上兩個方面的基礎上本書概括為，美國民族主義的特性在於其「理性主義的選民意識」，正是它使得美國民族主義一方面強調美國民族和國家的特殊性或例外性，另一方面又強調美國理念的普世性和美國民族主義的天定命運。108其中，關於美國特殊使命的思想是美國民族主義的核心。所謂美國特殊使命的思想就是基於新教信仰而形成的「選民」思想和「使命」意識，它們使得絕大多數美國人都堅信：美國在人類事務中起著獨特的作用，有一種責無旁貸的使命；美國對國際社會要有所作為，肩負起一種義不容辭的責任。這種思想或意識可以追溯到美國人的祖先英國人。中世紀後期尤其是宗教改革以來的英國，無論是英國國教還是清教，「都認為英國是上帝恩寵的國家，在塵世具有一種特殊的使命。不管是聖公會徒，還是清教徒，都表現出強烈的命運感，上帝選民感，特殊使命感。……清教徒的這種意識更為強烈：他們把英格蘭視為他們的埃及，把詹姆士一世視為他們的法老，把大西洋視為他們的紅海。他們也是一個整裝待命的民族，明顯被上帝選擇來執行世界拯救的神聖計劃。」109正是在這種天賦使命思想的驅使下，北美移民開始了開拓新大陸的歷程，他們要將北美的洪荒莽野變為人類的伊甸園，把被野獸和「野人」占據的新大陸變成人類敬仰的楷模，以致成為整個世界的「山巔之城」。總之，「上帝的選民」、「上帝賦予的使命」等觀念始終貫穿於北美開拓的過程和美利堅民族形成的過程之中，其結果是，對美利堅民族獨特淵源的普遍信念成為美國民族主義思想中最具特色的內容。「首先，美國人民是新的人民，是由移民新世界、追求自由的人們組成的；其次，這個國家誕生於革命之中，這次革命既是第一次解放戰爭，又是第一次永遠摒棄舊制度的行為。因此，革命締造了一個新的國家，這個國家則將獻身於自由、民主和平等思想的傳播。」110

綜上所述，按照美國學者伯恩斯（Edward M.Burns）的說法，「民族主義一般被界定為一種以民族意識為基礎的綱領或理想。這種感覺或意識可能以若干因素為基礎。一個民族可以由於種族、語言、宗教或文化的特點而把自己看作是一個民族。不過，在大多數情況下，把不同的群體結合在一起的因素是共同的歷史和對未來的共同願望或對共同命運的信念。」111伯恩斯的分析雖然是針對所有民族主義而言的，但是實際上卻比較適合美國民族主義的情況，即美國民族主義的基礎是對一套符號、價值和觀念體系的認同。換言之，不像在歐洲或其他很多地方人們的認同主要指向本民族的傳統、土地、血緣和社群等，在美國人們的民族意識主要是由普世性的社會、政治價值觀所塑造的。而在自由、民主等價值觀所塑造的美利堅民族意識的基礎上形成的理想或信念，即所謂的美國民族主義。它在很多方面與通常類型的民族主義有很大不同，「一般認為構成單獨民族的那些要素，如共同的祖先、共同的宗教、共同的文化傳統以及歷史上形成的共同的領土都不存在。連接這個新國家的，同時也是把這個新國家同其他國家區別開來的紐帶不是建立在通常的民族構成要素——語言、文化傳統、歷史領土和共同祖先之上——而是建立在一種信念之上，這種信念使得這個新國家在世界各國中引人注目。」112一言以蔽之，美國的民族主義基於政治理想或理念，「天定命運被視為美國民族主義的核心要素」113，這使其充滿傳教士精神。

三、美國民族主義的體現

雖然一般來說，「近代民族主義帶有宗教般的使命感，具有試圖依據一個國家和民族的形象變革世界的傳教士般的狂熱，這並非美國所獨有」，但是，「美國民族主義本身具有一個顯著的特點：強烈的千年盛世情結（mil-lennial strain）。這一情結鑄就了這個國家，使它向全人類承擔特殊責任，擔當起救世主的角色。」114

以此作為精神支柱和動力,美國在歷史上產生了對其自身地位和價值的獨特認識,即美國例外論(American exceptionalism)。顧名思義,所謂「例外」就是獨特,就是與眾不同。這種論調古往今來比比皆是,近代以來很多國家也都有自己的例外論,比如法國自喻為「人權的大陸」和「民主的象徵」。「在眾多法國人眼中,法國不僅超凡脫俗,而且負有神聖使命。他們堅信自己肩負著啟發、拯救和解放全人類的神聖使命。」115所以,美國的例外主義其實並不是世界上獨有的現象。但是,由於美國是國際社會中的主要力量,因此,其例外論的具體特徵和性質至關重要。那麼,什麼是美國的例外論呢?目前研究者比較認同其中的兩種解釋。一是以美國學者戴維·福賽思(David Forthes)的觀點為代表,即美國例外論包含了這樣一種觀念:「美國人組成了一個異常優秀和偉大的民族;他們首先代表了對個人主義和自由的信奉;他們建立在個人自由主義的理念基礎上的神話和國家,樹立了值得向世界其他地方輸出的榜樣。」二是以西摩·馬丁·李普塞特(Seymour Martin Lipset)為代表的觀點,他強調的是美國政治文化的獨特性,即美國是一個由中間階級組成的社會。美國所信奉的自由主義實質上是對君主制和貴族制國家的反叛,它反對世襲制,反對對自由貿易的限制。其精神實質是社會主義的對立面,是反國家主義的。這兩種例外論既有聯繫,如都承認美國的獨特性或例外性,它們之間也存在差別,如第一種觀點完全強調美國「例外」的優越性,而第二種觀點則不討論其優劣與否。116從本書探討美國外交政策的需要出發,這裡所指美國例外論是第一種比較傳統的解釋。

可以從三個層面來看美國例外論。

第一,美國例外論強調了美國的獨特性。「所謂例外論,是指那些把美國和其他國家區別開來的諸顯著特徵。它們包括美國擁有一套特殊的政治及社會價值、它的獨特歷史軌跡、諸制憲結構的特

異性以及它們影響決策的方式。」117這一層次的例外論反映出了美國與眾不同的信仰、與眾不同的機遇及其對自身世界地位的與眾不同的看法。

　　第二，美國例外論強調了美國的優越性。如美國著名歷史學家康馬傑（Henry S.Commager）所分析的，「美國人完全生活於新世界，這裡得天獨厚，無比富饒，因而形成一種夜郎自大的信念，確信美國是世界上最好的國家。每一個橫渡大西洋——很少走別的路——到美國來的移民，在想像中也確信這是全世界公認的事實。對美國人來說，遼闊的荒野確是可以任意馳騁的樂園，他們輕視其他國家和民族幾乎達到旁若無人的程度......美國人認為自己的國家優越，也就很自然地認為自己比別人優越，這種自命的優越感隨之產生一種天然使命感。」118所以，正如傑佛遜（Thomas Jefferson）119把美國看做是「世界的最佳希望」120，漢密爾頓（Alexander Hamilton）121也認為，世界人民的眼睛關注著美國，美國榜樣的影響將「穿透專制主義籠罩的地區」，並指明「動搖專制主義最深厚根基的」道路。122

　　第三，美國例外論強調了美國的使命性。這一層面的例外論來源於「上帝選民」的思想，即美國自認為受到全能的上帝的恩寵，注定不僅在西半球而且在全世界其他角落扮演一個既行使支配權又樂善好施的角色。因此，美國人逐漸認識到，「應當主動地、像傳教士那樣地去發揮他們的救世主作用，而不是被動地、僅僅用榜樣示範的方法去影響別人。」123概而言之，美國人認為，美國是世界上獨一無二的國家，進一步講，既然上帝選擇美國作為所有國家的榜樣，美國也就擁有向全世界傳播美國的自由、民主等價值觀念的神聖權利和使命。正是這種美國例外的思想導致了美國人認為他們可以透過直接兼併領土、控制殖民地或者將美國的價值觀作為理想模式，向外傳播「美國夢」（American Dream）展示給其他國

家使它們效仿。

　　事實上，對美國人來說，美國特殊或美國例外的感覺始終是他們的人生觀、價值觀以及國民性格的重要組成部分。換句話說，美國人如此信奉美國例外論，其中的一個主要原因是，「在努力建立一個獨立國家和美利堅民族的認同時，北美殖民者需要確立一個統一的和與其原國家不同的獨特特徵，或他們需要向世人表明是什麼代表了美國人。」124 所以，美國例外論「一直是許多人理解美國文化身分（或文化認同）基礎的努力的主題，也許是唯一真正的主題」125。這一主題深刻地揭示出，「美國是一塊新大陸，美國是一個民主國家，美國在世界上負有特殊而重要的使命，美國是一方樂園，美國在現代人類事務做具有獨一無二的影響，無論這種影響是善良的還是邪惡的。」126 顯而易見，上述美國例外論所反映出來的種種現象都是美國民族主義的主要體現。首先，與其他國家的民族主義強調自身獨特性一樣，美國例外論也注重自身與眾不同的地方；其次，美國例外論突出了美國的優越之處，這和其他國家民族主義宣揚自身優越在本質上是相同的；最後，例外論點出了美國民族主義區別於其他國家民族主義的關鍵所在，即「在現代歷史上沒有任何其他民族像美國這樣如此連續地受這種信念———美國在世界上具有特別的使命所支配」，究其原因，「把族性認同於政治信念或價值觀使得美國實際上是獨一無二的」127。概言之，美國的民族主義與本民族的價值觀緊密聯繫在一起，有其獨特的歷史傳統和文化內涵，所以，與許多國家的民族主義一樣，美國人也聲稱自己擁有更優秀的文明精神。但是，與世界上多數國家尤其是第三世界國家的民族主義不同的是，美國的民族主義不僅要維護自己的價值觀，而且還要把它們推向全世界。

　　以上內容可概括如圖1所示。

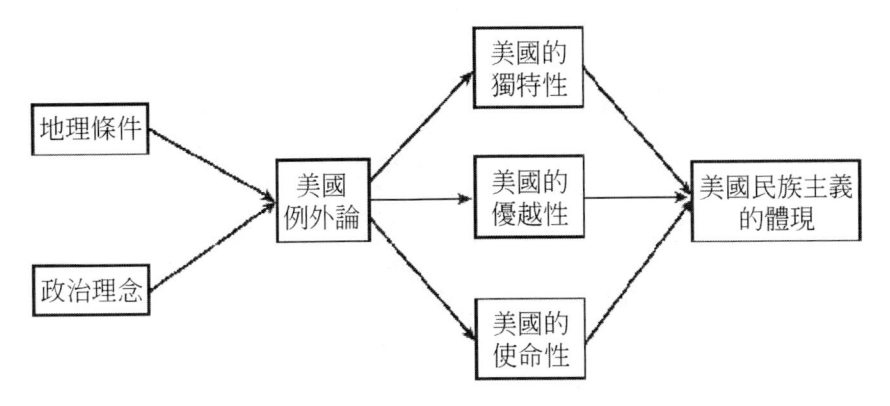

圖1　美國民族主義的體現　資料來源：作者自製

總之，自獨立宣言起草之日起，美國人就不斷地對自己的獨特性作出評論，西方人至少從托克維爾起，很早就傾向於把美國看作人類的藍圖，帶著熱情或恐怖來看待這樣的前景。128或者說，從立國之日起，美國人就認為「上帝是在美國一邊，美國代表著進步和未來世界最好的社會模式」129，這導致美國人傳統上持有一種獨特的自我意識——「美國例外論」，即美國人是上帝的選民，生活在「自由之鄉」和「山巔之城」，他們的價值觀念和政治制度應當推廣到全世界。換句話說，美利堅民族看待世界具有其獨特的方式，即作為上帝的選民，美國人有責任在全世界追求自由和民主，並認為美國的外交政策應當反映這一現象，美國式的民主制度應當被推廣到全世界。

第三節　美國民族主義與外交政策

在美國人的思想意識裡，美利堅民族是「上帝」的選民，美利堅合眾國是人類社會的「伊甸園」——理想之地，美利堅合眾國的制度和體制是世界其他國家應加以效仿的模式。據此，這個民族的一些思想「精靈」們便創造出所謂的「天定命運」說，聲稱他們

負有一種「天賦的使命」，這個使命要求他們把美利堅民族的思想、意識以及他們所締造的各種制度推廣到世界的其他地區和國家，彷彿如基督和信徒。這種觀念體現在具體的外交實踐中產生了理想主義與現實主義這樣一組看似矛盾、實則通融的概念，二者互動的基礎就是獨特的美國國家利益，而美國國家利益的獨特性則取決於美國民族主義。

一、美國的國家利益

美國為什麼把捍衛和促進自由的事業當做美國國家目標中不證自明的東西，而成為其國家利益的一部分呢？這必須追溯至獨特的美國民族主義。眾所周知，任何一個民族國家都會本能地從民族主義的角度來看待自身和外部世界，「不論哪一種民族主義都是以本民族利益至上為宗旨」。130美國也不例外，「從最廣的意義上講，美國最根本的國家利益是保障國民的人身安全和領土完整，保證國家的物質利益，維護（並在必要時調整）美國賴以存在並且形成美國的基本特徵的各種制度和價值觀念。」131尤其值得關注的是，從立國之日起，美國人就認為「上帝是在美國一邊，美國代表著進步和未來世界最好的社會模式」，這導致美國人傳統上持有一種獨特的自我意識或曰「天賦使命觀」，即美國人是「上帝的選民」，上帝賦予美國拯救世界和救贖全人類的「特殊使命」。或者換句話說，頗具特色的美國民族主義使得美國人一方面強調美國例外論，另一方面又強調美國價值觀的普世性及美國對於世界的責任，也就是美國人雖然是「上帝的特殊選民」，但是卻要將上帝給予美國的恩惠普遍化。二戰的勝利使得越來越多的美國人更加自信，作為世界上最強大的國家，美國有義務維持世界的和平、重建世界的經濟以及提供道義上的領導以便能夠在全世界實現美國的普世價值觀。

在人類歷史上，像美國那樣強大的國家如羅馬帝國、大英帝國

乃至中華帝國也沒有把輸出某種價值觀視為國家至關重要的利益。究其原因，美國人的獨特性不在於對物質利益的追求，而在於體現在其文化最深層的非物質性的追求。而界定美國國家利益非物質方面的基本價值觀是上帝和自由：「一方面相信在這個被造的世界裡存在一個客觀的道德秩序，另一方面信奉個人選擇和個人完善的主體權利。」因此，美國的國家利益既包括物質性的國家利益，也涵蓋非物質性的國家利益或意識形態利益。「美國國家利益觀的突出特點是把道義追求，即在全世界範圍內捍衛和促進美國所界定的自由與民主作為其國家利益的一部分。」132其結果，美國的國家利益包括在全世界範圍內促進民主在當今的美國已經成為共識，無論是自由派還是保守派都把促進民主作為美國重要的國家利益。

綜上所述，美國外交政策從來都是以美國國家利益為出發點，美國對臺政策也不例外。而要瞭解美國對臺政策，就必須先瞭解美國的國家利益以及臺灣在其中所占地位。冷戰結束後美國國家利益分解為四個層次，即「生命攸關的利益」、「極其重要的利益」、「相當重要的利益」與「次要的利益」。其中「生命攸關的利益」有五項，按重要程度依次為：（1）預防、遏止並減少以核武器、生物武器和化學武器對美國實施攻擊的威脅；（2）防止在歐洲或亞洲出現一個敵對的霸權國家；（3）防止美國邊境出現一個敵對的大國或一個控制公海的敵對大國；（4）防止主要的全球機制，貿易的、金融市場的、能源供應的以及生態環境的機制、出現災難性的崩潰；（5）保證美國的盟國的生存。133可以看出，美國「生命攸關的利益」中的第2與第5項均與臺灣和中國大陸相關，事實上美國對中國的未來形勢和動向一直保持高度的戒心，欲「以臺制華」，遏制中國。這也是美國為何一直不願放棄臺灣、極力阻止中國統一步伐的根本原因。

總而言之，美國在臺利益是美國對臺政策的根源。具體來說，

美國在臺利益可分為以下四方面：第一是戰略利益，美國透過使台海兩岸陷入無休止的分裂紛爭與內耗內鬥而從中漁利，以便有效遏制中國大陸崛起，從而維護美國的全球與亞太的霸權。第二是安全利益，包括美國在亞太的軍事前沿部署及其人員安全，以及美國對亞太盟國安全保障承諾的可信度。美國對外政策全國委員會2000年11月發表的《海峽兩岸關係：打破僵局》報告即聲稱：「任何一屆美國政府都不會默許中國為透過武力奪取臺灣島而採取的行動。如果美國默許中國的行動，那麼美日聯盟和美國在整個東亞前沿的駐軍的可信性以及美國在全球的信譽都將受到嚴重打擊。」134第三是經濟利益，特別是美對臺軍售的巨額壟斷利潤。據法國《航宇防務》報導，美國國會曾經公佈一份名為《發展中國家傳統武器交易》的研究報告，分階段詳列了世界主要國家和地區的軍購金額，報告顯示，從1996年至2003年的八年間，臺灣軍購總額接近200億美元，躍居世界第二。據統計，臺灣購入的各種武器中95%以上來自美國。135第四是意識形態利益，即美式民主價值觀在臺灣的「成功」推廣及其對中國大陸的「示範」效應。由此可見，臺灣對於美國而言具有特殊戰略價值，事關「美國形象」，美國很難在此問題上輕易讓步。一言以蔽之，「美國的價值觀與安全或戰略的目標同樣界定了美國的國家利益，這使得犧牲臺灣的提議是不可接受的。」136

二、美國外交政策的特點

正如美國歷史學家保羅·西布里（Paul Seabury）所認為的，「在哲學意義上，現實主義和理想主義是看待事物本質的兩種相互對立的方法。現實主義從事物本來的面目來看待它和接受它。理想主義則具有理想化的習慣，它傾向於用理想的形式來描述事物，或者渴望事物採取這種理想形式。」137在國際關係理論中，現實主義和理想主義一般被認為是兩種相互對立的理論。現實主義的國際

關係理論假設，在國際事務中國家是行為主體，在任何形勢下，各國都會按照所謂的「國家利益」來採取理性的行動。由於最基本的國家利益是安全，所以為了確保安全，每個國家都必須追求權力。理想主義則是把處理國家間政治的方法建立在它應當是怎樣的概念之上，它懷有或追求崇高的原則和目標，同時準備作出必要的妥協。這兩種思想觀念在美國外交政策中占據什麼位置呢？有的學者認為，現實主義在美國外交政策中占主導地位，「在過去的200年中，理想主義目標一直處於美國外交政策的邊緣。」138然而，其他人則持有不同的意見，他們認為美國外交政策中的理想主義同等重要，它植根於美國的政治文化之中。「因為，美國人來自世界各地，沒有共同的血統和共同的故鄉；把全體美國人民凝結成為一個整體的，乃是體現在《獨立宣言》中的政治信念；美國作為一個國家，是和它的政治原則和理想分不開的。」139這種觀念反映在美國外交政策中必然表現出強烈的「理想主義」色彩。也就是說，在美國外交中有一種將美國的理想、價值觀念、民主政體以至宗教信仰傳播開去的強烈衝動。從這個意義上理解「理想主義」，其含義應該是：美國的「終極」理想是使全世界都變成美國式的民主制國家，同時以此動員中國輿論對外交政策的支持。140在威爾遜和小羅斯福兩位總統那裡，在他們對世界大戰後的政策規劃中，我們都會強烈感覺到這種理想主義的氣息。

事實上，按照美國歷史學家小阿瑟·施萊辛格（Arthur M.Schlesinger, Jr.）的看法，「外交政策是一個國家向世界展示的面孔。所有國家的目標都是一致的，即保護國家的完整和利益。但是一個國家設計和執行本國外交政策的方式，受到國家特性的巨大影響。」就美國來說，「美國外交政策的觀念是對經驗和命運之間舊有爭論的反應，即美國被看做是許多國家中的一員，像其他國家一樣具有天使的衝動和掠奪的願望的傾向，還是被看做是上帝所選擇的救世主來拯救墮落的世界。兩種看法都培養出自己的氣質。

第一種看法產生於歷史和處理世界事務的經驗方法方面的爭論問題；第二種看法則產生於神學和神學世俗化方面的爭論問題，亦即意識形態。這兩種方法的衝突體現了美國人靈魂的分裂：信奉經驗和易於接受教條。」141他所謂的美國外交政策中的國家特性，就是美國人既以遵從教條為特徵的理想主義作為外交政策的指導思想，又用信奉經驗為特徵的現實主義去從事外交實踐。這種理想主義與現實主義的對立統一，構成了美國外交的基本特點。

概言之，在美國的對外關係中，「理想主義和現實主義一向是一枚硬幣的兩面」142。眾所周知，一個國家的外交，總是以追求最大的現實利益為其外交目標。作為一個置身於國際舞臺上的主權國家，美國也不例外，如開國總統喬治·華盛頓曾經聲稱：「建立在人類普遍經驗之上的一個準則是，沒有一個國家被相信不接受其利益的限制，任何精明的政治家都不敢冒險背離這一準則。」143正是建國之父們在外交問題上的現實主義態度，使得美國可以在險惡的國際環境中贏得了一次又一次的外交成就，從而開創了美國獨立外交的新局面。然而，「美國政策的目的不光是要推進美國的利益，而且還要改變世界。」這是由美國的命定觀使然的：在19世紀，它意味著把世界與美國隔絕開來（榜樣）；在20世紀，則意味著要去塑造整個世界（干涉）。不管是透過「榜樣」還是「干涉」的方式，「美國的利益在於開創一個廣闊天地，自由國家盡可在其間生存、發展、興旺。」144另一方面，以開創「理想主義」外交的威爾遜總統為例。就連把威爾遜的外交稱為「傳教士」外交的阿瑟·林克（Arthur Link）也指出：「老於世故的外交家們認為，他們在威爾遜的行動中看到了某種馬基維利式的目的。」145這是因為，儘管威爾遜總統為美國確定了很高的道義標準，但是設想其政策在各個方面是非現實主義和不可行的則毫無根據，「道德主義與現實主義並不自動發生衝突，道義政策……也許符合國家的

最佳利益。」146總之，誠如美國外交史學家威廉·威廉斯在《美國外交的悲劇》（William A.Williams，The Tragedy of American Diplomacy，1959）一書中認為的：「美國非常成功地把現實追求的具體利益同口頭宣揚的道德和意識形態目標混合在一起，後者是用來動員人們支持這些利益的。」147在美國外交政策中，現實主義與理想主義是相互包容、相輔相成的。從以往的歷史中，可以就美國外交政策的特點得出這樣的結論：現實主義和理想主義都是美國外交政策的傳統，它們是相互兼容的、在美國不同的歷史時期、不同的中國外環境下交替成為美國外交政策的主導思想。

三、民族主義與美國外交政策

一般認為，「每個民族都是透過那個形成於自身經歷的透鏡來看待世界上的一切外人的」，就美國來說，「作為經歷之產物的信仰體系，決定了美國人觀察世界事態並在隨後作出反應的方式。」或者換句話說，「所有國家都同樣地注重國家利益，同樣地滲入範圍更大的文化，在透過國家的而不是普世的價值觀這面透視鏡觀察世界事務時同樣會出現扭曲，只不過有時扭曲得輕微，有時扭曲得嚴重。」148同其他國家相比，美國外交政策的推動力頗為相似但又不盡相同，因為其中還具有一種獨一無二的美國特性，這是由美國民族主義所決定的。

（一）民族主義與外交政策

由於「民族主義的外交政策不能被視為理所當然」149，為了探討美國民族主義對當代美國外交政策的影響，需要先搞清楚民族主義與外交政策之間的一般關係，即民族主義是否對外交政策產生影響。透過這種關係的探討，才能夠進一步去分析民族主義透過什麼「因果機制」（causal mechanism），即透過什麼途徑作用於外交政策。

首先，從近現代史可以得知，現代主權國家與民族主義是共生的關係，只要主權國家存在，民族主義就有存在的理由和意義。具體反映到外交領域，「外交政策傾向於吸收民族主義思想，然後以這些思想去同世界打交道……它在國際關係中帶有普遍性，也許甚至是全球性的現象。」或，「如果說民族主義沒有造成有益作用的話，至少它隨處可見，我們不能盼望在考慮政策時不受其影響。」150一言以蔽之，「外交政策的形成，乃是物質利益、文化以及透鏡的交互作用和共同影響。」151從這個意義上說，美國亦是如此。

其次，「一個民族的自我認識構成了這一民族外交政策的思想基礎——起主導作用的前提和關注的重點，它在一些關鍵的方面甚至起著決定性的作用。」152就美國而言，「洛倫·巴裡茨在《逆火》一書中認為，有三個關鍵性的特徵說明了美國人是怎樣看待他們自己及其餘世界的：『山巔之城』的概念、理想主義和傳教士精神以及戰無不勝的美國技術。換言之，大多數美國人通常天生就認為：A.美國清白無罪；B.美國樂善好施；C.美國例外論。」153這些強調美國清白無罪、樂善好施和例外論的自我認識對美國外交政策的影響是顯而易見的。例如在美國人看來，美國例外論意味著上帝是站在美國一邊，美國代表著進步和未來世界最好的社會模式，所以美國的外交政策應當有助於促進全人類的民主和自由，這是美國人的責任或命運。

最後，作為民族主義之基石的民族認同與外交政策行為存在強烈的辯證關係，即，「所有國家都經常利用民族認同清晰地表明其外交政策，反過來，它們又依靠外交政策作為其合法性的基礎。」154例如，「美國總是在其外交政策中使用具有美國特色的道德論，以此作為民族認同的源泉。」155事實上，正如安東尼·史密斯所認為的：「民族如同構成了維繫民族國家的社會政治基礎，

是現代國際關係中最重要、也是唯一獲得效忠和認同的對象」[156]，民族對一個國家外交政策的意義在於民族如同構成了國家利益的基礎，「它決定著一國的人民對自己的國家在對外關係中應該追求什麼樣的目標、在國際社會中應該扮演什麼樣的角色以及自己的國家追求一種什麼樣的國際地位這樣一些基本問題的看法，從而深刻地影響該國的外交戰略和外交政策取向。」[157]就美國外交來說，其很多的重大特徵都可追溯到美國獨特的民族認同模式。

綜上所述，民族主義對外交政策的影響是客觀存在的、而且起著重要的作用。就美國來說，「任何成功的美國外交政策必須是那種被美國人民理解成是反映了深層價值觀的政策，而這種價值觀是我們自己的民族實驗所賴以存在的基礎。」[158]由此可見，美國政府在進行外交決策時，不可不考慮民族主義這個因素。具體地，由於「山巔之城」構成美利堅民族認同的核心，「美國人從立國開始，就一直相信自己的天命是透過民主示範使自由和社會正義普及全人類……美國不僅要成為讓其他民族仿效的優良的國內民主生活方式的燈塔，而且還應成為在道德上優於他人的國際行為的楷模。」[159]所以，「美國的外交政策必須不僅由對國家安全的考慮來指導，而且也必須由一個尚未實現的、認為美國將注定成為一個理想國度的想像來指導。這一想像將振奮整個世界。」[160]不僅如此，在美國人看來，「他們是救星，有責任向受奴役的、落後的民族伸出手去。」[161]基於這種核心信念，早期的美國產生了「天定命運論」，建國100多年後又誕生了伍德羅·威爾遜（Thomas W.Wilson）[162]的「理想主義」：「天定命運論」促使美國於19世紀利用它在西半球推廣其價值觀，即獨特感和對歐洲舊世界的優越感導致19世紀的美國人把美國的領土擴張同歐洲強國的海外殖民主義區別看待。美國的西進運動被辯解為是民主和文明的擴張，而歐洲的帝國主義則被看做是王朝經濟上的貪婪和對權力及特權的

貪慾的產物。163當1898年之後的海外擴張使得這個國家變成了軍事強國中的領袖和全球的最大經濟力量之後，在20世紀尤其二戰結束後「理想主義」則把這種「責任和義務」擴展到全世界的範圍。不過，正如美國學者馬丁·李普塞特（Semour Martin Lipset）所認為的，美利堅主義的意識形態，伴隨著它的自由、平等、個人主義、大眾主義、自由放任等教義，意味著「凡是拒絕美國價值者乃是非美國者」。「美國民族主義的這種意識形態基礎，與更加具有排他性歷史的、有機的其他地方民族概念形成對比，並且為內向的、普世論的美利堅自我概念和其他諸文化之間更加一般性緊張關係打開了可能性。」164這是在探討美國民族主義與其外交政策之間的關係時需要注意的地方。

（二）美國民族主義與外交政策

毋庸置疑，任何國家的外交政策都是以現實主義思想為出發點的，美國也不例外。但與此同時，具有美國特色的民族主義決定了價值觀和意識形態是構成美國國家利益的重要組成部分165，因此維護、推廣美國的價值觀和意識形態一直是美國外交政策的基本內容和重要目標之一。美國人從其國家生活剛一開始就堅信他們的命運是以身作則地向一切人傳播自由和社會正義，把人類從罪惡之路上引導到人世間「新的耶路撒冷」。這種信念使得理想主義成為了美國外交政策中經久不衰的指導思想，它強調美國自由、民主和人權等價值觀的優越性，強調美國對於這個世界的責任。其結果是，美國的外交政策成為西方世界中理想主義色彩最濃厚的國家。或者換句話說，美國民族主義的特性導致在美國與其他國家交往中產生了所謂的道德優越論，即認為美國人具有與眾不同、至高無上的道德和價值觀，美國堪為世界各國的楷模。不論這種觀點有多大程度的可信性，也不管美國自視的道德優越感有多麼荒謬，美國獨一無二的思想深植於美國人的思想中，並對美國的外交行為產生複雜和

深刻的影響。正是因為美國民族主義在背後起作用，現實主義與理想主義之間可以在美國外交政策中不斷地變換、實現兼容，「這兩種看似矛盾的指導思想在美國外交中卻能實現有機的結合，而實現這種結合的基礎就是美國民族主義。」166

　　正如王瑋指出的那樣，美國建國200多年來的外交，很少有盲目的、即時性的、權宜性的、一時衝動的決策，更多的是一種深思熟慮的、周密謀劃的、具有長遠目標的決策和行為。美國外交有著廣闊和深厚的思想淵源，儘管在一代又一代政治精英的頭腦中對外交決策有著自己的創造和發揮，但是潛藏在外交思想中的帶有根本性的東西是永恆不變的。總的說來，美國的外交思想中有兩個最為核心的主體，即「利益」和「責任」。167「利益」對應的是物質性的利益，而「責任」則對應的是精神的或非物質性的利益。這兩個主體反映在對外政策上，便是冷靜和審慎地追求物質性利益的現實主義，同衝動和執著地追求責任的理想主義，二者與生俱來地交織在一起，既構成了美國外交的複雜性，又形成了美國外交鮮明的特色。即無論「利益」還是「責任」，都統一於美國的國家利益之中，也都反映在美國的對外政策之中。如圖2所示。

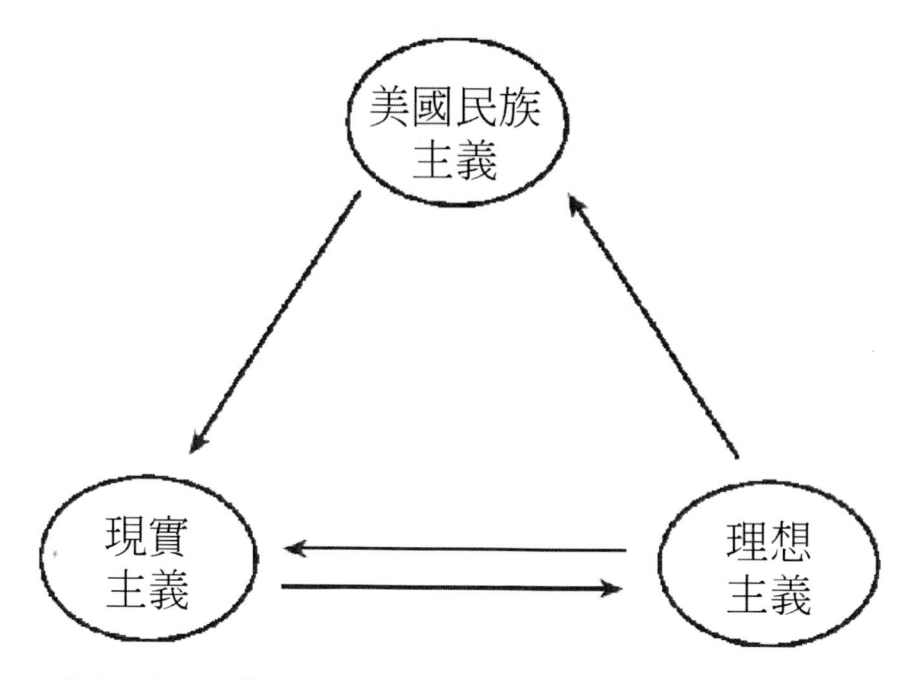

圖2　現實主義、理想主義與美國民族主義　資料來源：作者自製

綜上所述，美國外交政策中現實主義與理想主義之間的對立統一實際上是與美國民族主義尤其是它的特性密切聯繫著的：任何國家的外交政策都是以現實主義為指導的，美國也不例外。然而，美國民族主義的特性決定了民主、自由等價值觀和理念構成了美國外交政策的重要組成部分，從而使得美國外交具有濃厚的理想主義色彩。所以，在美國民族主義的指導之下，美國外交政策能夠實現現實主義與理想主義的兼容，其根基在於以維護美國的國家利益168為出發點的，美國民族主義就是二者之間互動的基礎。一言以蔽之，「民族主義是美國外交的最高指導思想，是現實主義和理想主義的有機統一體。」169但不管是現實主義還是理想主義，它們都服務於美國擴張這個總目標（包括擴展民主），因而，在美國民族主義的作用下，美國傾向於採取擴張性的外交政策，最終是為了促進和維護美國的國家利益。如圖3所示。

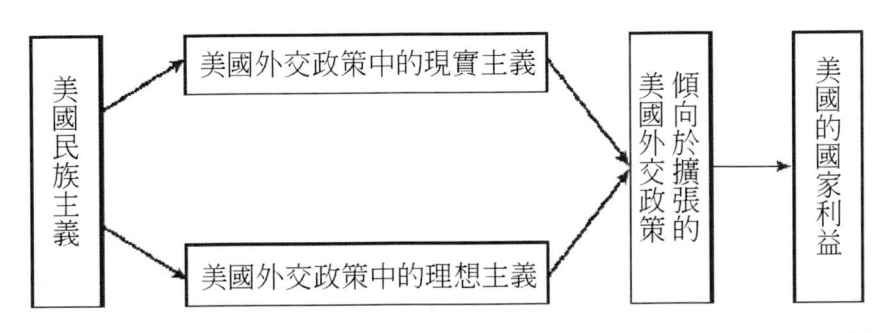

圖3　美國民族主義與美國的國家利益　資料來源：作者自製

第四節　小結

　　作為一個歷史範疇，民族是人類社會發展到一定階段的共同體形態。由上所知，界定「民族」一詞的困難來自於如下情況，即所有的民族都混雜了客觀和主觀的特徵，並融合了文化與政治的特點。「民族主義」同樣是近代社會才開始的一種歷史現象，它們都經歷了一個較大的演化過程。加上研究者的立場、觀點和角度不同，由此導致民族與民族主義的含義等在中國外學術界一直是眾說紛紜。自啟蒙運動之後的兩百多年裡，西方民族主義在其發展過程中呈現出兩種不同的表現形式，即以思想觀念為基礎的民族主義和以血緣為基礎的民族主義。一般認為，早期的移民或稱移民始祖奠定了美利堅民族的核心認同。對於早期移民在開發美洲大陸所起的作用，特別是他們思想意識中對民主、自由思想的追求及其對後世美國人所產生的影響，美國學者羅伯特·伯納（Robert Berner）曾經說過這樣的話，「美國人擁有了一種基本信念，即他們不僅是生活在地球上，他們將創造一個自由的國家和一種生活方式，優於世界上任何其他的國家及其生活方式。」170這種信念反映了美國獨特的政治價值觀，也使得美國的民族主義特別引人注目。由於美國民族主義的基礎是以追求生存、自由和民主為基礎的思想觀念，

「美國是一個以思想觀念為基礎的民族主義占統治地位的典型國家」。因之，共同的政治理想將形形色色的美國人凝聚在一起，去為實現心目中的民主和自由而奮鬥，並逐漸演變成一種美國至上主義（Americanism）或美國例外論。總的來講，即美國不同於世界上別的國家，美國的政治制度、價值觀和文化以至現實都優於其他任何國家。美國是人類社會的拯救者，具有向外部世界推廣其制度、傳播民主自由價值觀念、改造世界的神聖使命。171

從某種意義上說，北美殖民地從一開始，就在政治、經濟、文化和生活方式上與母國有很大不同，其中以新英格蘭最為突出。在新英格蘭，實現民選長官、土地分配和平民教育，這些都和英國專制制度、經濟制度和教育制度可以說是背道而馳的。但殖民地人民的真正自覺，是在進入18世紀以後才開始的，特別是在1763年英法七年戰爭之後。七年戰爭之後，由英國在殖民地政策的改變所引發的問題，是促使美利堅人走向聯合與覺醒的轉折點，1765年在紐約召開的反印花稅法大會是轉折的標誌。這次大會表達的觀點（「無代表即不納稅」）和通過的《權利與不平等宣言》等表明了，徵稅問題已經把殖民地與英國之間的矛盾，由經濟層面提升到政治層面，成為雙方之間的權利之爭，因此矛盾和鬥爭的性質改變了，隨之民族意識急劇提高。到了1776年7月4日，北美十三個英屬殖民地發表《獨立宣言》，正式宣告了一個新的民族——美利堅民族的誕生。在美利堅民族的形成和發展過程中，美利堅合眾國的民族主義思想隨之成長起來，這種思想認為美國是一個具有「獨特性」的國家，美利堅民族是上帝的選民，他們注定要在新世界上創造出一個嶄新的國家，作為照亮其他國家的「燈塔」。由此導致在美國的立國信念中產生了一種強烈的優越感，即「美國人從一開始就堅信他們的命運，即傳播自由和社會正義，以及帶領人類擺脫罪惡之路走向地球上『新的耶路撒冷』」。172追本溯源，它來自美國人所信奉的清教思想，「山巔之城」即是從宗教層面描述了美

國人對於自己使命的認知，他們相信經過自身不懈的努力，「美國的夢想將在全球範圍內實現，美國的經歷將成為世界的經歷，只有當美國的理想和制度堅定地移植到全球各個部分的時候，美國才不是獨特的，整個世界將成為一個偉大的美國。」173誠惶誠恐的宗教感情、開拓進取精神和強烈的使命感於是構成了美國民族精神的基調。

　　總之，清教徒的宗教觀念深深地影響了美利堅民族的形成，在思想意識上成為美國文化的「靈魂」，尤其是「上帝的選民」的觀念在美國立國後更是成為了把美國人與世界上其他地區的人區別開來的主要標誌之一。這種觀念在美國深入人心，對美國人來說，「我們美國人是特殊的上帝的選民，是我們時代的以色列人；我們駕駛著世界自由的方舟。……上帝已經注定人類的期望和偉大的事物來自我們的民族；我們感到我們靈魂中的偉大的東西，其餘的國家必須很快將步我們的後塵。」174然而，作為「文明的燈塔」，美國將如何領導世界各地的人民最終採取美國的價值和體制呢？美國根據不同的時期和不同的國際形勢採納了不同的立場。從立國到19世紀末的大陸時期，美國的特殊命運是把自己轉變成為一個「典範」國家，所以美國相應的特殊目的也是自我轉變，這是其主要的立場。1874年，美利堅合眾國早期重要的政治家中的最後一位在世者艾伯特·加勒廷（Albert Gallatin）在對自己的同胞的講話中，重申了關於「榜樣」的觀點：「你們的使命是為所有其他政府和其他較少受到優待的民族樹立榜樣，運用我們的所有手段來逐步改進我們自己的體制，並透過你們的榜樣來發揮最有利於人道的道德影響。」175因此，這個時期美國人的特殊使命不是採取積極的外交政策來改造一個罪惡世界，成為實現自決、人權和自由貿易的推動力，而是成為照亮世界的聖火，即美國將透過自己贊同的聲音、仁慈的同情和樹立的榜樣來鼓勵爭取自由的事業。從19世紀末到第二次世界大戰結束的這一時期美國人認為美國有責任在世界

上保護與推行民主、自由和人權。因此美國更多地採取干涉的立場，儘管這個時期孤立主義（它指的是避免介入大西洋對岸的紛爭）仍然對美國的外交政策具有較大的影響。二戰結束以來美國人不再滿足於充當人類光焰奪目的榜樣，而是認為美國的力量能夠使它擔負起領導世界的使命，以促進自由在全球的傳播和在世界範圍內實現民主等價值觀念。一言以蔽之，美國文化中根深蒂固的使命感必然在外交領域體現出來，並構成美國外交思想的核心部分。

「所謂精神上利他的擴張願望，乃是希望把自己『優越』宗教、理想和制度善意地介紹到世界各地，別人也能分享它。這種想法，其實是根源於兩種基本的觀念：其一是優越感，認為自己的宗教、理想和制度優於其他民族。其二是責任感，自認是『天命注定』。有責任將這些優點傳播到世界各地。這種優越感，在世界各國本來都有的，然而美國則積極地將它表現於進取的外交政策中……這種優越感，加上傳播其『優越』的理想和制度給他人的責任感，乃構成表現於外交政策中的傳道精神。」[176]

第二章　美國民族主義與「改造中國」的使命

　　眾所周知，中美關係是近現代國際關係史中最重要的國家雙邊關係之一。中國是世界上最大的發展中國家，美國是世界上最發達的國家，中美兩國關係的發展和走向，不僅關係到中美兩國和兩國人民的根本利益，也關係到亞太地區乃至世界的和平、穩定與繁榮。

第一節　中美關係的歷史演變

1784年2月22日,這是中美兩國關係史上一個值得紀念的日子。這一天,幾乎剛剛從英國手中贏得獨立,美國商人就派出一艘特地命名為「中國皇后」號的船隻前往中國。商船行程20900公里,於8月28日駛抵廣州。售完貨後,它購進茶葉、絲綢、瓷器等物品,沿原航線返回,於1785年5月10日到底紐約。從此,為浩瀚的太平洋分隔在東西兩半球的兩個國家建立了貿易關係。19世紀大量不同類型的中國人和美國人在文化、經濟和外交方面互相作用的過程,到20世紀初,已將兩個文化和地理相隔甚遠的國家,以一種引人注目的廣泛的、複雜的和不穩定的關係聯繫在一起。[177]

一、歷史上的中美關係

近現代的中美關係,走過了一個曲折複雜的歷程,隨著國際形勢的變化、中美雙方力量的消長,中美關係也在不斷地發生變化。新中國成立前的中美關係可以簡單地分為三個階段:

第一階段,從1784年2月美國商船「中國皇后」號開往中國到1844年7月《中美望廈條約》簽訂之前。這是中美兩國初建貿易的交往時期,兩國的關係基本上是平等的。

「中國皇后」號首航的意義是,英國的壟斷被打破,中美航線被打通。在西方國家中,美國和中國建立貿易關係的時間較晚,但它的對華貿易卻發展得很快。從1791年到1841年的50年中,美國對華貿易額增長達六倍之多。[178]在美國進入中國的最初年代裡,為了遵循儘可能避免政治糾葛以擴充貿易的基本政策,政府的作用維持在最低限度。美國商人很大程度上要依靠本身的努力,他們憑藉自己的能力來到東方,自擔風險,在中國當局所允許的自由範圍內進行活動。那時在中美兩國政府間沒有接觸,沒有條約義務和外交代表機構,也沒有外交關係。在19世紀30年代,美國最早的一批傳教士也來到了廣州——他們都是些勇敢者,甘冒任何人在中國宣傳基督教義會被判處絞刑的危險。初期傳教士的成就並不大,

但是它對美國在中國的利益具有新的，日益增長的重要性。美國除已涉足商業領域外，又進入了宗教領域，而後者基本上是出於一種人道主義的願望——要在上帝的天國裡為中國人找一席之地。當傳教士都喬裝成商人以避免中國人為他們安排會產生不愉快的下場時，真正的美國商人正面臨著賣什麼商品的難題。裘皮、檀香木甚至人蔘的銷售市場都很有限，全部加起來其價值也不能和西方通常從中國進口的大宗貨物相比。於是美國商人和英國商人一樣，也逐漸地轉賣鴉片，雖然有些美國商人確實從不接觸毒品，也不寬恕這種毒品貿易。179

鴉片戰爭之後，英國從1842年簽訂的《南京條約》中獲得不少特權，美國政府的一些人士亦希望美國在華利益也能得到法律形式的保障。因此，曾任國會議員的顧盛（Caleb Cushing）被美國政府派往中國談判中美通商條約。1844年7月，美國迫使中國同它達成一項「和平、親善、通商」條約——《中美望廈條約》，此一中美兩國第一個條約基本上以《南京條約》為版本，美國人不費一槍一彈就取得大部分英國人所獲得的權益，包括廣州、廈門、福州、上海和寧波五口通商權利。

總之，經濟上互利、政治上平等是早期中美關係的主流，但是，美國商人的鴉片走私，資本主義上升時期的擴張慾望與清朝封建統治者閉關自守、力圖與世隔絕的政策之間的矛盾，以及中國傳統文化與西方文化間的深刻衝突，已經孕育著改變這種平等互利關係的因素。180從19世紀中期開始，美國追隨英法加入侵略中國的行列，向中國走私鴉片，強迫清政府簽訂中美《望廈條約》、中美《天津條約》等，以攫取侵華特權。

第二階段，從1844年6月《中美望廈條約》的簽訂到1899年海·約翰（John M.Hay）宣布「門戶開放」政策前，這是美國追隨英國對中國進行商業擴張時期。美國迫使清政府簽訂不平等條約，

對中國進行經濟侵略，從拐騙華工到排斥華工，激起了中國人民的憤怒和反抗。

鴉片戰爭之後的二十年裡，美國的對華關係是在英中關係的範圍內發展的。當時美國尚未實現工業化，還是一個不發達的弱國，即使有在東亞施展政治和軍事權威的願望，它也不具備這種能力。鑑於它在列強中所處的地位，它在中國和亞洲其他地區有限的利益，美國追隨英國勢力，和利用最惠國條款來擴充其權益，很難採取更好的做法。雖然有些歷史學家把美國這種外交策略貼上「為虎作倀的外交」的標籤，道德上與歐洲人的傳統做法無優越可言，但是對美國來說，這卻是一個最現實，也最令人滿意的政策。這一外交政策的宗旨顯然是在與其他國家的關係中以最小的代價取得最大的好處，只要那些更強大的掠奪者能容忍美國的存在，「為虎作倀的外交」就能夠起作用。但是，不論美國的做法對合眾國及其國民的利益如何適宜，都不能想像或假定：它也符合中國的最大利益、或中國人會對美國的行動感到高興。總之，條約制度是以武力強加給中國的，中國人除了忍受之外如果別無選擇餘地，他們也不見得會讚美這種制度。美國人以相對的和平方式從「不平等條約」中獲得特殊利益，但是不能掩飾這一事實：他們所享有的種種特權並非中國人情願讓予的。美國只充當一個小夥伴，然而它是許多事件的參加者。透過這些事件使中國陷入一種只能屈從他人要求的境地——不只對一國屈服，而是對列強各國屈服，其中卻沒有一個國家對中國本身的需要承擔責任。處於這種地位具備了一切不利的殖民地條件而絲毫享受不到它的好處。雖然某些中國官吏可能覺察美國人和西歐人之間的微妙差別，但是很難期望中國的老百姓能從各國洋人在中國的行徑看出有什麼不同。[181]

隨著美國實力的不斷增強，美國在對華關係中愈來愈顯示出獨立的姿態。在海‧約翰發出照會之前，英國曾主張英美採取聯合行動，保障對中國的自由貿易；美國也有人這樣主張。海‧約翰雖是

強烈的親英派，但他意識到，只有採取獨立行動才能得到美國公眾的認可，不能使美國的行動被懷疑是在英國壓力下作出的，或被解釋為是為英國火中取栗，於是美國獨自提出了這一政策。沒有一個國家公開反對這項政策，反之，政策的原則被寫進此後各國訂立的一系列有關中國的雙邊和多邊條約之中，從而使這項政策具有了國際協定的性質。這就表明，美國在列強對華關係中已經擺脫了追隨者的處境，它要以自己的主張去影響和帶領別的國家了。在以後的30多年中，在中國對外關係的各個關鍵時刻，美國一再重申門戶開放政策，並根據不同的形勢作出新的解釋，使之成為美國對華關係的基本原則。[182]

這一時期值得關注的是美國在中國的傳教活動始。它始於1830年代，但一直至1860年，傳教士們儘管在經費和人員方面獲得了補充，儘管堅持福音傳教的努力，儘管試驗新的傳教方法和求助於外交手段，卻未能比1830年為基督教贏得中國獲得進一步的發展。[183]到90年代又注入了新的活力，這部分地反映了美國人擔心出現精神萎靡。正如理論家們所言，海外市場可以解除經濟蕭條的危險，也力圖透過海外的十字軍遠征把宗教熱情保持在中國復興的水平上。有位作家認為：基督教是一種不能「長久保持」的宗教，如果不透過海外佈道使其更新，中國的基督信仰就將陷於停滯，教會也將抵制不住物質的引誘。[184]總之，傳教的目的是在「拯救靈魂」，使中國人「改變信仰」。「慈善事業，學校，醫藥和外科手術等統統是促進傳教的輔助手段。」[185]換句話說，傳播基督教即意味著傳播進步和西方「美國生活方式」。因此，在從19世紀中葉到19世紀末的近五十年裡，在華的外國傳教士都把在中國傳教看做是「白人的責任」，並相信武力是使中國進一步打開大門的有效方法。如英國傳教士亞歷山大·米基（Alexander Michie）曾說過：「我們西方國家對中國負有道義上的責任。她並未追求我們，而是我們追求她；她並未把她的宗教或政策強加於

我們，而我們則強加於她。在這種關係中，正義的責任應該在強者一方，並透過他們將他們自己的意志施與弱者。」這使基督教成為西方列強侵略中國的赤裸裸的理論和思想武器。186

第三階段，從1899年9月海‧約翰提出「門戶開放」政策到1949年新中國的成立。這是美國加強對中國的政治、經濟和文化全面滲透時期。

在20世紀初美國促進中國改革的嘗試中，一項具有深遠意義的舉措是發展中國的教育。中國的改革應該怎樣進行，美國在敦促中國改革時，也同時考慮了這個問題。當然是要按照美國方式進行改革。問題在於由誰來主持。因此，教育一代中國人，「向他們的腦子裡灌輸美國思想」就成為決定中國改革方向的關鍵問題。187 總之，歷史上美國人頗為他們教育中國人的熱忱感到驕傲。1900年以後，有好幾所美國大學在中國設立了分支機構，此外，又有數以千計的中國學生被選送到美國留學。然而，這一計劃的根本設想是要中國人接受美國人的價值觀念，變得更像美國人。不論是在電影裡，還是在現實生活中，「好的中國人」都是指那些皈依了基督教，並且一心一意依照美國的面貌來改造的人。188

伍德羅‧威爾遜總統就曾把中國看做是推行其新秩序的一個理想的試驗場。中國在威爾遜眼中是落後民族的典範。威爾遜曾對其內閣成員表示過他要「幫助中國的強烈願望」。客觀地說，他就任總統期間曾透過多種渠道幫助中國的發展，例如，修建淮河水利工程，但更重要的是威爾遜要把中國納入他的國際新秩序。威爾遜的新秩序思想在中國的實踐基本上與20世紀初美國對華政策——維護門戶開放及保持中國領土與行政的完整——相吻合，是上述政策的繼承與發展。他支持一個代議制政府——中華民國，抵制日本在中國的侵略以維護門戶開放，加強基督教文明的傳播以把中國塑造成一個「文明」、「民主」的國家。189 簡言之，在全力為美

國利益服務方面，威爾遜並不比他的前任差。但是，他認為美國人民還有一個更大的使命，就是幫助中國人民實現獨立和現代化的願望。190

然而在整個30年代裡，羅斯福（Franklin D.Roosevelt）總統同美國人民幾乎一樣不關心亞洲事態的發展。儘管他不時侈談對中國有感情，他對中國的命運並不關心，認定美國在華利益微不足道，他不願承認日本霸占中國會危及到美國。在中日戰爭的前3年，美國自願成為日本戰爭機器的最重要供應者。在日本襲擊珍珠港前的18個月中，美國開始擰緊螺絲，對日本加強控制——並不是忽然關心起中國了，而由於日本向南突進所造成的威脅，最終是由於它依附於羅馬—柏林軸心。於是，中國被轉變成一個「盟國」，但並非真正的盟國，而是一個象徵性的盟國，正如它被轉變成一個「民主國家」，卻不是一個真正的民主國家。中國得到了作為一個盟國所享有的讚譽和一定程度的忠誠，但是，很少享受到盟國的實質性地位。191事實上，如果羅斯福回顧其政府的對華政策，他將會認識到美國人自命為中國的保護者是多麼荒唐可笑。不管中國人也許對願意給蘇聯點什麼東西，羅斯福在雅爾達遵循美國對誰控制「滿州」都無所謂的傳統態度，事先未徵得中國同意便出面處置中國的領土，這種做法自然很難說會使中國高興。在羅斯福任職期間，再次說明美國的政策是為滿足美國的利益制定的，並不特別地考慮到中國。羅斯福的東亞政策沒有什麼可使美國人抱怨的——而中國人也沒有理由為之感激。192

總之，「在第二次世界大戰以前，美中關係由於極其缺乏互惠的交往和互相尊重而受到損害。在每一個領域的交往中——政治、商業、宗教、文化等等——人們都會遇到一種美國式的設想：只有從美國的經驗中才能找到解決中國問題的答案。除非在美國『老大哥』的指引和驅趕之下，中國是不會前進的。直至第二次

世界大戰爆發，美國人仍然未能認識到中國人完全能夠處理自己的事務。」193日本投降以後，杜魯門、馬歇爾都認為中國內戰不符合美國的全球戰略。唯一的辦法是談判，透過和平手段解決國共矛盾，統一中國，建立中國秩序，維護亞洲的穩定和秩序。具體來講，美國以其巨大的影響力壓迫國民黨進行改革、廢除一黨獨裁，壓中共讓出解放區、交出槍桿子，力促國共談判建立一個蔣介石領導的、以國民黨為主、包括中共的多黨聯合政府。按照美國的價值觀念，建立美國式的民主政治，走美國式的資本主義道路，實行政治民主化、軍隊國家化。1947年7月5日，美國駐華使館在公使銜參贊巴特沃思主持下，提出了一份詳盡的對中國形勢的全面估計和對美國各種政策選擇的利弊得失的分析報告。結論是，美國既不宜全力以赴地公開支持蔣介石，也不宜完全撤出，而應執行一項「合理的、協調得當的、有條件的援助計劃」，努力培植一個「朝著合乎美國政治觀念的方向發展」的政府。194

至1949年，對蘇冷戰已進行了將近四年，大多數美國人已習慣於將無論哪裡發生的劇烈變動都看成是共產主義全球陰謀的一部分。甚至在毛澤東正式宣告他的新政權成立之前，《紐約時報》就將毛澤東的追隨者們斥為一股「令人作嘔的勢力」、一個「由莫斯科委任的人統治的、嚴密的寡頭政治小集團」。在一份1949年8月發表的官方聲明中，國務卿迪安·艾奇遜奚落中國共產黨人不過是俄國的傀儡，他們的政府甚至經不起第一次的合法性檢驗。艾奇遜說，前美軍陸軍參謀長、國務卿和國防部長喬治·馬歇爾將軍（George C.Marshall）後來作證時，竟然贊同某參議員的說法：「在中國發生的事情是蘇俄對這個國家的一次征服……」依照《生活》雜誌的看法，毛澤東「粉碎了許多美國人一度抱有的幻想，即中國共產黨人與其他國家的共產黨人有所不同的這麼一種幻想」。大多數美國人得出結論：中國已不知如何被丟失在鐵幕——或竹幕——後面了。此後二十五年中，追查誰應負「丟失中國」責任

的活動嚴重損害了美國的政治生活。這一追查，連同對政府和大學中許多中國問題專家的清洗，對美國捲入朝鮮戰爭和越南戰爭起了推波助瀾的作用。195

總而言之，1882年的排華法案禁止一切中國人向美國移民，從這個法案裡不容易看出中美的「特殊關係」。海·約翰在1899年送交列強的備忘錄並不是特為中國採取的仗義行動，中國人也不這麼看。相反，1900年以前，中國政府並沒有發現美國政策中有什麼特別公正友好的東西。美國或許沒有介入鴉片戰爭，但在分贓方面則毫不遲疑。在整個1930年代遍及全中國的排外和反傳教士的地方性騷動中，這種關係也表現得並不明顯。實際上，美國人並不理解使他們同中國社會產生真正隔離的巨大的文化差距。196究其本質，「他們並不愛中國，而是珍惜中國給他們提供的機會——改造這個『愚昧的』國家，完成基督教使命，或賺錢的機會。」197換句話說，「超度和開化」中國人，即經營靈魂，並不是推動美國人與中國交往的唯一動力。開展有利可圖的太平洋彼岸貿易的打算，幾乎自獨立戰爭以來，就對美國企業和政界領袖產生了極大的吸引力。雖然美國商人全力以赴地參與鴉片貿易，不過他們也想著其他機會，希望最終能向中國這個充滿急切消費者的廣大市場出售美國的工、農業產品。198這才是一切事實的關鍵。

二、1949年以來的中美關係

1949年以來的中美關係大致經歷了三個階段：

第一，新中國成立後到中美關係緩和之前，中美處於對立、對抗階段。

1948年底到1949年初，在華盛頓決策層中占主導地位的政策思想是「臺灣及周圍島嶼對美國的安全至關重要，美國不能讓其落入共產黨人手中」。1948年11月24日，參謀長聯席會議的討論結

果是:「如果能透過外交與經濟手段阻止中國共產黨人占領臺灣將是最符合美國國家安全的。」1949年2月10日,參謀長聯席會議再次重申:「臺灣的戰略地位非常重要,美國繼續運用外交與經濟手段來支持那裡的非共產黨政權。」杜魯門政府打算保持與國民黨政府的外交關係,「直到形勢進一步明朗化」。它還保留了給在大陸活動的反共集團提供「軍事的和政治的」支援的可能性,只要看來「這種支援意味著推翻或者至少是成功地抵抗共產黨」。杜魯門政府此時還在祕密地努力,企圖透過鼓動在臺灣建立「獨立政府」,使國民黨和共產黨都得不到臺灣島;這項政策如果為人所知,將無助於改善與國共任何一方的關係。然而很明顯,到1949年春天,國務院在總統本人的贊同下,已把儘量減少中共鞏固政權後美國利益的必然損失的最大希望寄託在中蘇分裂的長遠可能性上。[199]到了1950年初,似乎出現了中美關係的轉機。美國雖然暫時不準備承認新中國,但是不捲入中國內戰似乎只是時間問題了。

然而,歷史的因素「使得新中國在爭得獨立之後不可能為了外交上的承認而對美國的要求作出任何讓步或妥協」;而美國以往100年來處理兩國關係的態度也決定了它對一個透過革命獲得獨立和新生的國家的敵視和歧視,要求新中國保證「美國的固有條約權益不能變更,中國的政策必須符合美國的利益」,等等。[200]其結果是,兩國的期待相距甚遠。隨著朝鮮戰爭的爆發,中美關係不斷惡化,在美國方面,則終於未能從中內國戰「脫身」,而從此開始了二十多年以武力分割中國領土的歷史。正如一位美國學者指出的:「杜魯門政府正好陷入了他本來力圖避免的境地——和蔣介石政權栓在一起了。」[201]對此,美國作家李普曼(Walter Lippmann)[202]認為,美國政策之所以失敗在於把中國看成是美國獨家勢力範圍,把蔣看成是替美國看管中國主權的「管家」,美國對華外交的全部內容歸結為一點,就是勸蔣改革,以便能稱職地擔負起美國交付給他的任務。結果美國把自己在中國的命運同蔣政

府的「不光彩的命運」拴在一起,在中國人心目中,「反共主義,連同一切腐敗、無能和反動的屬性,變成了美利堅主義的同義詞」。費正清(John King Fairbank)203則認為,美國對華政策失敗的根本原因是犯了主觀主義,力圖用美國的「現代化民主」的面貌改造中國,結果發現自己支持的是「三流的官僚主義暴政」。204這一歷史時期中美關係的演化對「以後幾十年產生了重大的影響」。

朝鮮戰爭對中美關係的影響是極為深遠的,它使雙方相互疏遠,更加敵視,直接導致了兩國長達20餘年的對立與隔閡。美國著名中國問題專家鮑大可(Doak Barnett)曾對此評論說:「朝鮮戰爭產生了相互疑懼,這種疑懼在50年代和60年代的大部分時間毒化了中美關係,開始了長達20年的公開敵對。從某種意義上說,這兩個國家在這20年中沒有任何關係。不存在正式的外交關係,沒有貿易關係,沒有合法的人員往來。實際上兩國普通國民之間沒有相互接觸(有一些例外,但非常少)。或許現時代從未有兩個大國在和平時期如此長時間地相互對立──如果冷戰可以被看做是和平的話。」在此20年間,「中國與美國相互對峙,保持疏遠,成為死敵」。205從這意義上講,朝鮮戰爭可以說是中美關係的一個重大轉折點和分水嶺,它確定了今後二十幾年中美關係的基調。「1953年達成的結束朝鮮戰爭的妥協只是一個權宜之計,並不表示對北京政權的接受。不論是在朝鮮停火之前還是之後,華盛頓都在想方設法遏止中國。……朝鮮戰爭結束之後,艾森豪威爾政府不僅繼續反對同中國緩和緊張的關係。相反,又制定出了新的、更大的遏制中國的方案。1954年9月,杜勒斯一手造就了東南亞條約組織。東南亞條約組織是由美國發起組織的一個地區性防禦同盟和反共集團,其成員是中國周圍的一些反共國家。1954年12月,美國和臺灣達成了一項相互防衛條約。這項條約保證:美國將支持臺灣抗擊任何來自中國大陸的威脅。從五十年代起至七十年代中期

止，美國軍隊和情報機關一直在利用臺灣作為活動基地。」206

甘迺迪在任時選擇了長期敵視中國的迪安·魯斯克（David Dean Rusk）207做他的國務卿。魯斯克堅持這樣的信念，即「在亞洲『遏制』共產主義的侵略，如同在歐洲一般必要」。208在這種氛圍之下，中美關係很難有多大的改變。1963年11月甘迺迪遇刺身亡後，副總統詹森繼任總統。同其前任一樣，詹森政府也把中國視為比蘇聯「更富侵略性的」敵人，繼續遏制和孤立中國。正是打著「遏制中國在東南亞的擴張」和對付「中國威脅」的旗號，詹森政府不斷擴大侵越戰爭，威脅中國的國家安全，並使中美兩國再次處於直接衝突的邊緣。1965年2月中旬，國防部長麥克納馬拉在參議院軍事委員會作證時聲稱，「中國今天是美國的主要敵人」，「我們打算堅定不移地反對共產黨中國」。在呈交給詹森的一份備忘錄中，他把中國比作「1917年的德國、30年代末西方的德國、東方的日本以及1947年的蘇聯」，稱中國是威脅到美國在世界上的重要地位和影響力的一個主要國家，美國必須投入金錢，甚至還需犧牲生命對其進行遏制。209總之，在詹森政府時期，雖然面對變化了的國際中國形勢，美國決策者採取了某些措施謀求與中國和解，例如1968年5月，詹森在發表對華政策演說時一改舊習，把「共產黨中國」稱為「中華人民共和國」，將「北平」稱為「北京」，表示希望改善美中關係。同年7月，副總統漢弗萊提出了「搭橋」政策，稱美國要積極地與中國「搭橋」，以便「盡我們的力量使中國人民擺脫他們所處的不正常狀態」。他還主張謀求同中國建立正常的關係，取消對華非戰略物資貿易的限制等。但是，由於長期以來對中國「敵人」身分的認定和越南戰爭的升級，再加上中國愈演愈烈的「文化大革命」的影響，詹森政府最終採取了「拉蘇聯壓中國」的策略，沒有能夠打開與中國緩和的大門。210

第二，中美建交前後，處於接觸、聯合階段。

1960年代末，蘇聯在同美國爭霸中顯示出強勁的擴張勢頭。美國為了在同蘇聯對抗中繼續處於有利地位，開始認識到中蘇關係惡化使美國與中國在抵禦蘇聯壓力上有共同的利益，與中國改善關係不僅有利於美國體面地撤出印度支那，而且也能使美國在與蘇聯對抗中處於更為有利的地位。為了這一「國家利益」，尼克森於1972年訪華，在「一個中國」基礎上中美關係解凍，形成反對蘇聯霸權主義的戰略合作關係。1974年8月，福特接任尼克森續任美國總統。福特宣布繼續遵守《上海聯合公報》，廢除國會授權總統在必要時協防金門、馬祖的《臺灣決議案》，逐步撤出全部駐臺美軍，在外交上刻意冷落臺灣當局。70年代後期，蘇聯的擴張態勢促使卡特政府最終下決心同臺灣「斷交、廢約、撤軍」，與中國實現關係正常化。1979年1月1日起建立外交關係。同日，美國宣布斷絕同臺灣的外交關係。1979年3月1日中美兩國互派大使並建立大使館。中美兩國建交，成為兩國關係史上的一個重要里程碑。從此，中美兩國關係開始了一個新階段。「從1970年代初尼克森訪華到中國改革開放，中美兩國進入了一段難得的『蜜月期』。中國人在美國媒體的典型形象，是手拿可口可樂，狂熱學習英語。美國人多年來一直幻想著中國能夠變成像美國那樣擁有眾多基督徒、擁有巨大市場、採取美式民主模式的國家，中國的改革開放使他們似乎看到了希望。」211

　　中美建交後，由於共同抗衡蘇聯的戰略合作因素依然存在，兩國關係雖有摩擦，但大體仍能保持平穩發展態勢。在雷根任期內，以臺灣問題為核心的中美關係的發展可謂一波三折，從針鋒相對的鬥爭、談判、和解、發表公報、短期回潮與疏遠，到首腦互訪，最後進入所謂中美關係「黃金時代」212。然而，這一時期美國對華政策的調整和中美關係的穩步發展，並不意味著兩國間的分歧和障礙已不存在，尤其是臺灣問題，如卡特時期通過的《與臺灣關係法》和雷根上臺後立即向臺灣出售武器，都曾嚴重影響中美關係發

展。但是,由於美蘇對抗,美國在發展對華關係時將與中國建立戰略合作、共同抵禦蘇聯的威脅,作為首先選擇的利益取向。出於這樣的戰略目的,美國將同中國的合作作為對華政策中的壓倒一切的中心目標。為了維護中美合作關係,美國政府盡力排除各種反華勢力的干擾,以現實主義的立場和謹慎的態度對待和處理兩國間的分歧與障礙,先後同中國達成三個聯合公報,奠定了中美兩國關係正常發展的政治基礎。

第三,後冷戰時代,中美處於接觸加防範階段。

冷戰結束後,中美原有的戰略合作利益已不再存在,致使美國對華政策出現明顯倒退。引起這一變化的原因固然是多方面的,但其中主要是美國對中國在其對外戰略中角色的重新定位,中國被視為是會對美國冷戰後實現世界領導地位的最大挑戰者。這一新定位的構成,首先是由於中美之間意識形態、價值觀念的差異與對立。其次是冷戰後遺症的作祟。二戰結束後美蘇冷戰具有濃厚的兩種社會制度的對抗性,冷戰結束後,美國仍戴著兩種社會制度對抗的「有色眼鏡」來看待與中國的關係,使中美關係繼續帶有一定的冷戰色彩。再次是由於中美兩國在一系列重大問題上存在的分歧矛盾的凸顯,美國將這些分歧與矛盾的存在視為是對其利益和安全的威脅。兩國關係將在鬥爭中合作,在合作中鬥爭,體現了對立統一的原理。今後,中美關係將表現為鬥爭與合作並存,因為資本主義本質決定了美國不可能輕易放棄「和平演變」戰略。

柯林頓也是懷著美國傳統的「使命感」上臺的。上臺之前,他曾發誓要推翻「從巴格達到北京的暴君」。上臺之後,柯林頓政府大力兜售其「擴展民主」戰略。這種戰略要求「擴大民主社會和自由市場國家的陣營」,「建立這樣一個世界,在那個世界裡,每一個大國都是民主國家,同時還有其他許多國家也加入這個實行市場經濟的民主國家共同體」。正是為了達到這樣的目標,它謀求透過

與中國「全面接觸」促使中國和平演變。柯林頓總統說他「相信促進中國自由的最佳途徑是美國加強並擴大同那個國家的接觸」213。進入新的世紀，小布希政府在意圖「改變中國」方面毫不遜色。早在1999年12月上旬的一次共和黨辯論中，小布希就曾指出：「如果我們冷落中國、拋棄中國、孤立中國，問題將變得更加嚴重。想想看，如果互聯網在中國被廣泛使用，自由思想必將得到迅速擴展。我們與中國進行貿易，有利於促進中國企業家階級的成長……市場能為人們帶來自由的空氣。」214柯林·鮑威爾（Colin Luther Powell）215則在參議院對外關係委員會就國務卿提名的聽證會上說：「中國是一個大國，一個正在世界上尋找自己發道路的大國。中國仍在共產黨領導之下，但又具有明顯的中國特色，因此很難將其歸於哪個範疇。但有一點是明顯的，即資本主義正在那個國家形成強大的制約網絡。面對中國的挑戰，我們將做建設性的、有益的、符合我們利益的事情。中國不是一個戰略夥伴，但中國也不是我們不可避免、不可調和的敵人。中國是一個競爭者，一個地區性的潛在對手，但它也是一個願意在我們兩國都有戰略利益的領域進行合作的貿易夥伴。中國具有上述所有這些特徵，但它不是一個敵人。我們面臨的挑戰就是要繼續保持這種變化的趨勢，並使中國融入法制社會，促使其在自由企業制度和民主的強大力量面前，認清這是他們應該選擇的正確方向。」216

美國學者邁克爾·謝勒（Michael Schaller）曾經在《二十世紀的美國與中國》一書中寫到：「中國吸引美國已有兩百年之久。儘管它是個遙遠的世界，可是歷代美國人均認為他們極瞭解中國人，或把他們當做朋友，或當做兇殘的敵人。……1949年以前，展現在他們面前的中國，是一個任人宰割、榨取或令人憐憫的沒落帝國。自從共產黨的革命為中國重新贏得了獨立和權力之後，美國人眼裡的中國，又成了不可饒恕的敵人。」這種思維方式其實到今天還存在於美國社會：中國太弱、任人期凌對美國並非有利，但中國也不

能很強大，尤其是在沒有採取與美國一樣的制度和價值觀念的時候。217總而言之，在中美關係發展的不同階段，在美國對華政策的制定中，美國文化的這種傳教士心態總會以種種形式表現出來。其表現形式之一就是政策上的「理想主義」，即美國決策者時常給其對外政策罩上「道義」的光環。其表現形式之二是觀念上的沙文主義，即以一種居高臨下的姿態看待「異教」文化，自恃其觀念和制度的「優越」而好為人師。例如，美國政界時而有人以自身價值觀的好惡為尺度，動輒試圖對他國內政施加影響與干涉的做法，無疑都可以追溯到更早的文化歷史根源。218中美兩國究竟如何給對方定位，事實上也決定了中美關係的基本內涵與走向。

三、小結

從中美關係的歷史發展回顧中，可以總結出一個最大的特點，那就是中美兩國之間存在著一種「特殊關係」的說法。在美國人看來，歷史上存在所謂的「中美特殊關係」，就是美國對中國的無私幫助和中國對美國的無限感激使中美兩國一直保持著特殊的友好關係。「很多人歷來都肯定地認為，美國透過派遣傳教士、教育家、商人以及捍衛中國免遭帝國主義侵占領土的友好外交官而幫助了中國。」219但在中國人看來，這樣的說法卻值得推敲。儘管從19世紀中葉開始，美國也是入侵中國的列強之一，但美國政府推行的「門戶開放」政策，美國人的民主精神和多元文化，美國的物質援助，特別是美國在一些關鍵時候做出的友好決定，總給中國人帶來一點希望，正因為如此，中國各個時期的政府：清朝政府、北洋軍閥政府和國民黨政府，甚至延安時期的革命政權在困難之時總想得到美國的支持和幫助。再加上地緣的因素，中美兩國有著共同的安全利益，反法西斯的使命使兩國人民走到了一起。然而，「漂亮的允諾和豪爽的決定都不能掩蓋美國自己的私利。『門戶開放』是想保護美國在中國的市場，培養留學生是想擴大美國的文化影響，物

質援助既有政治的需要也有長期的經濟利益考慮，帶頭承認「中華民國」、帶頭發動放棄協定關稅權和領事裁判權是想爭取民心爭取主動。」更甚者，「美國政府為了避免同日本的矛盾竟然在巴黎和會上出賣中國的山東，為了反蘇反共竟然會不顧一切地支持失去民心的國民黨政權。」220美國人這種只顧本國利益而損害中國人民權益的做法自然得不到中國人民的感激，而且除某些人之外，在中國人民看來，兩國之間也不存在什麼「特殊的關係」。

　　中美關係友好的前提是兩國平等。但是，正如美國學者孔華潤（Warren Cohen）指出的，歷史上，中美兩國從來沒有真正平等過。221因此，與其說歷史上存在著美國人所謂的「中美特殊關係」，不如承認近代以來美國人一直幻想著中國能夠變成像美國那樣擁有眾多基督徒、擁有巨大市場、採取美式民主模式的國家。「自十九世紀晚期以來，美國對中國的一片關注之情，交織著傳教士的熱情、改革者的理想和對無限廣闊的市場的嚮往，既有好奇心，又往往說得娓娓動聽。被含糊地解釋的『門戶開放』政策，除了表示希望俄國和日本都不要對中國建立霸權以外，還不能算作一項有效的計劃。同時，美國的外交也依據這樣的希望，即中國國內形勢的發展和普通美國人的影響將有助於逐漸形成一個按照美國示範的民主資本主義榜樣建立的、在政治和經濟上完整的國家。」222說白了，從美國的長遠利益出發，美國對華一貫的長遠目標是爭取廣大中國人民，特別是知識精英的好感，以美國的自由民主思想影響中國的發展方向。這才是美國對中國保持著特殊「友好關係」的真實目的。

第二節　什麼是「改造中國」的使命？

　　美國和中國有著完全不同的文化背景、歷史發展和社會制度，

歷史上兩國的接觸也不多，而這些因素往往會導致相互之間的摩擦和對抗。事實是，美國人似乎總不情願正視顯而易見的現實：中國代表著一個具有自身特色的燦爛文明。223但問題在於：美國為什麼存在著把中國看做「特殊朋友」的神話？美國為什麼要根據自己的需要而歪曲中國的現實並假設中國發展的意圖呢？224

一、「改造中國」的使命是「美國使命」在中美關係中的體現

在中美關係史研究學界歷來有所謂的美國對中國的「特殊關係」之說，也即中美之間的所謂「特殊關係」，其說由來已久。「它是美國人引以為自豪，而又常常是某些中國人寄予幻想的。」「在很長一段時期中（甚至一直到現在），『特殊關係』的內容往往是美國對華政策『無私』、『善行』和『保護中國』的同義詞。」概言之，就「特殊關係」一詞長期的習慣含意而言，它強調了美國人扮演的仁慈角色，中國人的感激，以及中美接觸中的相互善意。225這是什麼樣的一種「特殊關係」，其根源在哪裡？

美國史學家韓德（即前文中提及的邁克爾·亨特）極為精闢地闡明：在中美之間存在所謂「特殊的友好關係」只不過是一個神話。這個神話遮蔽了中美相互之間僅存在著極為有限的吸引力的現實。韓德把「門戶開放」的思想稱作美國擴張主義和實行家長統治的一種表達方式。他認為：「這兩者不僅來源於而且反饋回美利堅民族能夠拯救世界並能夠統治世界的幻想之中。」226追根溯源，美利堅民族有個由來已久的傳統，即認為自己比其他民族優秀，並肩負著以美國理想重塑他人的使命，或曰「美國使命」（American Mission）。所謂「美國使命」既是個宗教概念，也是美國的現實制度，它堅信世界的發展注定要選擇美國的道路。對多數美國人而言，他們認為美國的發展模式就是普世的模式。立國之前，已經普遍存在的「山巔之城」的思想就要求把北美新大陸建成一個可供世界其他國家學習的榜樣。隨後的「天定命運」（Manifest

Destiny）即是這種思想的延伸。美國人是上帝的選民，上帝賦予了美國一個「特殊使命」，即要把基督教價值文明的體系作為普遍真理推廣到世界的每一個角落，美國的社會模式是世界各國都應仿效的「樣板」，美式價值觀念是衡量其他國家民主程度的絕對標準，美國在道德上勝過其他國家，美國人有義務向世界其他地區撒播「文明」的火種。換言之，美國人自始至終相信，美國人的道路是全人類的道路，美國的民主、自由制度應該是全人類的希望。傑佛遜說過：「美國是世界最好的希望」。因而，其他國家都應該仿效美國，而美國人有權利也有義務向其他國家宣傳並推廣其民主價值觀與代議制度。這就是美國人的使命感。19世紀後期以來，美國在經濟科技等方面都居於世界領先地位，這種使命感進一步加強，進而演變成美國要領導世界的意識，並逐步形成了全球主義的對外政策。227正是美國人認為只有美國的社會制度、價值觀念、文化傳統才是最優秀的，並以此作為衡量他國的標準，因此在美國人沒有進入中國之前，他們就主張中國應效仿其價值觀念；而當美國人以「上帝的選民」這種特定的自我形象來到中國時，他們則不遺餘力地推廣美國的生活方式，甚至公開聲稱美國政策的目的是促使中國演變。

　　這類關於特殊關係的辭令作為對華政策的一種固定點綴，充斥於官方對冷戰政策的辯護詞中。甚至在美國和中國於1949年和1950年逐漸走向分裂時，美國前國務卿迪安·艾奇遜仍然指出可追溯到上一世紀的美國援華的清白記載（「我們對中國友好的歷史性政策」），以及一般中國人對美國仍然懷有的友好感情。當中國人和美國人在朝鮮互相廝殺時，他還堅決認為「對中國人民的深切興趣和友誼」仍然是美國對華政策的中心支柱。艾奇遜以後的幾任國務卿一直到1960年代，在他們的對華政策重要聲明中繼續援引慣常的說法——友好合作的「悠久歷史」（約翰·福斯特·杜勒斯）和「歷史悠久的友好聯繫」（迪安·魯斯克）。228換句話說，新中國

成立以後，美國人仍然唸唸不忘其在華「使命」。猶如從1874年美國「中國皇后」號首航中國以來，在兩百多年的中美交往中，中國在美國人心目中的形象隨著兩國關係的變化而時有起伏，但貫徹始終的一點的是，美國人從來都把中國人看成是需要拯救的「異教徒」，中國人是「學生」，而美國人必須承擔「老師」的角色。在中美關係較好時（例如1970、80年代），大陸在美國人心中的形象也較高，但最高也不過是「中國人在走美國之路」之類的評價。而當大陸在美國人心中的形象很差時（例如1950、60年代），則認為中國人是「信仰異端的異教徒。」229中國實行改革開放以後，許多美國人以為經濟改革必定導致「自由化」，中國必定走上西方式的民主道路，美國人憧憬了一個多世紀的改變中國的夢想現在就要實現了。「美國人從七十年代起，在自覺和不自覺中，把開明政治原則和市場原則帶到中國，並慶幸於他們所看到的變化，把它看做是一場民主革命。」230冷戰結束後，美國人更是直截了當地要求中國按照美國的意願演進。《洛杉磯時報》外交記者曼恩（James Mann）在《轉向》（About Face）一書中談及：尼克森和季辛吉告訴毛澤東和周恩來，中國的中國政治是中國的內部事務，美國人不會過問中國領導人怎麼對待他的人民。但是柯林頓則公開表示，中國領導人和人民應該接受美國的民主價值和自由觀念，這就是最大的轉向。231總之，自從一個世紀之前美國宣布對華「門戶開放」政策以來，要中國向美國的價值觀和宗教信仰開放是一脈相承的。這條線索延續至今，則表現為企圖以政治壓力和人權外交促成中國放棄社會主義和共產黨領導，「和平演變」到資本主義。

二、「改造中國」使命的實質

所謂「改造中國」的使命，其實就是美國如何千方百計進行「改造中國」的問題，可以從三個方面加以分析：

首先是門戶開放政策。過去有些歷史學家認為美國的門戶開放政策是美國尊重中國領土和主權完整的表現。但是，正如許多學者指出的，美國在華推行「門戶開放」政策的目的，不是為了幫助中國人民擺脫帝國主義對中國的侵略和統治，而是為了建立一個列強在中國機會均等的體制，而且即使是出於這樣一個目的，當時的美國政府也既沒有力量也沒有意志去實行這一所謂「友善」的主張。美國政府當然也不會因為這一主張而放棄任何在中國攫取特權的機會。「美國人把自己與整個舊世界分開來，一再聲稱自己對人類和社會有種新的見解，抨擊一切舊帝國。然而，與此同時，他們卻發現有必要，也很樂意接受那舊帝國的條約制度以及那不平等條約所帶來的一切帝國式的特權……這類條約帶來的特權是歐洲人侵略的結果，在樂於分享這些特權時，我們對自己也參與了侵略這一事實，卻不帶有絲毫的道義上的譴責。」[232] 總之，美國前國務卿海·約翰在1899年送交列強的備忘錄是為了美國在中國和東亞的廣泛利益，而不是特為中國採取的仗義行動，中國人也不這麼看。「海約翰關於『門戶開放』的照會，並沒有同中國人進行協商，這些照會也絲毫沒有理會中國方面關於外國人強行向中國索取領土特權是非正義的意見，因此，中國人沒有任何理由特別感激華盛頓的所作所為。」[233] 雖然中國人對「門戶開放」政策並不領情，而且，事實上，「門戶開放政策所體現的理想主義的目標從美國的自身利益來看是缺乏必要的支持的，因而它不可能成為一項強有力的政策。……當這種理想所代表的原則和直接目標被置於危險的境地時，美國會鳴金收兵。」但美國人為什麼還是那麼情有獨鍾呢？這是因為，門戶開放政策看起來能夠最有效地、最令人滿意地體現美國的理想與感情。「門戶開放政策是美國生活方式輸出的縮寫。」[234] 由此可見，門戶開放政策不僅是為了中國的市場，也反映出美國試圖保全中國以實現其在中國的理想。

　　其次是「福音」傳教活動。「除了貿易，美國人與中國人接觸

的另一個動因來自一種所謂的使命感，即在中國名為傳播基督教的『福音』，這種『使命感』的形成與美利堅民族的文化歷史傳統有著密切的聯繫。例如，早期清教徒移民美洲的一個重要目的，就是追求宗教自由，建立所謂『山巔之城』。在開發美國西部大荒原的『西進運動』中，『天賦命運』的信念就是許多西進移民的一大精神支柱。」在這種精神支柱的指引下，1830年代美國人開始了在中國的傳教活動，「不需要懷疑服務於中國基督教會的美國男女所固有的理想主義，他們捨棄舒適的家庭和熟悉的環境來這裡，面對著不可知的危險，只是為了響應他們上帝的號召。......傳教士們透過帶有顛覆性的思想宣傳在無意識地進行著摧毀中國傳統社會的活動，他們逐漸相信破壞舊秩序對完成基督教的使命是勢所必然的。」235究其實質，「美國生活方式輸出的另一個內容是包含著人道理想主義的福音基督教。它的具體表現是在中國開展活躍的傳教、慈善和教育活動。正如蒲安臣對傳教士所說的那樣，中國這個人口眾多的國家似乎是自異教徒的羅馬以來，最有希望『將閃閃發光的十字架掛到每一座山谷』的國家。」236其結果是，許多美國人包括政府中某些人在內，根據關於基督教「征服」亞洲的報導，形成他們最早的關於中國人的印象。若干年後艾奇遜回憶道：「在我們國土上，簡直沒有一個市鎮的社團不為中國傳教機構徵集基金和衣服，不為那些在遙遠、危險和異國他鄉的上帝葡萄園辛勞的人們擔憂，不聽傳教士鼓舞人心的報告。因此，愛恨情結中的愛的這部分得到了滋養，而這部分把那麼多的感情注入了我們後來的對華政策之中。」237如上所述，美國意圖透過美國文化特別是基督教的力量來影響和改造中國、以實現美國在中國的偉大使命和國家理想。

最後則是推行美國的價值觀。在美國人的文化和價值觀念裡，衡量好壞曲直的標準是看一個國家是不是像美國一樣，是不是「民主、自由」。這是因為美國人認為，美國價值觀是美國的立國之

本，他們的文化和價值觀念是放之四海而皆準的真理。「無論美國人對具體的政策意見多麼不一致，他們仍信奉這樣一條原則：支持自由和民主是美國精神的一部分。美國人不會支持這樣一種政策，即不能充分體現美國人所信奉的那種普遍的和不可分割的權利和價值觀的政策。」238美國在經濟、科技等事業上的成功又使美國人將他們的價值觀絕對化，認為那是世界上最完善的價值觀，應該在全世界推而廣之，讓全人類共享，而美國不僅擁有推廣的「權利」，而且還負有義不容辭的推廣「義務」，或曰，美國的天命觀使美國人自認為有義務向全世界推廣這些價值觀。綜觀美國外交史，無論哪一屆政府，即使是最奉行現實主義的政府，都非常強調透過外交政策來實現美國的價值原則。就中國而言，「美國生活方式的輸出還有另外一個方面，就是美國自然願意看到共和、民主的政體在中國建立並繁榮。美國從未來的憧憬中得到了極大的激勵：一個具有古老文明的大國將變成一個現代的、基督教的國家並追隨美國的領導。對美國的道德標準在中國產生影響所抱有的自豪感和對中國的進步所懷有的希望培養了一種對中國慈善的感情和同情的態度，一種深切地關心她的繁榮昌盛和與她的友誼的態度。正是這些崇高的想像力和感情變成美國對華政策的根本動力。」239顯然，美國是把中國看成推廣其價值觀的試驗場。

綜上所述，在對待中國的問題上，不論是實行「門戶開放」政策、進行「福音」傳教活動，還是推行美國的價值觀，美國的目的只有一個，即向中國輸出「美國的生活方式」以重塑中國。「一百多年來，美國人，不論是傳教士還是外交官，在與中國打交道時總有一種一廂情願的理想主義。雖然他們認為中國是一個古老的國家，但他們相信美國的影響力，傳教士想把中國基督教化，外交官想按照美國的方案來改造中國。」240一句話，基於「美國萬能」的觀念和「領導世界」的意識，美國認為自己「具有充當中國救世主的獨一無二的資格」。陶醉於商業野心和傳教夢想的美國人曾對

他們在中國自封的使命懷著自豪感。自「門戶開放」政策之後，美國人更把自己在中國的形象看得幾乎完美無缺。在政治上，美國官員覺得中國人民反帝鬥爭的矛頭指向日本和其他西方列強，但不應指向美國，因為美國具有「反殖民主義傳統」和「民主傳統」，對中國有巨大的吸引力。在經濟上，很多美國人真心相信唯有富有的美國能夠接濟貧困的中國，中國人應當認識到自己只能依賴美國援助來發展社會經濟。241說白了，按照美國的意願來「改造中國」，這一「使命」般的信念至今仍然縈繞在美國人的腦海裡。顯然，在中美關係中只要美國人不放棄「自我中心」的思維邏輯，不改變其意識形態偏見，他們就不可能客觀全面地認識中國，「改造中國」的企圖就將繼續存在下去。

第三節　美國民族主義與「改造中國」的使命

　　自立國之日起，美利堅民族的世界使命觀就位居美國民族主義的核心。美國人一向自認為是上帝欽定的使者，派往人間來普度眾生，「拯救人間的落後」。如今這種使命感被誇大到了極點。各種各樣的美國人給美國下了各種各樣的定義，為他們自己在當今世界上確定了數不清的角色。他們把自己當做上帝福音的「傳播者」、民主「衛道士」、「全球警察」、「大法官」、「陪審團」、「國際行刑隊」等等。最謙虛者如著名教授塞繆爾·亨廷頓，也不過在超級大國前面加上了「孤獨的」。政治學教授羅伯特·帕斯特（Rob-ert A.Pastor）則乾脆把美國稱為當今世界的「父親」，並為美國沒有承擔起「做世界父親的責任」而痛心疾首。242要言之，「無論美國人對具體的政策意見多麼不一致，他們仍信奉這樣一條原則：支持自由和民主是美國精神的一部分。美國人不會支持這樣一種政策，即不能充分體現美國人所信奉的那種普遍的和不可分割的權利和價值觀的政策。」243這導致美國政府認為自身的政

治、經濟各項制度都是最優秀的，並且有義務向全世界推廣。為此，美國歷屆政府均打著民主、人權、自由的旗號積極向世界各國兜售其政治、經濟制度。對中國，美國人長期以來更是持有一種「傳道心態」。「許多年來，美國人對中國的傳道心理源於幾個不同的核心利益：使中國政治制度更加『美國化』的政治利益，把中國變成篤信基督教的宗教利益，傳遞美國價值觀念的文化利益，改變中國外交政策、約束中國的國際行為以利於美國外交目標的外交利益和戰略利益，當然也包括使中國現代經濟起飛從而為美國提供數億消費者的商業利益。在一個多世紀以來，這些利益相互作用共同驅動著美國對華政策，今天這些利益在美國對華政策中則表現得更為明顯。」244

　　追根溯源，長期以來中國在美國民族主義意識形態中占據一種特殊的位置，從而在不知不覺中形成一個關於中美特殊關係的「神話」，這一神話植根於以天賦使命為核心的美國民族主義之中。「自近代以來，中國在美國民族主義意識形態中扮演的就是證明美國文化具有普世優越性的角色。中國成為實現美國民族抱負、國家使命和樹立美國國家威望的巨大試驗場。試驗的成功不僅將證明基督教和美國文化的普世性，而且在傳播自己文化和生活方式上的成功也是一個國家大國地位和榮耀的象徵。」「在這一神話中，美國長期以來是中國主權的保護者和現代化事業的指導者；美國的價值觀和制度具有普世性；中國人民願意接受這樣的價值觀和制度，願意接受美國的指導，並因此對美國的善行非常感激。......中美關係神話的構建及其被廣泛的接受滿足了美國人的民族主義心理需要，中國成為美國拯救世界計劃的一部分，中國在訴說著美國的偉大。」245一言以蔽之，「美國的世界使命觀居於美國民族主義的核心位置，它認為美國的價值觀和制度具有全球的適應性，中美特殊關係的神話特別強調美國民族主義的思想意識對外部世界具有總體上的適應性，認為美國人命中注定要指導中國人民走向自由、民

主和現代化，並保護他們免受其他列強的瓜分。作為對這樣一種無私援助的回報，美國已經贏得了中國人民永恆的感激。」246

　　事實上，美國對華外交一百多年以來，政治體制問題是政策核心之一。一方面，美國的政治決策人物總是認為「中國的民主化」是天經地義的事情，沒有問「為什麼」的必要；另一方面，美國對華政策長期受基督教傳統的影響，這個由基督教清教徒創建的移民國家自信能夠超越歐洲的強權政治，有資格向海外推廣美國的政治模式。這種「美國例外論」需要在中國這個特殊的試驗場證明美國的價值觀和立國思想是絕對正確的。247時至今日，美國人在想到中國時，按美國的形象改造中國之夢依然存在。「誠然，理查德·尼克森政府是把戰略考慮提到首位的，他的繼任者繼續根據這些戰略考慮制定政策，但是在大眾新聞媒介、官方聲明和決策者的回憶錄中，仍有證據表明，感情用事的見解仍然對美國的想法產生微妙而又重大的影響。例如，來源於傳教士的有關中國的形象和吉米·卡特一起進入了白宮，而羅納德·雷根則繼續了這一趨向，從美國文化價值觀的勝利這一角度來認識中國。今天，許多美國人本能地支持輸出美國式的民主。」248由是觀之，美國領導人有一種傳教士般的改變其他國家包括中國的熱情，即便他們對這些國家並不瞭解多少。「美國統治集團認為美國有力量，因而也應當有相應的意志和決心，去主宰中國的前途。……1950年4月制定的國家安全委員會第68號文件，就反映了要求全球範圍內咄咄逼人地運用美國權力的心理狀態。以後麥克阿瑟要求對中國擴大戰爭的叫囂，艾森豪威爾對中國的露骨的核威脅，杜勒斯的『戰爭邊緣政策』，臺灣海峽危機期間美國的武力恫嚇，無一不是美國領導人在炫耀自己的『鬥志』，表現了他們對本國實力的崇拜。這代表著早已溶化在美國人思想中的美國拯救世界的『命定觀』與最近獲得的美國實力相結合之後，美國所特有的狂妄。」249

如上所述,「改造中國」的使命或中美特殊關係的實質可在美國民族主義找到根源。正因如此,「改造中國」的使命根深蒂固。一直以來,美國人相信他們命定於指導中國走向自由民主和現代化;並且美國已經贏得中國人民無限的感激。「據虛構的畫面說,美國人民事實上是中國的偉大朋友。美國是一個脫離這種卑鄙行為(壓迫異教徒)的國家,從不沉迷於對中國人的領土和經濟的盤剝。此外,美國曾用它的門戶開放政策保護中國免於瓜分,對此中國人表示無限感激。」250事實果真如此嗎?歷史已經並將繼續證明這一論斷是荒謬的。「美國與中國交往的歷史絕妙地說明了美國人因為他們的獨特經驗和觀點,是多麼有可能忽視世界的多樣性,反而將與我們自己的文化根本不同的文化歸結為熟悉的、易於處理的東西。」251「可悲的是,美國人從來只關心中國人是否迎合了自己意識形態的需要,而很少考慮中國自身的歷史、現狀及未來的需要,一旦現實不符合美國的想像,批評譴責就加到了中國人的頭上。正義的一方(美國)是不可能出錯的。」252那麼,只要美國人不反省,由於中國長期以來在美國民族主義的位置(即民主的試驗場)不變,美國將大力對中國進行擴展民主,促進「和平演變」。總之,「自命為中國『救世主』的美國人,自然不感到需要理解中國的文化和價值觀念。……負責美國對華關係的人缺乏對中國民族權益的起碼尊重,而總是帶著傲慢和自封的『正義感』。」253在這些人眼裡,西方(美國)「價值觀」和「戰略」的道德正義是毋庸置疑的,中國希望被西方演變也是無需懷疑的,儘管這些人對中國甚至對自己的歷史都一無所知,但是這並不重要,因為精英們認為自己是「上帝的選民」,他們知道解決別人問題的最佳答案,這就是美國人的歷史信仰和邏輯。254

第四節　小結

　　從登上新英格蘭海岸的清教徒起，美國人對於美國生活方式、美國精神和美國理想卓越超群並適應於全世界的信念經久不衰，簡直構成了一種民族宗教或國家宗教。在這一宗教之中，相對歐洲權勢政治的美國作為一個嶄新國家的獨特和優越感連同在新大陸創造新世界而後改造歐亞舊世界的使命意識，構成了主宰美國主流國家觀的根本要素。255用尼克森總統的話來說，就是在以往的歲月裡，美國對世界究竟意味著什麼。「在人類的物質條件的革命性進步中，我們處在中心位置，在近幾次重大的政治和軍事鬥爭中，我們常常起著決定性的影響。在意識形態方面，我們也是一個指明方向的燈塔，是關於個人、社會和國家之間關係的一種獨特哲學的形象化身。」256正是由於擁有這樣的信念，美國人自建國起就認為他們的意識形態及民主制度是人類進步的楷模，而且認為以美國的模式來改造其他國家是美國人的職責。這種意念是如此強烈，甚至不惜以激烈的手段把美國模式強加給對手國。具體到中國而言，美國的對華政策就成為「拯救」與「統治」融為一體的產物。257

　　當中美兩國在18世紀間開始交往時，「不同的發展道路給兩國今後的往來留下了深刻的烙印」。此後到19世紀，美國迅速發展，直到在綜合國力方面達到了發達的資本主義國家的前列。疆土擴張、經濟繁榮，使美國越來越熱衷於干預國際事務，爭取獲得自認為是與自己的實力相稱的國際地位，儘可能地擴大自己的勢力範圍，同時將美國的價值觀和社會發展模式推廣到全世界。中國則正相反。它最初是用傳統的那種「理念上不平等、實際上寬容的方式接待了來華的美國商人」，但最終卻「陷入實質上不平等的關係的陷阱」。25819世紀中葉起，中國在反對外來侵略的戰爭中不斷失敗，它在國際社會中陷入極其孤立與屈辱的地位。在這一過程中，美國實際上夥同其他列強一起，參與對中國的侵略與壓迫。美國的做法的確與其他列強有許多不同之處，以及由此引起一些中國人對美國的看法與對其他列強的看法有著很大的不同，但這依然掩蓋不

了其侵略本質。1949年新中國成立標誌著中國進入一個新的社會發展階段。幾乎與此同時，美國的實力和武力擴張的傾向也相對處於巔峰狀態，其勢力範圍擴展到中國的周邊地區及一小部分中國的領土和領水，從而達到美國向西擴張的頂點。結果是，中國與美國在朝鮮、印度支那和臺灣海峽發生了持續20年之久的對抗或緊張的對峙。

究其原因，「長期以來美國人一直有意無意地利用中國來建構和支撐關於美國自身身分與世界地位的意識形態神話。而這一神話被中共的勝利所打破。……中共的勝利使美國長期以來在中國經營的事業毀於一旦，中國『背叛』了美國的理想，沉重打擊了美國對其價值普世性的信心，損害了美國作為一個大國的自尊，觸動了美國人的民族主義情感，這是美國最無法忍受的。」換言之，「在美國人看來，中國拋棄了美國為中國設計的所謂強大、自由、民主的道路，幾代美國人在中國經營的事業，包括教育、醫療和宗教事業都成了泡影，把幾億中國人塑造成美國的顧客和基督徒的夢想似乎要永遠破滅了。而當中共在中國發起宣傳運動，中國人民譴責和揭露美國對中國的侵略時，長期沉醉於中美關係神話的美國民眾表現出來的是迷惑、惱怒、激憤和強烈的幻滅感，中國被視為『忘恩負義』。這種情緒的宣洩口就是尋找替罪羊和對中共的『忘恩負義』進行懲罰。」259因此，新中國成立之後，「對美國在中國道義上的領導作用的自豪感，被對中國意識形態在亞洲的影響的擔心所代替。宗教和慈善活動被政治宣傳戰所代替。友鄰的對話被互相責罵所代替。歷史的友誼發展到頂點，變成互相間的敵視。地平線上永遠籠罩著戰爭機會的陰影。」260對此，美國著名學者歐文·拉鐵摩爾（Owen Lat-timore）261批評說，「我們的同胞們表現得特別幼稚和褊狹」，「存在著一種美國式的過分簡單化的傾向。」他曾回憶說，當時「對我的主要指控是我應對美國丟失中國負責」。拉氏反問道：「你怎麼能丟失你從來沒有擁有過的東西呢？」這真是

一言中的的好反問。誰曾冊封過美國人可以「擁有」中國呢？美國人有什麼資格「丟失」他從來沒有「擁有」過的東西呢？這種「幼稚」、「褊狹」（再加上一個「狂妄」吧）支配著有些美國人的頭腦（不幸的是也支配著一些專門研究中國問題的美國專家的頭腦），不止一次地把美國導向歧途。262

如果說中美接觸確是一種特殊關係，那麼，這種關係肯定是按照一種與上述普遍神話迥然不同的意義來說的，這種神話說，雙方之間有某種直覺的諒解，並由此諒解產生了相互間的有益接觸。相反，對這種虛構的關係所作的仔細研究表明，「所謂『特殊』是指兩國關係中的這樣一個階段：中美這兩個存在著顯著差別、曾在各方面互相隔絕的民族僅僅由於近代的衝突才被密切地聯繫起來；因此，兩國人民多少成了他們各自對於對方的錯誤理解以及各自製造的神話的犧牲品。」263比如在備受爭議的「門戶開放」政策方面，「中國當時固然沒有遭到完全被瓜分的厄運，也沒有如印度和朝鮮那樣淪為西方某一國家的殖民地，但這裡起決定作用的因素是中國文化的深厚的歷史根基和強大的生命力，以及中國人民為維護民族獨立和國家主權的反帝愛國鬥爭，此外還由於列強之間在瓜分中國問題上矛盾重重，互不相讓。……把中國免於殖民地化的功勞歸於美國的『門戶開放』，是不符合實際的。」264這是因為，19世紀末20世紀初美國提出並一再強調的「門戶開放」政策，一方面是為了維持遠東力量均勢以確保美國在華利益；另一方面也反映了美國對中國未來的憧憬與期望：一個具有古老文明的大國將變成一個現代的、民主的、基督教的國家並追隨美國的領導。換句話說，「從美國觀點看：我們的十九世紀『多情的帝國主義分子』（教士、商人、軍人和冒險家，他們是開路先鋒，他們確立了我們心目中的中國人民形象）給我們留下了這樣一個傳統，就是對中國產生種種不切實際的、甚至富於浪漫色彩的遐想——這些遐想在二十世紀上半期導致我們把中國設想為一個強國，一個潛在地民主

的國家,甚至一個基督教國家,一個未經開發的廣大市場,一個我們對日作戰時的戰友,一個樂於接受美國科學、技術和文化的國家。我們認為,我們信奉的『擴張領土的天命』將使我們西渡太平洋,把進步和文明帶給地球上這個最大的國家,同時也給援助者自身帶來滿足。後來發現,甚至1950年在朝鮮半島上與中國人進行的一場真槍實彈的戰爭,也不能完全抹掉我們替我們自己和中國人設想的那些過去時光的眷念。」265

總之,美國人在與中國打交道中總是有一種要影響中國,改變中國的衝動,也就總免不了在期望與失望之間搖擺。其結果,美國人迄今似乎仍然深陷於對中國的一種「愛恨交織」之中而不可自拔。「美國人對中國的感情是一個愛恨交織的歷史循環,我們對中國的態度是充滿矛盾的。當中國國力衰弱、疆土分裂時,中國在美國的形象往往比較正面,但當中國強大起來並具備向外發展的潛力時,美國的中國形象則趨於負面。美國人對中國的這種不確定的、自相矛盾的看法影響到美國媒體對華報導的價值取向,同時媒體又反過來進一步左右了美國普通公眾的對華認知,這種交互作用最終反饋到中美關係上,必將深刻影響日後中美關係的未來發展和走向。」266

鑑於上述種種一相情願、不切實際的想法可能給中美關係帶來的損害,美國人應該反省。「我們的美國方式並不是唯一的生活方式,甚至也不是大多數男男女女的未來生活方式。」「例如,我們很可能把自己看得過分重要,誇大了美國影響中國的程度。這是因為,既然我們美國人放棄了對那一去不復返的通商條約時代的中國的眷戀之情,我們就必須越來越深刻地認識到,中國人的生活極願由自己來滿足自己,我們自己完全沒有能力改變那種情況。」267因此,「如果說一種更為和諧的、多種文化混合的國與國之間的關係是值得追求的一種理想,那麼美國人就必須把握關鍵的趨勢,不

要把我們的幻想反映到我們的疆界之外,必須承認,我們所能希望進行的變革是有限度的——在相當程度上受其他國家的志向和條件的限制。在與中國打交道時,尤其需要克制和敏感。」268可以說,這樣的認識是相當深刻的,值得更多的美國人的關注。

美國對臺政策的解讀：一種美國民族主義視角

第三章　臺灣問題與美國對華戰略

　　這一章主要探討臺灣問題與美國對華戰略的關係問題，在此之前，我們有必要對美臺關係歷史的演變作一個簡要的回顧。美國與臺灣接觸的歷史幾乎與美國的立國史一樣長。在每一次臺灣歷史命運面臨轉折的時候，總能發現美國影子的存在。正如鄧小平所說，「臺灣問題上，美國歷來是介入的」269，真可謂一針見血。美國與臺灣的早期關係以商貿和傳教為主。隨著美國向海外和東方擴張，臺灣的軍事價值被美國人發現，美國的軍方人士開始打臺灣的主意，其中海軍將領佩里（Mathew C.Perry）的軍事占領臺灣計劃最具典型。在他們看來，占領臺灣有利於擴展美國的統治和實力，「直到他們牢牢地控制太平洋諸島，並使盎格魯撒克遜民族在亞洲東岸繁衍生息。」270

第一節　美臺關係的歷史演變

　　早在19世紀30年代，美國商人和傳教士已經注意到臺灣這塊土地，鑑於臺灣的特殊地理位置，他們紛紛建議自己的政府占有臺灣。1853年，美商奈伊因其兄在臺灣近海失蹤，寫信請美駐華代辦巴駕（Peter Parker）代為搜索，並建議美國出兵占領臺灣南方的紅頭嶼，作為航運基地。巴駕將其建議轉報政府，於是1854年美國東方艦隊司令佩里派遣軍艦前往臺灣考察。佩里此後提出美國

占領臺灣，欲控制中國必先控制臺灣這種美式的「田中奏摺」：「我們必須對一切足以改變中國，特別是臺灣的政治及內務的任何具有實際意義的建議予以鼓勵，美國應該單獨採取這個主動。……臺灣在海軍及陸戰上的有利位置是值得重視的。……該島直接面對中國許多主要商業口岸，只要在該島駐泊足夠的海軍，它不但可以控制這些口岸，並且可以控制中國海面的東北入口。」271但美國的圖謀，遭到英國反對。由於自第一次鴉片戰爭後，美國對華侵略以英國所實行的「利益均霑」政策為基礎，而這一政策所標榜的「國際共管」和「維持中國領土完整」完全符合美國「太平洋帝國」擴張路線的根本利益。當時美軍實力也有限，不敢開罪英國，也害怕在中國遇到抵抗，故美國政府對佩里提出占領臺灣的主張始終不敢批准。272總之，由於種種因素，儘管美國一些人對臺灣的地位垂涎已久，但基本上沒能在臺灣立足，最終只能眼看著日本占領臺灣。

一、歷史上的美臺關係

近代幾百年中，歐洲的一些殖民主義國家逐步強盛並急於向海外擴張，中國沿海島嶼不斷受到西方殖民主義武裝的海盜式侵擾，臺灣也受到了西方海盜的侵略和掠奪。而美國對臺灣的「關注」，早在19世紀初就開始了，當時美國海員、商人、傳教士、軍官紛紛上臺灣島收集地理、物產、礦藏等情報，分別從商務、宗教、軍事等方面論證臺灣對美國的價值，提出臺灣應是「美國在東方的商務集散地」、「適用於建立殖民地的處所」等觀點。事實上，「美國與臺灣的關係可追溯到中美關係開始的年代為起點」273，在接下來的一百多年裡，美臺關係經歷了幾個階段的演變。

第一階段，從1784年到1867年。美國與臺灣早期的關係，大都是由美國人意識到臺灣的商務價值之後，採取主動行動而形成的。百餘年前，臺灣的糖、樟腦、尤其是茶葉等物就開始銷往美

國，特別是作為東西航線上的商務驛站而言，臺灣更成為美國甚為理想的東方活動基地。自1844年美國同中國締結第一個不平等條約《望廈條約》、取得廈門等「通商口岸」之時起，就更垂涎臺灣，因為臺灣有豐富的煤礦，而且地處加利福尼亞州到廈門的航道上，可作為美國商船理想的中轉和補給站。在1850年代，美國一些商人和駐遠東的官員曾力主美國政府用強行購買或軍事占領的手段攫取臺灣，或強迫清政府開闢臺灣的一些港口。274不過當時美國正忙於在美洲大陸擴張和鞏固地盤，無暇過多地顧及西太平洋，但仍利用清政府的腐敗、昏聵和致力於鎮壓太平天國之機，在臺灣島的幾個港口進行非法貿易。例如，從1854年到1856年間，美國商人已到臺灣北部和打狗（今高雄）從事非法貿易。2751858年英法聯軍侵略中國，迫使清政府締結《天津條約》，其中增設的通商口岸有臺灣的臺灣府（即今臺南）和淡水，美國又跟著「均霑」。及至美國南北戰爭之後，中國資本主義急劇發展，對外擴張的勢頭也日益增大。要言之，1844年《中美望廈條約》簽訂之後，美國和臺灣之間的接觸，不可避免地更為增多起來，而且美國人開始思考應否利用以及如何利用臺灣島的問題。如1857年3月10日，美國駐中國使節巴駕以「最密件」向美國國務院遞交的一份報告中寫道：「……臺灣作為一個煤補給的來源，是建立一條自加利福尼亞延伸至日本、中國的汽船運輸線的最有利條件。這個島嶼有可能在不久的將來不再是中國的一部分。一旦臺灣在政治上，一如它在地理上一般與中國分離的時候，美國應即刻占有臺灣。這項行動對美國的利益是顯而易見的。」由這位當時美國駐中國外交高官的口中陳述的對臺灣的野心，較諸當今的「臺灣前途決議案」，更要直截了當得多。276

　　第二階段，從1867年到1895年。美國對臺灣之興趣可追溯至1866年。對白宮的決策者而言，與日本結盟無疑是阻擋歐洲勢力並提升美國在亞洲地位的方法。依據其國務院的備忘錄記載，當時

的美國駐東京使節理查德·迪龍（Richard Delon），主張與日本往來將是美國在遠東地區利益的一大保障；而國務卿漢默頓·弗許（Hamilton Foch）也指示他盡一切最大力量維持對日關係，以期日本成為當然的盟友。與此同時，在美國駐廈門領事李仙得的協助下，於1867年8月24日，由貝爾將軍率領海軍強行登陸臺灣，這是歷史上美國對臺侵略之始。277美國單獨侵略臺灣失敗後，轉而支持日本侵略臺灣。1874年日本入侵臺灣時便得到了美國駐亞洲外交官的支持。原美國駐廈門領事李仙得（Charles W.LeGendre）由美國駐日公使德朗（C.E.Delong）推薦，與日本外相多次密談，提供了「極多的關於日本最有用處」的情報和有關臺灣的圖片多件，並告之占領臺灣不必擔心美國的干涉。278德朗也慫恿日本侵臺，他在事後寫給美國務院一份「祕密報告」中說：我「一向認為西方國家對日本的真實政策，是鼓勵日本採取一系列的行動......使日本政府與中國政府、朝鮮政府彼此仇視。」「在目前形勢下，我相信，我已經發現一個實行這一計劃的機會，可能不需要流血的戰爭，但如果需要的話，我們可以使這場戰爭成為......把臺灣及朝鮮放在一個同情西方國家的旗幟下的戰爭。」279但日本侵臺引起了其他帝國主義國家的反對，美國見此也改變了態度，新任美國駐日公使平翰（John A.Bingham）以美國政府名義承認臺灣是中國領土。清軍則積極備戰，各方面形勢日益不利於日本，最終中日談判簽訂了《臺灣專條》明確了臺灣是中國領土。美國企圖火中取栗，假日本之手奪取臺灣的陰謀只能作罷。此後美國集中力量在太平洋擴展，故扶植日本作為它侵略朝鮮和中國的夥伴。但日本卻竭力排擠美國對臺灣的影響力。美國對此採取姑息政策，將對臺策略納入到對日關係中考慮，對華政策不僅不考慮臺灣因素，反而要考慮日本因素。總之，甲午戰爭後，美國將對臺關係納入到對日關係中來考慮，從而形成了奇怪的「旭日形象」。280

　　第三階段，從1895年到1949年。當1930、40年代隨著美國

和日本一步步走向戰爭之路時，臺灣的命運就再度和美國聯繫起來。日本據臺之後，臺灣的地下抗日運動就一直和中國的民族主義力量有所聯繫。孫中山先生所領導的中國國民黨一直認定臺灣是由於不平等條約割讓出去的，故其政綱就一再主張臺灣必須重回大陸懷抱。1940年，美國政府提供給中國40架新式戰機和一批貸款，這是中國抗日以來的第一次，目的是在堅定國民政府抗日的決心，以打消和日本談判的念頭。1941年12月日本襲擊珍珠港之後，美國對日宣戰，並確定蔣介石出任中國戰區統帥。另外，美國總統羅斯福也認為提升中國的國際地位很重要，因為他期望中國在戰後能夠扮演維持國際和平與區域安全的角色。1943年11月，蔣介石夫婦接受羅斯福邀請，參加美、英、中三國領袖的「開羅會議」。會中，羅斯福、邱吉爾、蔣介石討論戰後遠東問題，羅斯福同意蔣的要求，將原為中國的領土歸還大陸。因之，「開羅宣言」主張將「滿洲、臺灣、澎湖歸還中國，恢復朝鮮之自由與獨立」。《開羅宣言》的內容，隨後在德黑蘭會議中，也得到史達林的同意。羅斯福政府之所以力主將日本侵占的領土歸還中國，主要的原因有三：（1）堅定蔣介石抗日的意志，避免中日妥協的可能；（2）防止日本於戰後再度成為軍事強權，而使中國成為看管日本的力量；（3）促成中國成為美國的戰略夥伴，配合美國牽制蘇聯在亞洲的擴展。就如羅斯福的親信哈里·霍普金斯（Harry Lloyd Hopkins）[281]所說的，由於戰後日本可能重新成為美國的敵人，美國需要在菲律賓、臺灣以及任何美國願意的地方建立軍事基地。又說道，美國的目標是要中國成為依靠美國的一個亞洲大國，而美國就可以為所欲為。這樣，源於日本和美國在亞洲的角逐和較量，臺灣再度成為美國所注意的地方。[282]簡言之，抗日戰爭勝利後，美國人又介入了中國內戰，並將關注的目光投向了臺灣島。美國人先後提出了「託管臺灣」、公民投票自決、吞併臺灣的方案，並操縱主導廖文毅鼓吹的「臺灣獨立」運動，試探性地拋出了「臺灣地

位未定論」。不僅如此，美國人還力圖阻止蔣介石撤退臺灣，想透過在臺灣島內培植親美勢力到達侵占臺灣的目的。

　　總之，從19世紀初美國冒險家相繼赴臺考察到1895年日本以《馬關條約》割取臺灣，美臺關係貫穿著兩個基本特點。一是美國對臺進行侵占、蠶食和掠奪，即殖民主義政策。美國艦隊任意進出臺灣港口，測繪水陸地圖，調查資源情況，在臺灣建立營地並升美國國旗。有的美商曾正式表示，一旦美國政府決定占取臺灣，他們願意率領「志同道合」的美國人員前往，進行殖民化的工作。二是把臺灣從中國分離出來，即民族分裂政策。1830年代以來，美國統治階級很推崇美商伍德等提出的以下觀點：「一旦臺灣與中國脫離關係，美國可以得到巨大的利益」，「占領了臺灣島，就可以控制臺灣海峽，這是對抗中國人的辦法」。283在美國政府的支持下，一些美國人於1850年代先後進行了「購買臺灣」、在臺灣建立「受美國保護的獨立政府」的分裂活動，並因此而得到重用。1860年代，美國更加認識到臺灣在美國向亞洲擴張戰略中，特別是向中國擴張戰略中的重要作用，並且在長達一個半的世紀裡，不斷策劃把臺灣從中國版圖中分離出去。事實上，太平洋戰爭爆發後，臺灣是被美國軍方當做一個可對日本進行打擊的基地來看待的。284開羅會議後的德黑蘭會議期間，總統幕僚霍普金斯就提醒羅斯福：「在臺灣回歸中國之後，亦應考慮在島上建立海、空基地事宜，基地的規模、性質、占用基地軍隊的作用等等均應研究出來。」285由此可見，美國在臺灣回歸問題上的出發點並不單純。1942年美國五角大樓遠東戰略小組的喬治·克爾（George Kerr，後曾擔任臺灣副領事）就曾反覆鼓吹「美國必須設法控制臺灣」，他認為臺灣地理位置非常適合作為美國商業集散重地，且具有極豐富的資源和工業潛力；如占領臺灣，即可建立對中國、日本、琉球、交趾支那（越南）、柬埔寨、暹羅、菲律賓以及一切位於附近海面島嶼的交通線；同時臺灣具有「在海戰及陸戰上的有利位

置」，只要在此駐泊足夠海軍，就可以「直接面對中國許多主要商業口岸，並可以控制中國海面的東北入海口」。286正是在這種侵略論調下，美國從1940年代初就開始設法控制臺灣，在以後的20多年中，臺灣問題就成為美國和中國政府之間的最敏感的區域。

二、1949年以來的美臺關係

第一階段，中美關係緩和之前的美臺關係。

國民黨政權遷到臺灣初期，美臺關係非常微妙。杜魯門政府曾經積極策劃臺灣的「自治」乃至「獨立」，阻止國民黨集團敗退到臺灣，甚至考慮要拋棄蔣介石。而國民黨政權遷移到臺灣之後，杜魯門政府決定採取與其「拉開距離」的政策。即便朝鮮戰爭爆發後，杜魯門政府仍然決定採取與臺灣當局保持一定距離的政策。1953年艾森豪威爾政府上臺後，美臺關係進入了相對平穩的發展期，透過《共同防禦條約》的簽署，美臺結成了正式盟友關係。與杜魯門時代只派軍事人員訪臺不同，艾森豪威爾和副總統尼克森，以及外交、軍事、財經等部門首長紛訪臺灣，成立「美軍駐臺協防司令部」，加強軍事及安全合作。另外，經濟方面的物資和信貸援助也不斷到來，使垂危的臺灣經濟起死回生。簡言之，在艾森豪威爾政府時期，美臺關係得到了進一步的加強，美國對臺援助全面恢復。以1954年美臺簽訂《共同防禦條約》為標誌，雙方進入正式結盟時期。一時臺北冠蓋雲集，美臺關係迎來所謂的「蜜月期」。但即使在此時期，先後爆發的兩次「台海危機」使得美臺矛盾凸顯，具體表現為臺灣當局企圖依賴美國的支持實現「反攻大陸」的迷夢，而美國政府則要壓迫臺灣當局從外島撤兵、努力促成台海地區的停火、實現所謂的台海「中立化」，以避免被捲入與中國大陸的直接軍事衝突。此外，美臺之間圍繞美援的使用、臺灣當局的獨裁統治、以及聯合國中的「中國代表權」問題和蒙古人民共和國加入聯合國的問題，也產生了諸多分歧。進入甘迺迪政府時期之後，

美臺一如既往地圍繞臺灣的「反攻」計劃發生了激烈爭吵。此外，此一時期的美臺關係還沿著甘迺迪政府企圖調整對華政策、美方在聯合國「中國代表權」問題上準備拋棄「延期審議」手段轉而採取「重要問題」案、是否應該允許蒙古人民共和國加入聯合國等三條主線展開。可以說，鑑於戰後美國民主黨在中國調處國共內戰、促和行動以及最終「撒手不管」的經歷，國民黨當局對民主黨的對華政策一直心存疑懼，甘迺迪上臺並未能扭轉蔣介石等人的這種心理。60年代初，美臺關係的主旋律是互不信任。[287]

　　總之，50、60年代，美國把中國視為亞洲共產主義擴張的動力源，運用多種手段對中國加以遏制，並在臺灣駐軍，在國際上拒絕承認中國和玩弄「兩個中國」或「一中一台」的陰謀。其中，於1954年、1958年和1962年發生的三次臺灣海峽危機是1950、60年代中美關係史上的重要事件，它不僅引起了台海兩岸關係的緊張，而且也對美臺關係的發展產生很大的影響，暴露出美臺在沿海島嶼政策上的分歧，揭示了這一時期美臺在遏制中國大陸方面的一致性和在中國統一問題上的矛盾性。與此同時，甘迺迪就任總統之後，美國已醞釀改變對華政策。甘迺迪遇刺、由詹森繼任總統之後，美國繼續執行與北京改善關係的政策。雖然總的來說，甘迺迪政府對臺灣經濟、軍事的援助，對臺灣海峽的「防守」以及對維持臺灣當局在聯合國的「合法席位」等，仍「如艾森豪威爾政府時代一樣的積極和堅定」，但其對臺政策也開始出現微妙的變化，既承認國民黨政府，信守條約義務，又不露痕跡地不再明確支持臺灣為中國「唯一合法政府」。[288]實際上在甘迺迪任內，美國政府已經開始在醞釀「先中後臺」的政策模式，即在對華政策上開始進行新的試探動作，同時宣布即將停止對臺灣的「美援」，並以發「畢業證」的形式取消給臺灣的「普遍優惠制」（GSP）。繼任的詹森總統雖仍然維護中華民國的法權地位，支持臺灣協防，但同時利用甘迺迪政府提供的轉機，保持與中共的接觸，實行「圍堵而不孤立」

和「新門戶開放」的政策，從而使美臺關係進入了一個更加微妙的歷史階段。儘管詹森政府時期美臺關係的大框架並未發生改變，相對集中於美國政府調整對華政策、約束臺灣當局的「反攻行動」、美削減對臺軍援，以及在聯合國框架內的鬥爭等幾個方面。然而，到詹森離任時，美臺關係的調整已經邁出了很大的一步。這不僅標誌著美臺關係「蜜月期」的結束，同時也迎來了中美關係的新時期。事實上，正是由於詹森政府時期對美臺關係的調整，繼任的尼克森政府能夠較為輕易地擺脫臺灣當局的可能抵抗，實現1972年的北京之旅，進而為中美關係的正常化打開了大門。[289]

第二階段，中美建交前後的美臺關係。

進入1970年代以後，美臺關係出現了新的變化。「反攻大陸」這個長期困擾美臺關係發展的因素基本消失，美國政府出於現實政治的需要，採取切實的步驟改善與中華人民共和國的關係，並逐漸實現關係正常化。相應地，美國就要「斷絕」與臺灣當局的所謂外交關係。但在中美關係改善之際，美國從其切身利益出發，在臺灣問題上仍採取兩面手法，對臺政策並未有實質性的改變，企圖在美國與臺灣的非官方關係以及美國同中國大陸的官方關係間追求所謂「平衡點」。從尼克森到卡特政府時期，美國政府出於自己的東亞和全球戰略利益的需要，準備在政治上和外交上拋棄臺灣當局。然而，與1949年前後的政策不同的是，在此一時期，美國政府對臺灣當局的「拋棄」主要表現在政治和外交方面，在其他領域內，美國仍然與臺灣保持著「實質性關係」。從這個意義上來說，美國對大陸和臺灣所採取的「雙軌」政策，實質上仍然是「兩個中國」政策的延續。

美臺斷交以後，美臺政治上的聯繫，並沒有由於雙方關係的非官方性質而終止。相反，雷根政府上臺後，美國利用臺灣對其依賴程度的加深，從各個方面施加影響，力圖讓臺灣島內政治發展朝著

美國期望的方向變化。美國政府干預臺灣政治的發展，也不乏製造「兩個中國」、「一中一台」的險惡用心。美國關注臺灣的人權狀況，就是為了鼓勵臺灣「反對運動」的發展。在這些「反對運動」中，又不乏要求「臺灣獨立」、「臺灣人民自決」的勢力。美國鼓勵臺灣的「本土化進程」，更是為了削弱國民黨大陸籍人士的勢力，欲借此割斷臺灣領導層的「大陸情結」，培養「臺灣意識」。至於影響臺灣政治體制的變化，則是為了使臺灣實行與美國認同的資本主義制度，同大陸的社會主義制度對抗。兩地社會制度的差異越大，統一的難度也就越大。美國還要透過這些影響，使臺灣成為做給大陸人民看的「民主的樣板」290，從而為美國「和平演變」大陸的戰略服務。

第三階段，後冷戰時代的美臺關係。

冷戰結束後，隨著國際形勢和美國全球戰略的變化，不論是柯林頓、還是小布希在任總統，美國調整對臺政策、提升對臺關係的趨勢十分明顯，其核心是試圖突破中美三個聯合公報和雙方談判達成的有關協議。美國政府的主要舉措有：制定相關法規，為加強美臺關係提供法律依據；提升美臺實質關係，支持臺灣「拓展國際生存空間」的主張；加強東亞地區的軍事存在，竭力提高臺灣防衛能力，增強對海峽局勢的影響力；不斷發展對臺經貿關係，加深對臺灣經濟滲透等。美國這些舉措，是美國遏制中國政策的延續，其實質是「以臺制華」，即維持兩岸分離的現狀，既不希望中國統一，也不希望臺灣獨立。可以預計，在今後相當一段時期內，這將是美國在臺灣問題上的基本政策。291

從冷戰結束後美臺關係的演變及近一個時期中美關係的發展來看，未來一個時期美臺關係的大致走向為：美國不會公開放棄「一個中國」的政策，但美臺「實質關係」仍將進一步發展。鑑於中國和中美關係對冷戰後美國戰略利益的重大影響，美國不會為發展美

臺關係而使中美關係破裂。所以在發展美臺關係時，美國總強調其「非官方性」和「非政治性」，而在發展美臺關係對中美關係造成損害時，美國又一再重申堅持「一個中國」立場，反對臺灣獨立，不支持臺灣加入聯合國。這表明，在可預見的時期內，美國不會公然放棄「一個中國」的立場，不會與臺灣當局建立正式的官方關係，美國將在中美建設性戰略夥伴關係的框架內繼續發展與臺灣的「實質關係」。其中，加強美臺軍事安全關係，既是「承諾保障臺灣安全」，實現長久保持臺灣海峽兩岸分離局面的重要措施，又是確保美國冷戰結束後在亞太地區安全事務中的主導地位，牽制日本勢力擴張以及防範中國的一個重要環節。臺灣當局加強美臺軍事安全關係的主要目的則是，不僅爭取更多、更有效的美國軍事支持，增強臺灣與大陸抗衡的實力，而且企圖在美國支持下，躋身亞太地區的多邊安全合作，實現以多邊國際關係制衡臺灣海峽兩岸關係，確保臺灣安全，並凸顯臺灣「主權國家」地位的目的。

　　總的來說，冷戰結束後的美臺關係較之冷戰時期，既保持了本質上的一致性，又具有新的變化與發展，即在保持冷戰時期美臺關係基本架構的基礎上，美國著力提高臺灣「獨立政治實體」地位，以實現「以臺制華」的目的，但又抑制臺灣當局圖謀分裂、「台獨」的自我膨脹勢頭，以免影響其對華戰略的實施。在今後一個時期，美仍奉行「一個中國」的政策，同時仍視臺灣為美國在太平洋安全體系中的一環──「永不沉沒的航空母艦」。美國將十分注重維持兩岸的戰略均勢和動態平衡，美臺關係將不會出現實質性的重大改變，美將在維護中美關係大體穩定的框架內，與臺灣保持和發展非官方關係。[292]

三、小結

　　美臺關係的歷史演變表明，臺灣問題一直是困擾中美關係的一大難題。按照美國官方的標準表態，臺灣問題的解決是中國人之間

的事,美國所關心的是這個問題必須和平解決。「美國政策的基本目標是一貫維持創造一種環境,臺灣人民可以在其中尋求他們渴望的繁榮、民主和和平,而且海峽兩岸得以在彼此可接受的基礎上,形成一個持久的、多方合作的架構。」293近年來,隨著國際格局繼續朝多極化趨勢發展,美國左右全球事務能力不斷下降,中國政局穩定,經濟發展迅速,在國際上的作用和影響不斷增大,美國試圖透過使用「臺灣牌」對中國進行戰略牽制的緊迫感與日俱增。美國感到,自己要振興經濟離不開中國的巨大市場,在解決重大地區國際問題時又需要中國的合作,因而不得不改善和發展對華關係,但又擔心中國統一和強大後會對美的唯一超級大國地位形成巨大挑戰,並成為與美抗衡的強大對手。所以,美國行政當局和國會的部分人中,在揮舞最惠國待遇、人權、核不擴散大棒失靈後,打「臺灣牌」的要求和呼聲甚囂塵上。

與此同時,美國認為臺灣「在政治上已邁向民主」,正好迎合美在世界促進「民主和人權」的需要,它可繼續推動臺「民主化進程」,以保持對中國的影響和壓力。「中國大陸能夠和平演變為民主自由體制才是臺灣之福,也是中國人之幸。」294這可以說是在國際新形勢下打出的最新一張「臺灣牌」。在美國人看來,臺灣的意識形態、價值觀念和社會制度已符合美國的標準,是緊挨著大陸的一個「民主櫥窗」,又是一塊可以促使大陸人民「朝同一方向演進的示範基地」。295總之,美臺關係最終還是要歸屬於中美關係的範疇,依然擺脫不了改變中國、「改造中國」之使命的影響。

第二節 臺灣問題的產生與實質

二戰結束後,國際社會公認臺灣屬於中國,至少有三個具有國際法律效力的文件可以證明臺灣主權歸屬問題。1943年12月1日,

中、美、英三國簽署的《開羅宣言》指出：「三國之宗旨，在剝奪日本自1914年第一次世界大戰開始以後在太平洋所奪得或占領之一切島嶼，在使日本所竊取於中國之土地，例如滿洲、臺灣、澎湖列島等，歸還中國」。296 1945年7月26日，中、美、英三國簽署（後蘇聯參加）的《波茨坦公告》又重申：「開羅宣言之條件必將實施」。同年8月15日，日本宣布投降，《日本投降條款》規定：「茲接受中美英三國共同簽署的、後來又有蘇聯參加的1945年7月26日的波茨坦公告中的條款」。297 1945年10月25日，臺灣省行政長官陳儀在臺北接受日本投降，並宣告「此次受降典禮已順利完成，從今日起臺灣及澎湖列島正式重入中國版圖」。298 臺灣及澎湖列島已正式重入中國版圖，所有一切土地、人民、政事皆已置於中國主權之下。至此，臺灣、澎湖重歸於中國主權管轄之下。既然臺灣自古以來就是中國的領土，二戰結束以後國際社會也已確認它歸還了中國，那麼怎麼又會產生臺灣問題了呢？

一、什麼是臺灣問題？

長期以來，臺灣問題一直是中美關係的晴雨表，是影響中美關係最敏感、最關鍵的問題。一般認為，它是指一切旨在分裂中國主權和領土完整，鼓吹「兩個中國」或「一中一台」的主張和謀求臺灣「獨立」的行徑，以及由此引發的種種矛盾和爭端。其內涵包括以下三個方面：第一，臺灣問題是中國內戰的遺留問題，純屬中國內政；第二，臺灣問題是中國政府和中國人民維護國家主權和領土完整，維護民族尊嚴、反對外來干涉的問題；第三，臺灣問題的本質是分裂與反分裂、「台獨」與反「台獨」的鬥爭，焦點是一個中國與兩個中國的鬥爭。臺灣問題具有雙重性：既是一個歷史問題，又是一個現實問題；既是一個主權國家的內政問題，又是跟國際社會有著複雜關係的問題。就其實質來說，臺灣問題是美國干涉中國內政、企圖永久控制臺灣造成的。如同擔心中國的強大一樣，美國

也深忌中國的統一，打「臺灣牌」、「以臺制華」是美國長期奉行的對華戰略方針，臺灣問題始終是美國各屆政府試圖維持對華戰略優勢的一張王牌。

　　第二次世界大戰以後，美國對臺灣政策發生過劇烈的變化。最初，美國支持中國統一臺灣。在新中國誕生之際，美國希望毛澤東成為東方的「鐵托」，並利用中國人民統一大陸的民族感情，煽動中國為收復被沙俄侵占的領土而反蘇。因此美國宣布不干涉中國人民解放臺灣。然而隨著冷戰的升級和朝鮮戰爭的爆發，美國從世界反共戰略出發，派遣第七艦隊侵占臺灣海峽，武力阻止中國統一，並企圖把臺灣從中國分裂出去，成立獨立的「臺灣共和國」。為此，杜魯門宣稱「臺灣法律地位未定」，人為地把臺灣變成一個問題。中美建交之後，美國對臺政策的核心是三個聯合公報（即1972年的《上海公報》、1979年的《建交公報》、1982年的《八‧一七公報》）和《與臺灣關係法》，實質是維持海峽兩岸「不戰、不統、不獨」的狀態，最大程度地謀取美國的政治、經濟和戰略利益。在具體做法上，美國在海峽兩岸實行「雙軌政策」，一方面發展與中國大陸的正式官方關係，另一方面又保持與臺灣的非官方實質關係；一方面公開表示堅持「一個中國」政策，不支持臺灣「獨立」，另一方面又要求中國用和平手段解決臺灣問題，並向臺灣出售先進武器裝備，阻撓中國統一進程。冷戰結束後，由於國際格局的變化和中國的崛起，美國視中國為潛在對手，加緊實行「以臺制華」。1994年9月柯林頓政府正式宣布美國對臺新政策，其主要精神是：在「一個中國」原則下，擴大同臺灣在政治、外交、軍事、經濟等方面的交往與合作，支持臺灣參與國際社會。1999年7月李登輝拋出「兩國論」之後，柯林頓又明確宣示了美國對兩岸政策的三個支柱，即「一個中國」政策，兩岸進行對話，兩岸和平解決歧見。實際上既要求臺灣方面不要挑戰「一個中國」原則，又反對大陸用武力手段解決臺灣問題。小布希當政後，視中國為「戰略

競爭對手」，美對臺政策作出新的調整，進一步加大了介入兩岸事務的力度。美國因素已成為解決臺灣問題的最大障礙。總之，美國對臺政策給臺灣問題的解決設置了障礙，這是臺灣問題直到現在還未得到解決的根本原因。從歷史上看，臺灣問題是美國一手造成的；從現實看，臺灣問題至今未能解決，美國有不可推卸的責任；向前看，臺灣問題的最終解決與美國分不開。可以說，臺灣問題的長期存在是美國推行其臺灣政策的直接後果。因此，對於臺灣問題的緣起及其演變，美國難辭其咎。

目前，臺灣問題已愈來愈成為美國堅持其價值觀的問題。由於受制於中國政治因素，美國外交已由過去重視權力平衡的「均勢」轉變為均勢和推廣民主並重。美國把臺灣「民主化」看成是美國式民主在亞洲的勝利，保衛臺灣的「民主」已成為保衛美國價值觀念的一個重要組成部分。具體而言，美國不僅將臺灣地區視為「美國式民主」在亞洲的勝利，而且希望以其作為樣本，使之成為美國在亞洲以至全球推動「民主」外交攻勢的榜樣和槓桿。換言之，臺灣地區民主化的成功與否不僅關係到美國外交理念的成敗，也直接關係到美國在亞太地區推行「民主、人權」戰略的前途。因此，保護「民主臺灣」不僅成為美國府會政要的共識，也成為美國民眾對臺灣地區最樸素的認同之上所派生出的自然反應。捍衛美國的價值觀、在東亞地區乃至整個亞太地區推進資產階級民主制度是美國維持和發展美臺關係的重要動因。[299]當支持臺灣「民主」成為美國對臺政策的「一個基柱」，保衛臺灣的「民主」成為美國價值觀念的一個重要組成部分的時候，臺灣問題愈來愈複雜化了。

二、臺灣問題產生的原因

一般認為，臺灣問題緣起於二戰後的國、共、美三邊關係，本源於國共內戰的歷史遺留，直接原因是朝鮮戰爭爆發後美國的武裝干涉。美國因素是導致臺灣問題產生的重要根源。具體而言，臺灣

問題的產生主要源於兩個方面：一是國民黨發動內戰的結果，這是臺灣問題的本質；二是以美國為首的西方反華勢力的插手，干涉中國內政。「臺灣問題之所以成為中美關係的一個主要問題，純粹是『冷戰』的產物，是美國介入中國內戰的結果和延續。」300正是由於美國等外國勢力的干涉，才使臺灣問題複雜化、長期化、國際化。

其一，臺灣問題是國共內戰的產物。1945年中國人民取得了抗日戰爭的偉大勝利，收復了臺灣。海峽兩岸人民渴望和平、民主、獨立、富強的新中國。但是，以蔣介石為首的國民黨統治集團依仗美國支持，置人民渴望和平、民主、獨立、富強的新中國的願望於不顧，悍然發動了反共反人民的內戰，使尚待休養生息的中國，再次陷入全面內戰中。1949年4月23日，中國人民解放軍解放南京，宣告國民黨反動統治的覆滅。1949年12月10日，蔣介石從成都飛往臺北，11日國民黨中央黨部在臺北辦公。蔣介石集團敗退到臺灣後，不承認中華人民共和國中央政府為代表全中國的唯一合法政府，繼續占據中國在聯合國的席位。與此同時，不甘內戰失敗的蔣介石唸唸不忘要反攻大陸、「反共復國」，曾經提出「一年準備、兩年反攻、三年掃蕩、五年成功」的口號，後來又提出「政治反攻為主、軍事反攻為輔」的口號，在美國的支持下與大陸大陸隔海對峙。要言之，新中國的成立，標誌著國民黨在大陸政權統治的結束。蔣介石退居臺灣後，國民黨政權從此偏安臺灣一隅，並在美國的繼續支持下，維持所謂「代表全中國」的反共政治、軍事架構，臺灣再次陷入與大陸大陸的分離狀態之中。

其二，美國因素。臺灣問題出現的一個重要外部因素是美國介入中國的內戰、捲入朝鮮戰爭，臺灣問題因而長期化、複雜化。如前所述，早在1854年，美國東方艦隊司令佩里率領艦隊來到這座美麗的島嶼進行資源調查，富饒美麗且具有重要戰略地位的寶島使這位佩里先生激動不已。他一回到美國就上書美國政府力主美國

「占領臺灣」，使之成為「美國確保西太平洋秩序之前鋒陣地」，因為「臺灣在海軍和陸戰上的有利位置，只要美國能控制臺灣也就能控制中國」。301美國在1940年代後期奉行公開干涉中國內政、支持國民黨的政策。美國為了獨霸亞洲與中國，並扼制蘇聯的強大，於1946年支持蔣介石發動了全面內戰。但隨著中國人民解放戰爭的不斷勝利，在國民黨大勢已去的情況下，美國不得不重新考慮其對華政策，把政策目標從「盡一切力量阻止中共取勝」改為「盡一切力量阻止中國成為蘇聯的附庸」，並決定逐步從中國國內戰爭中「脫身」，而集中力量「不讓臺灣落入中共之手」。302但在朝鮮戰爭爆發後，美國對華政策又發生了激劇的變化，由「脫身」政策改變為「扶蔣保臺」政策。並於1950年6月27日宣布派美國第七艦隊進入臺灣海峽，阻止中國人民解放臺灣，同時拋出所謂的「臺灣地位未定論」，改變承認臺灣已經歸還中國的立場，宣稱「臺灣未來地位的決定必須等待太平洋安全的恢復，對日和約的簽訂或由聯合國來考慮」。303該聲明的發表標誌著美國正式推行「扶蔣保臺」政策。1954年12月3日，美同臺灣正式簽訂《共同防禦條約》，公然將臺灣置於美國的「保護」之下，聲稱要對中國人民解放臺灣的正義戰爭，同臺灣當局採取「共同行動」。這一條約的簽訂，是美國公開阻撓中國解放臺灣、干涉中國內政的嚴重步驟。次年1月28日，美國會又通過「臺灣決議案」，決定「授權美國總統於其認為必要時，使用美國武裝部隊確保臺灣與澎湖列島，以防武裝攻擊」。304這樣，不但美國武力侵占臺灣、阻止中國人民解放軍解放臺灣的做法被長期化和固定化了，而且國民黨政權也由此度過了政治孤立、經濟困難的窘境，得以存續。臺灣海峽兩岸的緊張局勢因而形成，臺灣問題就這樣產生並延續了下來。

　　總而言之，影響中美關係及危害遠東國際秩序的所謂「臺灣問題」是中國內戰所遺留下久懸未決的內政問題，但更是美國勢力介入遠東國際秩序，主宰對華政策的核心。305而其至今未能得到解

決，美國負有不可推卸的責任。毋庸置疑，臺灣問題的產生與發展，主要是與美國長期以來不斷發展演變的對臺政策有關。幾十年以來，美國對臺政策由於不同的背景因素而不斷出現局部調整，但其主幹卻保持著強烈的「歷史慣性」。306這種「歷史慣性」的支柱就是美國的國家利益。其中既有經濟利益、戰略安全等現實主義的考慮，也有維持美國威信和利用臺灣「和平演變」中國大陸的理想主義因素。一是美國認為中國是21世紀的主要競爭對手，中國不是現實威脅，至少也是潛在威脅。美國從霸權利益著眼，需要遏制其主要對手——中國。二是隨著美中之間其他問題的逐步解決，如知識產權和平等貿易待遇問題的解決，「臺灣牌」在美對華關係中的地位相應提高了。三是美臺之間聯繫千絲萬縷，美在臺有相當的現實利益等。但不論是美國將臺灣作為亞太軍事戰略中的「不沉的航空母艦」，或是將其作為「和平演變」中國大陸的「前進基地」，臺灣在美國編織的世界新秩序格局中總有其地位。「臺灣對美國具有長久的地緣戰略價值」。由此可見，儘管美國將儘量避免與中國正面衝撞，努力營造合作的表面氣氛，甚至出於戰略需要，在某階段、某領域的特定情形下，可能與中國進行某種形式的策略性合作，但美國「西化」、牽制和遏制中國的基本戰略不會改變。307所以說，「通中美關係之演變以觀，真正的癥結只有一個，即臺灣問題」308。而臺灣問題的形成，除與中國國民黨政權發動的反共反人民的內戰有關外，更重要的，「是外國勢力的介入」309。

三、臺灣問題的實質

眾所周知，臺灣問題歷來是中美兩國關係中最重要、最敏感的問題，它不但涉及中國的國家主權、領土完整、國家統一等原則問題，而且決定中美關係的性質和歷史。臺灣問題之所以貫穿中美關係的歷史，中美兩國之所以在臺灣問題上一再展開鬥爭，是由美國

對華戰略的本質所導致的。臺灣問題的實質是美國對華戰略問題，包括決定著美對華戰略的美亞洲戰略和美全球戰略。310所以，美國在政治上、軍事上是否介入台海問題主要不在於美國有無《與臺灣關係法》及該法對「臺灣安全」的承諾，關鍵在於美國的對華戰略。因此，過去、現在和將來導致美國介入臺灣問題最直接的原因是美國的對華戰略，即利用臺灣制約、影響中國，直至中國走上美國所希望的軌道。美國的對臺政策就是由上述對華基本戰略決定的，它服從、服務於美國對華戰略，並且是這一戰略的關鍵性組成部分。

二十世紀五六十年代美國之所以承認臺灣、不承認新中國，是因為美國那時奉行「遏制中國」的對華戰略，在於美國賦予臺灣「反共前沿」和「民主櫥窗」的地位和身分。自從1949年新中國成立以後，華盛頓政策制定者一開始想對臺灣實行撒手政策，朝鮮戰爭爆發使杜魯門政府，決定保護臺灣，使其成為盟友，以便幫助美國在該地區扼制共產主義的擴張。朝鮮戰爭結束以後，美國不僅向臺灣提供大量軍事、技術援助，而且還提供了許多實質的援助，幫助臺灣發展經濟。作為回報，臺灣國民黨當局提供美國軍事基地和美國在該地區的軍事合作。在1950年至1957年期間，美國向臺灣輸入了70億美元，從1958年到1978年又提供了40億美元援助。就政治和戰略利益來說，支持國民黨的臺灣，將其作為「自由世界」的一部分，已成為美國一個不可動搖的信念，尤其在美國對全球共產主義實行遏制的冷戰時期。從經濟上講，經過20多年的投資，美國在臺灣的商業利益也已經太大，使之難以忽視。沒有人敢建議改變這一對臺政策，特別是面對國民黨遊說集團和在國會的中國幫的強勢下，任何試圖改變這種政策的努力，都被認為是美國政治上的自殺之舉。311進入七十年代以後，隨著國際形勢的變化以及中美關係的改善，美國逐步採取措施同中國建交、並同臺灣「斷交」、「廢約」、「撤軍」，這是因為美國逐步確立和奉行「聯華

抗蘇」，同時透過接觸使中國發生有利於美國的變化這一對華戰略。冷戰結束後臺灣問題之所以重新在中美關係中突出出來，是因為美國對華戰略發生了變化，即由「聯華抗蘇」轉向冷戰初期的「以壓促變」及以後的「接觸、防範」的雙重戰略。與此同時，美國希望透過繼續推動臺灣的「民主化進程」，以保持對中國的影響和壓力。冷戰結束後，雖然美國親臺勢力在美國國會及輿論界活動十分積極，對美臺「實質關係」的發展起了明顯的推波助瀾的作用，但美國調整對臺政策的最根本動力還在於後冷戰時代美國對華政策的重大調整。也正因為這一點，美國對臺政策的調整，必然受到美國對華政策調整的制約。

今後美國在臺灣問題上的立場和走向仍然取決於美國對華戰略的走向。美國對中國既接觸，又防範。這一對華雙重戰略下的美國對臺政策，也就成為既要利用臺灣防範、影響中國大陸，又要使其不破壞美中整體關係，從而不利於以接觸謀求中國的改變。「這是冷戰（結束）後美在臺灣問題上出現反覆、動搖、搖擺政策傾向的根本原因。由於美中關係的性質在短期內難以根本確定下來，美對臺政策的搖擺狀態仍會持續下去，臺灣問題仍然會不斷地對整個中美關係造成衝擊甚至形成危機。」312也就是說，美國在臺灣問題上的政策立場是其整個對華政策的一個組成部分，它服從於美國的對華戰略需要，並且隨著國際力量對比和臺灣海峽兩岸力量對比的變化而不斷調整。總之，臺灣問題純屬中國的內政，而美國因素是導致臺灣問題產生和久拖不決的外部根源。歷史已經並將證明，中美關係每前進一步，都要在臺灣問題上展開鬥爭。只要美國人仍然奉行把臺灣當做其在亞太地區「一艘不沉的航空母艦」的政策，中美關係就難以取得實質性進展。中美關係的發展前景取決於美國在臺灣問題上的態度和立場。

第三節　美國對華戰略：遏制、接觸還是接觸加防範？

　　既然臺灣問題的實質涉及美國的對華戰略，那麼這一節將具體探討美國在對華戰略上的種種表現。二戰結束後至今，美國對華戰略大致經歷了「遏制」、「遏制加接觸」和「帶保險的融合戰略」313三個階段。這與美國對中國的戰略定位有關。冷戰高潮時期，美國將中國定位為「敵人」，進行全面的戰略對抗、經濟封鎖和軍事圍堵；1970年代中美關係緩和之後，美國出於對外戰略調整的需要，將中國定位為「戰略盟友」。冷戰結束後，美國在「中國定位」問題上表現出了一定程度的混亂和「模糊」。柯林頓政府將中美關係定位為「建設性戰略夥伴關係」，積極推動兩國關係發展。小布希上臺後，先是將中國定位為「戰略競爭者」，進而提出中國是處於「戰略十字路口的國家」。314雖然在如何對付中國、如何改變中國這個問題上存在不同的觀點，但透過與中國的「全面接觸」來改變中國的社會主義制度和政治體制始終是美國夢寐以求的最終目標。

一、遏制並孤立

　　冷戰開始以後，杜魯門雖然主張圍堵共產主義擴張，但也不願和蘇聯及中共發生戰爭。1949年12月23日和12月30日，白宮國家安全會議提出的兩份報告中認為，由於美國國力所限，美國必須在歐洲採取攻勢，在亞洲則應採取守勢，故不能在亞洲和蘇聯起衝突，在亞洲的戰略是製造中蘇分裂。美國若協防臺灣，將會促使中共倒向蘇聯。因此只能用外交和經濟手段來防止臺灣之喪失，不能訴諸軍事手段。顯然，美國已準備「脫身」。1950年1月5日，杜魯門總統正式聲明，表示美國及其他盟國承認過去4年來中國對臺灣行使主權之事實，又說美國無意在臺灣取得特別權益或建立軍事基地，也無意使用武力來干預目前臺灣情勢，並宣稱美國將不採取

一個會導致介入中國內戰的路線。當天下午，艾奇遜舉行記者招待會，重申美國不會介入中國的內戰，也不會干預臺灣局勢的基本政策精神，又說「當臺灣成為中國的一個省的時候，沒有人對此提出過法律的疑問，這是被認為符合過去的承諾的。」同年1月12日，艾奇遜在全國新聞俱樂部發表稱之為「美國的基本立場」之演說，他表示國民黨政府並不是為共產黨軍事優勢所擊敗，而是為中國人民所拋棄；他還提出美國在西太平洋必須防衛的防線是從阿留申群島經日本、琉球到菲律賓，將南韓和臺灣排除在外。至此，杜魯門政府的對華政策已經確定，那就是趕緊從中國內戰中置身事外，並在等待承認中國新政權之過程中，讓身在臺灣的前盟邦自己去承擔敗亡的命運。[315]

朝鮮戰爭的爆發改變了原來的設想。經歷了在朝鮮戰場上的激烈對抗之後，美國政府對新中國政府的敵意進一步加深，也因此更加看重臺灣在遏制新中國方面的重要性。出於這個原因，艾森豪威爾上臺伊始，1953年4月6日，美國國家安全委員會提出了第148號文件，確定了未來幾年美國政府對華政策的基調。該文件提出，「美國在遠東所面臨的中心問題是與蘇聯緊密結盟、並得到蘇聯支持的侵略性的中國共產黨政權對美國及自由世界的威脅」，美國在中國的「最終目標」是促使中國發生變化，在中國產生一個對美國友好的、非共產黨的政府。文件認為，實現上述目標可以有兩種手段：一是使「北平政權背叛莫斯科」，另一個辦法是「推翻北平政權，代之以敵視莫斯科的中國政府」。文件指出，美國目前不一定要從兩者之中選擇一種方案，明智的辦法是「在不直接對共產黨中國進行干涉的條件下，增加對共產黨中國的政治、軍事和經濟壓力」，這樣可以促使上述兩種可能性的發展，到情況明朗時，再決定是「促使中蘇分裂，還是搞跨共產黨中國」。該文件同時強調，美國應「繼續支持中國國民黨政府在聯合國及其他國際機構中代表中國」。[316]這份文件是艾森豪威爾上臺後制定的第一個對華政策

的綱領性文件。同年11月，該委員會的另一份對華政策研究報告進一步指出：「確使中國的共產黨政權改變方針或最終為一個不敵視美國的政權所取代將符合美國利益。」317該報告建議，當前美國對共產黨中國的政策應是尋求除戰爭以外的手段去削弱共產黨中國在亞洲相對強大的地位。為了實現上述目標，美國對中國實行所謂「圍堵和孤立」政策。一方面，美國鼓吹在外交上拒絕承認中國政府，全力反對聯合國及其他國際組織恢復中國政府的合法席位；另一方面，脅迫有關國家對中國大陸實行嚴格的貿易禁運和經濟封鎖，同時極力援助亞洲反共國家在中國的周圍組織反共軍事條約體系。在隨後的幾年間，美國政府又相繼提出了一系列對華政策文件，但其基本的指導思想並沒有發生多大變化，仍然是「遏制與孤立」中國。所有這些清楚地表明，美國政府從其反共意識形態出發，根本無意與新中國建立正常、友好的外交關係，這也就決定了在新中國成立後，中美兩國並不存在和解的基礎，雙方的繼續對抗已在所難免。318

綜上所述，美國在戰後很長時間裡並沒有認識到新中國的獨立性，而一直把中國看做蘇聯格局中的一個卒子。正如美國一個國務高級官員所說，蘇聯與新中國的關係就「像動畫創作者華特·迪士尼（Walter Elias Disney）319跟動畫角色唐老鴨的關係」。因此，美國最終放棄了重新與中共接觸的政策，確立了全面「遏制」新中國的對華政策。320美國對中國的全面遏制政策是隨著兩國在朝鮮的軍事衝突而展開的，卻沒有隨著朝鮮戰爭的結束而結束。相反，在朝鮮戰爭後的一大段時間裡，美國採取了極端的仇視和全面遏制中國的政策，這造成1950年代大部分時間裡美國的對華政策充滿了神祕、僵化的色彩，毫無現實性、靈活性可言。1957年6月28日，國務卿杜勒斯在舊金山發表的對華政策演講，就充分體現出這種特點。他說：「中國共產主義政權很快就會滅亡，這主要取決於我們美國人自己、我們的盟友以及中國人民，美國將盡其所能

使這一結果早日出現。與此相應，美國的對華政策就應該鼓勵海外以及仍在大陸的中國人，把在臺灣的『中國國民政府』視為全中國的『合法』政府。另外，美國應絕對避免任何從道義上、政治上、事實上有利於中共政權的言行。其中包括外交上不承認，反對它進入聯合國，實行貿易和文化上的禁運和封鎖政策，並且還要力求友邦及盟國與美國保持一致。」321這種仇視和全面遏制的思想，在美國對臺政策中也得到了具體的體現。從朝鮮戰爭爆發的第二天美國派第七艦隊進駐臺灣海峽開始，美國就走上了用武裝干涉臺灣問題之路。從「放蔣出籠」到援蔣反攻和三次台海危機，無一不是美國極端仇視和全面遏制中國政策的產物。

二、遏制與接觸

從1950年代末60年代初開始，隨著中國國際地位的提高，國際社會特別是美國的許多盟國開始走向與中國緩和的道路，在「遏制和孤立」中國問題上，美國面臨著極大的壓力。在這一背景下，美國中國逐步形成了一種要求結束杜勒斯時期僵硬的對華政策、與中國大陸進行接觸和交往的思潮。這種思潮的比較典型的反映是1959年11月頒布的《美國對亞洲的外交政策——美國康侖公司研究報告》，後來被簡稱為《康侖報告》（Conlon Report）。該報告在有關中國和對華政策的分析中指出，美國應該確認兩個基本事實，一是中國的政權是穩固的，而不是像當時許多美國人所認為的那樣「是一個暫時的現象」。報告稱「大部分跡象表明，現政府是近代中國曆代最堅強、最團結的政府」，「只要不和美國作戰，中國共產黨政府長期存在下去是非常可能的」。二是中國的政治、經濟和軍事迅速增長，「非常可能在二十世紀後期作為一個主要世界強國而出現」。所以報告提出，美國的對華政策不管具體形式怎樣，都應該根據上述假設來實施。322隨後，一些較為「靈活」的主張首次提上了美國決策者的議程，如承認中國不是一個「暫時現

象」、倡導與華「接觸」並考慮拋棄一味的敵對姿態、準備「引導」中國朝美國期望的方向變化等。323在最為敏感的臺灣問題上，甘迺迪政府也表示不支持蔣介石反攻大陸，準備放寬對華糧食禁運等，並聲稱「並不一味堅持一項敵視紅色中國的政策」。1962年又提出了所謂「微開門」的對華政策，甚至出現了甘迺迪第二任期將改變對華政策的觀點。3241963年12月初，美國國務院遠東事務助理國務卿希爾斯曼在「美國政策協會」發表演說時，提出了對中國的「新門戶開放政策」（New open door policy），強調中國雖然對美國極端仇視，然而美國仍然不放棄與中國嘗試和解的機會，美國願意打開一條與中國的交通之門，並且長時間保持開放，以等待中國政權可能的改變，促進中美關係、謀求美國的利益。325由是觀之，甘迺迪政府提出「微開門」政策這一概念具有較深刻的意義，它為後來詹森政府提出「遏制但不孤立」中國政策作了準備。從某種程度上說，這一時期是處於美國50年代「遏制並孤立」中國政策和60年代中後期「遏制但不孤立」政策之間的過渡階段。326

　　總而言之，進入1960年代後，美國政府的對華政策已是矛盾重重：一方面繼續極力對中國擺出「堅定」的一面，在重大問題上處處施壓，奮力招架；另一方面，從國際層面看，由於當時的世界形勢發生了重大的變化，其策略手段難免捉襟見肘，不得不做出一定的調整，開始現實地面對某些情勢。然而，由於美國在重大問題上對華依然表現出強硬的姿態，特別是在越南戰爭中不願露出「弱者」的形象，因此這一調整注定是有限的和表面化的。327儘管如此，這一時期無論是官方的對華認知與戰略調整，還是具體的政策設計，乃至民間的輿論改變，都在一定程度上為繼任者改善中美關係清除了障礙和奠定了基礎。從對華認知角度來看，詹森政府拋棄了杜勒斯時代視新中國為一「暫時現象」的錯誤認知，承認其政權穩固、力量不斷加強，是美國需要正視和認真對待的一個堅強對

手。在對華戰略方面，詹森明確拋棄了此前美國政府、特別是共和黨執政時期頑固堅持的「遏制與孤立」，正式確立了「遏制但不孤立」的原則，主張與中國進行有限的接觸，減少中美雙方對對方意圖的誤判，甚至借此影響中國大陸的對外政策行為，等等。所有這些都為表面上依然高度對抗的中美關係注入了一些新的、積極的因素。328

真正促使中美關係改變的時刻是在尼克森上臺之後。1960年代末，尼克森鑑於國際形勢的變化及他對中國未來會發展成為一個大國的看法，強烈地意識到美國再也經不起長久地孤立中國冷戰思維的牽制，提出要採取以「遏制加誘導」的方法來最終改變中國。這種對華政策指導方針同詹森政府的「遏制但不孤立」相比，是在堅持戰後傳統對華遏制的基礎上，使美國對華政策更加突顯一種緩和的色彩。「在尼克森的思想中，『緩和』並不是退卻，而是美國長期遏制政策的另一種表現方式。過去的遏制政策已經過時，新形勢要求美國採用新的遏制手段，而這必須是美國現有政治、經濟以及綜合能力所能承受的。因此，美國選擇『緩和』……就是要求改變過去那種到處插手，導致冷戰對峙和危機迭起、代價高昂的政策，在緩和的情況下，以較小代價，謀求保護美國全球利益。」329季辛吉也曾指出，緩和是一種順應時勢變化的新策略，事實上是一種「超級遏制」。330基於這種思想，美國開始尋求與中國的緩和之路。作為改善中美關係道路上最大障礙的臺灣問題，美國亦表現出了緩和的跡象。面對美國的「示好」，中國方面也表現出了積極反應。最終，1972年2月21日，美國總統尼克森訪華，這一舉動震驚了全世界，人們因此而對中美關係的未來展開了美好想像。遺憾的是，事與願違，美國雖然在70年代解除了對中國的全面遏制政策，與中國關係緩和，但是美國遏制中國的「魔念」並沒有因此而完全消失。331

自從尼克森政府打開中美關係大門以來，美國對華戰略理念幾經演變，終於形成兩個主要派別——「接觸派」和「遏制派」。「接觸派」主要由國際主義（相對於孤立主義）自由派和有商業利益背景的保守派構成，這兩股在美國政治光譜上遙相對立的勢力在對華政策共識下成了奇怪的同路人。這兩派對華主張的共同之處在於它們對中美實力對比較為客觀的估計，即中國的實力與美國相差甚遠，在相當一段時期不會構成對美國的挑戰或威脅。它們隨後從各自不同的政治邏輯推出了應當加強同中國接觸、往來而不應對其孤立、遏制的結論。自由派儘管也強調意識形態，但它拒絕從僵化的教條出發把共產黨執政的社會主義中國看成是美國必然的敵人。許多自由派人士認識到中國在改革開放後引入市場、加強民主法制建設、推行務實政策，使中美兩國在意識形態方面的對立不再是不可調和了。他們正是想透過增加同中國的接觸（不僅是友好往來也包括鬥爭、施壓）在中國國內實行和平演變，使中國在意識形態、價值觀和社會制度方面同美國更為接近，從而減少今後中國強盛後與美國為敵的可能性；同時，他們也認識到，任何世界秩序和國際體制缺少了中國都是不完整的，因此想透過增加同中國的接觸往來把中國融入美國主導的國際體制，讓中國接受這一體制的規則束縛，「學習成為國際社會負責任的一員」，由此加強和完善「美國治下的和平盛世」（Pax Americana）。另一方面，保守派對「改造中國」並不那麼積極，但對巨大商業利益的強烈興趣使他們竭力支持加強同中國的經貿關係，並為此同中國全面緩和。他們也相信經濟發展最終會使中國向西方靠攏，但作為現實主義者他們對美國安全的信心建立在保持美國實力的絕對優勢上。[332]要言之，遏制派信奉中國威脅論，強調採取「擠壓、敲打」中國的強硬政策，以削弱中國的實力，使之不能成為美國的安全隱患和競爭對手；接觸派則主張透過加強與中國的交往接觸而把中國納入美國治下的世界和平秩序之中，使中國接受體現西方利益和價值觀的國際機制的約

束。

　　從1989年開始的冷戰後美國對華戰略就一直被稱為「接觸戰略」，是老布希、柯林頓政府都口頭上聲稱、實際上奉行的對華戰略。處於轉折時期的老布希政府的對華「接觸戰略」既代表時代的變化，也帶有冷戰時期美國對華戰略的痕跡。其表現主要就是老布希「接觸戰略」的兩面性。一方面是開始突出與中國社會制度和意識形態的矛盾，對中國所謂「侵犯民主、人權」的行為實行全面制裁；另一方面仍不願完全失去中國在國際問題上的戰略合作，不願採取孤立中國的立場，仍努力保持和中國的接觸。老布希政府對華「接觸戰略」的目的，是在對中國進行制裁的情況下，避免完全孤立中國，保持和中國的接觸，以尋求中國在全球和地區安全事務上的合作。這一政策目標在美國爭取聯合國及國際社會支持對伊拉克侵占科威特採取軍事行動中得到了體現。

　　與老布希政府的「接觸戰略」不同的是，柯林頓在其任期前幾年將「接觸戰略」的主要目標鎖定在以壓促變，改變中國。1993年柯林頓政府上臺時，距離蘇聯蘇聯解體不過一年。在美國看來，蘇聯的解體標誌著冷戰的徹底結束，也標誌著西方的勝利。在對華政策方面，這既意味著美國不再需要借助中國對抗蘇聯，也意味著中國成了最後最大的社會主義國家，成為西方乘勝追擊、一舉搞跨整個社會主義的主要目標。當時美國出現針對中國的兩種思潮，其源既出於此。一種思潮是「貶低中國」，認為中國戰略上不再需要，美國不再需要中國。另一種思潮是意識形態「敵視中國」，認為中國是社會主義的最後堡壘，是美國及自發意識形態上的主要對手，是「擴展民主」的主要對象。柯林頓政府經過半年的探討決定依然對華採取「接觸戰略」，但同老布希政府的「接觸戰略」已經發生很大的變化，主要就是同中國接觸的目的不再主要尋求同中國保持戰略關係，而是透過接觸促使中國變化，要求、壓迫和迫使中國按照美國的意志和願望改變社會發展方向。後經中國政府的堅決

反對,柯林頓政府放棄以壓促變的做法,改用新的「接觸戰略」,其目標就是要透過與中國的接觸交往,將中國納入現今和未來美國領導、西方主導的國際體系,並用這樣的體系制約中國,規範中國的內外政策和行為。用美國領導人的話說,就是使中國成為體系內「遵守國際規則,負責任的國際社會成員」。如上所述,「接觸戰略」也可以稱之為「融合戰略」,它的戰略目標是將中國融入美國領導、西方主導的國際政治、經濟、安全體系中,用國際體系制約和影響中國。[333]

小布希政府則認為,對華既接觸又防範的戰略最能服務美國的國家利益。保持接觸可以擴大中國對美國的依賴範圍和程度,同時又能加緊防範中國可能危害美國利益的行為。換言之,透過接觸,不僅可以維護美國在華巨大的經濟利益,還可以影響、規範中國的行為,甚至可以促進中國國內制度的改變,將中國納入由美國主導的全球體系。但接觸不是簡單的接觸,而是限制性接觸,美國同時又要建立對中國的可能擴張進行有效限制和約束的機制,做好在軍事上和戰略方面的防範措施。[334]因此,可以預期,今後一個時期,美國對華戰略將可能採取交往與遏制、合作與制約相結合的做法,一方面維持與中國交往,以期雙方能走向合作關係;另一方面採取預防措施以應付中國可能轉為美國敵人的局面。總之,無論「接觸」還是「遏制」,或者「接觸+遏制」,都服從於半個多世紀以來的美對華戰略的根本目標,這一戰略本質內涵不會改變,只是在具體的政策和策略運用方面有所不同而已。

三、接觸與和平演變

1972年尼克森訪華,中美兩國的關係開始緩和。1979年中美關係實現正常化,除了共同對付蘇聯的戰略利益外,中國開始實行改革開放政策,也是促使美國發展對華關係的重要因素。對美國來說,中國的改革開放是符合美國利益的,改革開放將使中國變成一

個「經濟自由、政治民主、外交親美」的國家。這是1980年代中美蜜月出現的重要原因之一。335 1989年的政治風波，使美國看到中國並沒有放棄共產主義道路，而改革開放則使中國變得更為強大。於是美國的對華戰略急劇轉向，促進中國民主化進程是後冷戰時代美國推行對華接觸戰略的重要動因之一。那麼，如何來推進中國的自由和民主呢？「最重要的答案是：促進經濟發展。……為了中國的自由，最不應該做的是經濟制裁，因為制裁會使中國的社會分化放慢，並阻礙它對外開放。」336 對美國來說，與中國對抗也不符合美國的根本利益：一方面，美國會失去中國這個新興市場；另一方面，對抗也使美國失去了改變中國的機會和條件，用美國戰略家們的說法就是，只有與中國接觸，才能不斷地影響中國，使之朝美國所希望的方向演變；此外，在許多重大國家問題，特別是全球性和亞太地區安全問題上，美國也需要中國的合作。如果說在80年代，改革開放只是發展中美關係的重要動力之一，但不是最主要的動力，那麼在90年代，改革開放則成了發展中美關係的最主要動力。正因為如此，在整個90年代，儘管中美政治關係不斷出現波折甚至危機，但是經濟關係卻是越來越密切。337 要言之，美國與中國接觸的主要出發點是對其進行「和平演變」。因此，美國一直在對華戰略中、在對華外交中強調民主、人權，向中國施加各種壓力，干涉中國內政，要求中國按美國的意願和標準行事。338

事實上，自1950年代美國國務卿杜勒斯明確提出演變中國後，對中國進行和平演變一直是幾十年來美國對華戰略和對華外交的重要內容之一。例如，根據透過和平接觸促進演變的構想，詹森曾經考慮改變孤立中國的政策，謀求同中國建立關係。1966年，詹森就亞洲和中國問題發表聲明，宣告美國要堅持同中國大陸進行人員交流的政策。在《真正的戰爭》一書中，尼克森則提出一種促成和平演變的長期戰略。這一戰略「如果逐步實行，不那麼直接威

脅某個時候的當權者，就能逐漸看出結果」。他對中國的開放政策能否帶來政治自由這樣說過：「經濟自由是否最終導致政治自由，這要取決於美國是否繼續敞開大門，允許同中國的自由市場經濟進行自由的貿易。」與此同時，他在《超越和平》一書中極力反對美國對中國施用經濟懲罰和對抗的政策。他認為：「如果我們為了懲罰中國領導人侵犯人權而減少與中國自由市場企業的貿易，我們將削弱那些主張增加政治自由的人民的力量。」這是他在「六四事件」後反對遏制中國的一貫立場。339 概言之，尼克森認為，儘管中國改革的「明確目標不是更多的政治自由，但如果經濟改革奏效，政治改革可能接踵而至。」中國的改革已經邁出了一些很有希望的新步子，「新的希望之路已走了這麼遠，走回頭路的可能性極小」。只要中國沿著已經開始的改革道路走下去，最後轉向西方是注定無疑的。因此，美國應該大力支持中國的改革，推動中國的自行演變，而不要使它夭折。340

而將演變中國、改變中國提到美國對華戰略和對華外交的根本目的和目標的高度，卻是冷戰結束後柯林頓政府對華外交的鮮明特徵。1993年1月13日，在柯林頓政府執政前夕，被提名為國務卿的沃倫·克里斯托弗（Warren M.Christopher）在參議院外交委員會審議提名的聽證會上宣稱，美國需要「重新考慮對中國的政策」。美國的政策將是「謀求促進中國出現從共產主義到民主制度的廣泛的、和平的演變，辦法是鼓勵那個偉大的、非常重要的國家實行經濟和政治自由化的勢力」341。由此可見，美國領導人、政府官員和政治家等毫不掩飾地說：美國「接觸戰略」的內容和目標之一就是要促進中國的變革，和平演變中國。一定要在對華戰略中堅持擴展美國的價值觀，推行美國的意識形態，推行美國式的民主人權原則和標準，推行美國的市場經濟制度。他們認為：必須加強和擴大同中國的接觸，如果美國希望促進中國實現和平演變；美國關心人權問題，它仍然在我們的關係中是根本的；改善中國的人權行為是

美國對華政策的基本部分,是「全面接觸」戰略的一個重點。342一言以蔽之,出於自身利益,美國希望能夠改變中國,使其至少不會成為美國未來的威脅。

綜上所述,從中美關係發展過程來看,美國的對華政策存在階段性特徵,甚至不乏「權宜」成分。但從戰略層面而言,不論是遏制、接觸還是接觸加防範,和平演變中國、「改變中國」是美國一以貫之的長期目標。從二戰結束到1960年代末期,美國在對華戰略上採取全面遏制政策:政治領域全面對抗;軍事上透過區域性結盟對中國進行圍堵;經濟上透過巴統等進行封鎖。最終目的是透過上述行動徹底顛覆大陸政權。如這一目的透過高壓急切無法實現,也要透過和平演變使中國在幾代人以後改變顏色。冷戰時期,美國對華一直存在著「和平演變」的政策考慮。只不過由於國際形勢的變化,以及兩國關係緊張程度的差異,該政策在不同時期居於美國對華外交的不同地位。它在1950年代中期和80年代有比較明顯的體現。隨著蘇東劇變、冷戰結束,美國中國對華和平演變的鼓噪復又甚囂塵上。在後冷戰時代、美國強化外交政策中意識形態因素的背景下,美國決策層中有不少人仍然習慣用冷戰思維來看中國,他們主張「以壓促變」,希望透過交往對中國的行為加以規範,希望透過經貿往來和民主、人權、宗教等領域的施壓把中國的前進道路限制在很窄的空間內,迫使中國和平演變,全盤接受西方制度。「目前,在美國認同中國政治制度的人微乎其微。這樣,美國主張與中國保持積極接觸的人與主張中國採取強硬態度的人在批評中國政府這一點上並無異議,不同之處則體現在透過什麼手段促進中國政體的改變。」343

與此同時,美國力圖把臺灣樹為亞洲國家實現「民主化」的榜樣,利用「臺灣經驗」抵消中國在亞太地區的影響,最終促使中國在政治上發生有利於美國的演變。目前,對中國的「和平演變」已

成為美國力圖加緊實施的一項戰略措施，而臺灣正是美國實施這種「滲透」的理想角色。這是因為，一、臺灣在很大程度上接受美國政經模式、價值觀念等，臺灣在經濟上又取得了較大成功，美國可以利用「臺灣經驗」對大陸進行宣傳活功。二、臺灣大陸一衣帶水，比遠隔重洋的美國更具直接影響力。三、兩岸關係進入新時期後，每年都有大量臺灣人來到大陸，憑藉語緣、商緣、種緣、親緣等便利條件，臺灣人與大陸人的交往已達大陸各地，深入千家萬戶。四、臺灣嚴重依賴美國，在「和平演變」大陸方面與美國有著共同利益。344事實上，臺灣在很大程度上已成為美國和平演變中國的工具。臺灣模式證明「一黨制的儒教社會可以轉變為多黨民主」345。換言之，在政治上美國支持臺灣「民主化」，希望中國發生和平演變。而存在一個「臺灣模式」可以鼓勵中國和平演變。

第四節　小結

臺灣問題長期以來是中美兩國關係中的消極和破壞性因素。冷戰結束後，中美兩國中原有的戰略基礎不復存在，兩國在正常化過程中一度擱置的臺灣問題重又突出起來。在美國的「一個中國」原則下，保持美臺實質關係，既發展美中關係，又透過美臺關係來調整美中關係的親疏程度，這就是美國對華對臺政策的思想基礎。這表明，在冷戰的背景下，追求對蘇緩和政策的失敗，使美國不得不把中國視為能影響它在全球廣泛利益的重要因素，這就決定了臺灣在美國對外政策中地位的下降，因此，在中美關係正常化的過程中，中國能夠成功地維護國家和民族的利益，迫使美國做出承認中華人民共和國是中國唯一合法政府的重大讓步。但中美兩國在臺灣問題上的重大分歧並未根本解決，由於美國始終把臺灣問題這樣一個關係到中國主權的重大原則問題看成是兩種政治制度之間的競爭，因此，美國的對華政策，始終與臺灣當局的命運緊緊聯繫在一

起，其「一個中國」的政策設想，始終立足於用臺灣牽制中國，明裡暗裡搞「兩個中國」。346近年來，由於美國重新發現臺灣的價值，就愈來愈看好臺灣這張牌。美國一些人認為，「維護自由民主的臺灣，對美國在亞洲的安全利益，至關重要」，說美臺有共同的戰略和經濟利益，要保護和提升這些價值和利益。以上事實說明，美國把中國視為「潛在威脅」、未來主要遏制和防範對象以及西化中國的目標始終未變。這一點既是美國對華政策兩面性的長遠戰略考慮，又是現實的需要。換言之，在美國眼裡，中國大陸的政治制度和美國的政治制度格格不入，為了實現資本主義意識形態一統天下的全球戰略，必須對中國加以演化。因此，在冷戰思維的影響下，美國不斷加強中國發動「新的冷戰」347，竭力扶持臺灣的民主化進程，加強對臺軍售，企圖利用臺灣地區的「民主」發展來影響中國大陸，使臺灣成為「中國大陸最終改革的重要因素」，為整個美國對華戰略和全球戰略服務。

　　總之，中美關係要進一步發展，一個繞不開的問題就是臺灣問題。妥善處理「核心和敏感的臺灣問題」依然是中美關係健康順利發展的前提。美國政府如能真正恪守三個聯合公報的精神，停止對臺灣問題的非法干涉，支持中國實現和平統一，中美關係的發展將會因為消除了主要障礙而迎來更加美好的未來。348然而，歷史與現實告訴我們，美國政府至少在可預見的未來不可能做到這一點。事實上，美臺關係歷史的變化軌跡表明，在國際格局、尤其是中美關係發生變化的情況下，美國是可能繼續調整其對臺政策的。然而，萬變不離其宗。雖然美國方面在解釋《與臺灣關係法》和「美國不支持臺灣獨立」的立場時一再說明，美國對於最後如何解決臺灣問題沒有立場，美國所關心的是解決的過程必須是和平的，最後的解決辦法必須是兩岸共同接受的。349但美國仍然企圖借助臺灣實現其「西化」中國這一不變的對華戰略。換句話說，臺灣可以向大陸展示所謂「西方民主」，成為影響中國大陸變化的重要工具。

如果人們對美國長期不變的對華戰略目標進行深入全面研究的話，可以發現，美國自知不能使用武力顛覆社會主義中國，因此一直想以「和平演變」的方式改變中國。一般而言，如果中國和平統一的話，就是為「和平演變」中國打開了大門。所以，美國方面名義上支持中國和平統一，實際上卻是在借「臺灣民主化」擴展美國的民主觀念，最終實現其「改造中國」的戰略目標。

第四章　中美關係緩和前美國的對臺政策

在分析美國民族主義與「改造中國」使命、臺灣問題與美國對華戰略的關係之後，接下來的三章內容將探討1949年以來美國對臺政策的演化情況，其中主要從美國民族主義與「改造中國」使命的視角出發考察不同時期美國對臺政策的調整與變化。

第一節　美國對臺政策的演化

當國民黨政權對大陸和臺灣都能實行統治的時候，對美國來說臺灣並無特別重要的戰略意義。可是當中國共產黨取代了國民黨在大陸的統治地位，在美國看來它不僅失去了與蘇聯對抗的大陸，而且還多了一個抗衡的力量──中國共產黨。這樣位於西太平洋上的臺灣，其戰略地位就顯得特別重要起來。這裡不妨錄麥克阿瑟在朝鮮戰爭爆發後寫的一份說帖以證之：「臺灣是美國太平洋防線，自阿留申群島經日本、沖繩、而至菲律賓之一環，存於友好國家之手，遇有戰爭、可扼敵人由東亞出攻之航線，可斷敵人對於東南亞自由徵取；存於不友好國家之手，敵人平時可假為空軍與潛水艇之基地，戰時可衝破日本、沖繩、菲律賓連鎖之藩籬，且使其（臺

灣）成為一座不能擊沉的航空母艦，使其對美攻擊之能力增加百分之百。」350臺灣的戰略地位正是隨著國民黨政權在大陸的失勢而對美國顯得更為重要，所以從1948年底到1949年初，杜魯門政府開始把臺灣作為一個特殊的問題提上議事日程，由此拉開了美國對臺政策演變的序幕。美國對臺政策歷經六十餘年的演變，可以將其歸結為「一、二、三」，即一個宗旨：服從於美國對華戰略，實為「改造中國」之需要；兩個方針：一是「以臺制華」方針、二是「以臺變華」方針；大致經歷了三個階段：中美關係緩和之前、中美建交前後以及後冷戰時代的演化。

一、一個宗旨

美國對臺政策服從於美國的對華戰略需要，它可被解讀為「改造中國」使命的體現。這個使命的作用延續至今，也就是長期以來，美國把臺灣視為在亞太地區移植和擴展美國式民主政體和價值觀念的重要一環，更是其影響中國大陸政治進程的一個重要組成部分351、或者說臺灣是美國對中國大陸進行「和平演變」的工具。

新中國成立前後，杜魯門政府曾打算在臺灣問題上採取「脫身」政策，目的是保持與中國大陸的接觸為「改造中國」創造條件。至朝鮮戰爭前夕，美國一直在試圖「透過適當的政治、心理和經濟手段」利用中共和蘇聯之間，以及中國史達林主義者和其他分子之間的分歧，保持美國在中國的形象和影響力，意圖有朝一日重新擔負起「改造中國」的使命。朝鮮戰爭的爆發暫時中斷與中國大陸的接觸。在冷戰對峙時期，「以臺制華」、遏制中共並促使中國大陸內部崩潰，同時扶持臺灣有朝一日返回大陸成為美國的政策重點；但到了1950年代末，美國意識到「遏制加孤立」的政策並不能促使大陸內部發生改變，「和平方式」開始醞釀，於是，「欲改造中國，必先改造臺灣」的設想被逐步提上政策議程。這時美國的做法是，繼續支持國民黨政權在臺灣保留下來，同時開始壓迫臺灣

當局按照美國的意願對其「民主化改造」並以此影響中國大陸。1970年代中美關係緩和之後，中美之間的直接接觸雖為演變大陸創造了有利條件，但美國依然認為應該加速臺灣的「民主改造」，「以臺變華」的方針由此逐漸明朗化，亦即利用臺灣的「民主樣板」作用，促進中國大陸的「和平演變」。其結果，從1970、80年代開始，臺灣當局在美國的壓力下進行「民主化」改革，最終形成美國式的政治運作模式，完成在美國棋盤上由「反共橋頭堡」到「民主楷模」的角色轉換。在這種情況下，臺灣的「民主」就成了美國價值觀的體現，臺灣也成為美國的「民主盟友」，其意義就顯露出來──美國要遏制和促變中國的社會主義，「存在一個成功的改變模式對美國是有利的。『新臺灣』就是這樣一個模式」。352換言之，美國要促進中國大陸的「和平演變」，必然要利用臺灣的所謂「民主經驗」做文章，以影響大陸的政治進程。「臺灣的成功，又為以下主張提供了極好的、令人鼓舞的證據，即民主與中華文化是相融的，它的範例對大陸中國未來的演進，有著重要的和長遠的意義。」353

　　冷戰結束後，美國對臺政策中「以臺變華」的方針日益明顯，臺灣實際上充當了美國向中國大陸推行「和平演變」的「據點」和前沿陣地。一些美國人認為：作為反對前蘇聯的中國牌不再需要了，現在是拿出一張新牌來打的時候了，那就是「自由中國牌」。354總之，若要演化中國，臺灣無疑是一張不可多得的好牌：在所有國家（地區）中，「臺灣最有機會影響中國的現代化，使之沿著符合美國利益的軌道發展」。355因此，美國認為，應該鼓勵兩岸交流，在交往中，臺灣的「民主經驗」和示範作用將在潛移默化中影響、演化中國大陸的政治進程。與此同時，美國為應對中國大陸的崛起不放棄「以臺制華」的方針，儘管其含義已今非昔比了。由於臺灣對美國在政治、軍事和戰略上有著特殊的重要價值。所以，「在臺灣問題上，美國的政策就是把住不放。」356

從整體上而言，美國對臺政策的調整與變化，主要從兩個方面服從於其對華戰略。

首先，是防範、制約中國。美國透過增加、提升對臺出售武器裝備、軍事技術的數量和質量，向其提供「安全保證」，發展美臺間的「實質關係」，達到維持兩岸「不戰不統」狀態，以對中國國力發展和對外影響擴大，起著長久的牽制作用。防止中國強大後，向亞太地區乃至全世界擴張勢力，與美國爭奪勢力範圍，損害其政治、外交和安全利益。一言以蔽之，當美國公開敵視中國的時候，臺灣可以被作為對付中國的「不沉的航空母艦」，當美國出於其全球戰略的需要而不得不聯合中國時，臺灣就成為留在手中用於牽制中國的一張底牌，而當美國要重新開始遏制中國的強大時，臺灣又成為美國對付中國的一張王牌。357

其次，更重要的是要引導中國大陸「和平演變」成為一個符合美國意願的「民主國家」。從意識形態角度看，美國與臺灣社會制度、意識形態相同。臺灣可以成為美國在亞洲推行「民主制」，擴大美國價值觀影響的楷模。而中國大陸與臺灣不同。「美國作為一個自由國家在意識形態上同中國是天然的冤家對頭」。這種意識形態、社會制度上的對立使中美關係在打開正常化大門之初就表現出極大的侷限性。正如尼克森指出的：「至少在目前美國和中華人民共和國關係的發展有一個不能超越的限度。我們不是盟國。……我們是新結交的朋友，是在多年的相互敵視甚至仇恨和交戰之後，冷冰冰的共同利害關係的計較使我們走到一起來了。這種利害關係可能起變化，友誼也會隨之而變。在變幻不定的國際現實面前，我們之間沒有什麼共同的經歷、鬥爭或理想可以使我們永不分離；除非中國發生一場大規模的政治改革運動，否則我們對於如何治理國家的基本觀點仍將是針鋒相對的。因此，在很大程度上，這一頗有發展前途的關係仍受制於雙方都無法完全控制的各種事件。」這種美

中意識形態上的對立和分歧自然加重了臺灣在美國促進中國大陸演化的「樣板」和「橋頭堡」的作用。358所以，美國要透過支持一個已經具備「民主化經驗」的臺灣，來影響、引導、甚至規範中國大陸政治改革進程，以期使其成為「民主國家」陣營中的一員。

　　總之，在美國決策者心目中，臺灣位於中國東南沿海和西太平洋第一島鏈的中央，扼海上交通要衝，具有持久的地緣戰略價值；美國還認為，臺灣透過改革移植了美國的政治模式，已變為「亞洲地區國家的民主楷模」，是中國大陸政治改革應當仿效的榜樣。359質言之，繼續把臺灣置於美國的實際控制之下，阻撓其與大陸實現統一，可使臺灣成為美國為主宰亞太而構築的西太平洋防線的關鍵環節，成為美國在國際大棋局中阻遏中國迅速崛起，維護其「一超」領導地位的一顆無可替代的「棋子」，成為美國對中國推行「西化」、「分化」360戰略的橋頭堡。

二、兩個方針

　　回顧美國對臺政策的演變歷史，以臺制華、以臺變華貫穿於其中，是兩個主要的對臺方針。前者在冷戰前期表現為試圖透過遏制中共政權促其崩潰，中美關係正常化之後則表現為利用兩岸的分裂狀態來牽制大陸的發展；後者大概經過三個階段的變化（詳見本節的第三部分），與美國對華戰略的演化有關，但貫徹始終，根源在於「改變中國」的戰略需要。

　　方針一，利用臺灣問題制衡中國，即所謂的以臺制華。

　　冷戰時期，出於「遏制」中國的戰略需要，美國努力將臺灣打造成「不沉的航空母艦」，臺灣成為美國遏制中國的重要棋子和亞太戰略佈局的橋頭堡。為此，美國在政治、經濟、軍事和安全等方面全力扶植臺灣當局。朝鮮戰爭期間，杜魯門拋出「臺灣地位未定論」，派第七艦隊進駐臺灣海峽，阻撓中國統一。1954年12月，

美國又與臺灣當局簽訂《美臺共同防禦條約》，正式將臺灣納入美國的遠東軍事同盟體系。中美建交後，美國沒有放棄打「臺灣牌」，繼續依靠對臺軍售，牽制大陸。冷戰結束後，蘇聯因素的消失使美國更加注重利用臺灣來牽制中國，再次打起「以臺制華」的戰略牌。美國全球戰略追求的重要目標之一，就是防止一個能對美國的國際地位形成挑戰的大國的出現。在美國看來，中國很有可能成為打破現狀的力量，對美國的地位形成挑戰。因此，阻滯中國的崛起就成為美國對華戰略的基本著眼點，而阻撓中國實現統一則是阻延中國崛起的重要一環。正是從全球戰略和對華戰略出發，美國把臺灣作為一枚重要棋子加以利用。美國認為，臺灣問題對牽制中國具有獨特價值，只要中國沒有實現真正的統一，兩岸「不統不獨」的現狀繼續下去，中國相當多的一部分力量和資源增長就會被消耗在臺灣問題上，中國的崛起就會在某種程度上受到抑制。與此同時，在對華遏制與接觸的兩手中，加強了遏制的一手。正是在這樣的背景下，美國加強了「以臺制華」的力度，使美臺關係得到了提升，這在小布希執政初期表現得尤其明顯。

　　簡言之，美國是臺灣問題的始作俑者，「以臺制華」是美國長期推行的戰略。從美國第七艦隊進入臺灣海峽開始，臺灣即成為美國遏制中國的一個「棋子」。隨著美國全球戰略的調整變化，台海政策也相應地進行策略調整，臺灣的「價值」時起時落，但不變的是，臺灣始終是美國手中遏制中國的一張牌。冷戰結束後，隨著世界格局趨向多極化，美國左右全球事務的能力已明顯削弱。美國不可能像當年對付蘇聯那樣召集盟國對中國進行聯合一致的遏制。在這種情形下，利用臺灣來牽制、分化中國就成為美國的最佳選擇，美國朝野鼓吹對中國打「臺灣牌」的呼聲愈來愈高。實際上，這凸顯了美國的戰略意圖，即美國不希望兩岸在短期內統一或獨立，這樣美國依然可以發揮其在台海問題上的主導權，美國依然可以以臺灣來制約中國大陸。

方針二，利用臺灣的「民主經驗」、「民主成就」向大陸展示西方「民主」，以影響中國大陸的變化，即所謂的以臺變華。

冷戰結束以後，美國為了推進海外民主，把臺灣鼓吹成美國在亞太地區推進「美式民主」的「榜樣」。「在美國的施壓和推動下，臺灣透過『憲政改革』基本確立了美國式的民主模式，實現了『總統直選』。政治體制開始在民主的程序下運作，臺灣也因此成為美國在亞洲推展『民主的樣板』，成為美國『具有相同價值觀念的盟友』。」361這樣，可以利用臺灣的「民主經驗」、「民主成就」向大陸展示所謂西方「民主」，以影響中國大陸的變化。這就是美國所強調的臺灣所擁有的「民主價值」。362事實上，美國把臺灣當做對華推行「民主」價值觀念的前沿陣地由來已久，只是由於在冷戰時期從遏制中國的現實需要，美國政府並沒有真正利用美援槓桿來推動臺灣的政治改革進程。隨著中美關係、兩岸關係的逐步改善，進入1980年代後，一方面，美國不斷敦促臺灣當局推行美國式的政治制度，要求國民黨解除戒嚴，開放黨禁，實行「多元政治」、「多黨競爭」、「共管臺灣」，美國認為「民主的反共政權」比「集權的反共政權」更符合美國的需要，並以此作為繼續支持臺灣當局偏安局面的條件。另一方面，由於臺灣與中國大陸具有特殊的淵源，比遠隔重洋的美國更具有直接影響力。因而，美國希望透過加強與臺灣當局的合作來影響中國大陸，達到推行「和平演變」的政治目的。正是出於上述考慮，後冷戰時代美國對臺政策更加突出了「臺灣經驗」的作用，使之成為對華「和平演變」的前沿陣地。

從美國對華戰略來看，它具有兩面性：一方面對中國進行防範和遏制，另一方面又與中國保持合作和接觸。中美建交以來，美國對中國一直是兩手並用，儘管有時強硬（遏制）的一手相對突出，有時候合作（接觸）的一手較為突出，但是美國從來沒有只使用一

手,而完全放棄另一手。在未來較長時期內,這種狀態很可能將持續下去。隨著中國繼續走向強大,這將使美國更加擔心中國的強大會引起亞太地區力量對比的變化,動搖美國在本地區的主導權。因此,美國會繼續推行「以臺制華」方針,利用臺灣問題來牽制中國的發展和對外影響的擴大。與此同時,由於「改變中國」是美國長期不變的對華戰略目標,臺灣作為與中國大陸僅一道海峽之隔的所謂「民主化」地區,以其特殊的地理位置和政治地位,當然地擔負起了促使中國大陸轉變的重任。因而,美國將不遺餘力地推行「以臺變華」的方針,力圖以臺灣的所謂「民主經驗」來影響大陸的政治進程。美國的意圖是,利用臺灣與大陸日益緊密的經濟聯繫和人員往來,借助臺灣與大陸毗鄰的地緣環境,以「臺灣經驗」來影響大陸的改革方向,從而達到「和平演變」中國的目的。

三、三個階段

由於本書的研究焦點,下面重點按照「以臺變華」的發展歷程來劃分美國對臺政策的演化過程,主要分為三個階段。

1.中美關係緩和之前的美國對臺政策:「以臺變華」從醞釀到確立

(1)新中國成立前後。新中國成立之前,美國的對臺政策經歷了一個複雜的演變過程,即從二戰後期美國對臺不介入到中國內戰期間美國對臺的積極乾預:一、二戰後期美國對臺不介入政策。1945年10月臺灣回歸中國後,美國政府基本上採取了不介入政策,直到1947年末。美國之所以力主將臺灣歸還中國,主要出於其自身利益的考慮。首先,借此拉攏中國特別是蔣介石抗日;其次,削弱日本,防止戰後的日本作為軍事強國而東山再起;再次,出於其亞洲戰略構想的需要。美國早已設想把中國納入其勢力範圍,必要時可隨時在中國特別是臺灣建立軍事基地。因此,二戰後期美國確立了拉攏、扶植、控制蔣介石,大力提升中國國際地位,

把以中國為軸心的亞洲納入其勢力範圍的亞洲戰略。二、中國內戰期間美國對臺干預政策。日本投降後，蔣介石再次挑起了內戰。與此前不同的是，此時這場繼續進行的內戰已被納入美蘇冷戰體系，成為美蘇全球對抗的一個組成部分。但中國的戰局超出了美國的預想，針對中國人民解放戰爭在大陸的節節勝利和國民黨統治導致的臺灣社會矛盾的激化，到1948年底，美國終於認識到，國民黨政府在軍事上的垮臺已經開始，美國不情願在一場失敗了的事業上再投入更大的資本，於是，美國實施對臺干預政策。美國陰謀分離臺灣，「透過政治和經濟手段，阻止共產黨統治臺灣。」為此，美國尋找、扶植替代勢力，設法阻止蔣介石赴臺。然而，美國先後試圖扶植的魏道明、陳誠、孫立人等人都不得要領，1949年5月底蔣介石來到臺灣。此後，美國又先後推出了聯合國「託管」和「驅蔣出臺」的方案，但都因缺乏現實的基礎而趨向流產。新中國成立後至朝鮮戰爭爆發前，由於美國決策層認為可以透過在臺灣問題上的讓步來達到離間、分裂中蘇關係的目的。因此，美國一直採取模糊不定的「棄臺」政策。隨著朝鮮戰爭的爆發，美國終於未能從中國內戰「脫身」。如此一來，從1948年底以來，美國在臺灣問題上反覆研究，設計了種種方案，試圖與國民黨政權這艘「沉船」拉開距離，最大限度地維護美國在西太平洋地區的戰略利益。但是，此時的杜魯門政府奉行的是一套互為矛盾的對華政策，所有對臺灣政策的考慮只不過是權宜之計，其最後的結果只能是與國民黨重新結合在一起。及至朝鮮戰爭爆發，美國的政策也最終明朗化。

（2）三次台海危機期間。艾森豪威爾政府1953年上臺以後，隨著對於「解放」政策的鼓吹，美國政府制定了所謂「放蔣出籠」的政策，取消臺灣海峽「中立化」的做法，並簽署《美臺共同防禦條約》。艾森豪威爾政府對臺灣問題的種種考慮與立場都為後來的甘迺迪政府、詹森政府所繼承。1950、60年代這幾屆美國政府對臺灣政策的基本考慮是：①扶持國民黨蔣介石政權，承認它為中國

的合法代表,支持其在聯合國的代表資格;②支持所謂「自由中國」臺灣,宣稱要使其成為全中國人民及海外僑胞嚮往的自由與民主的聖地;③武裝臺灣以取得軍事、戰略上的好處,強調臺灣作為島嶼防禦鏈鎖中一環的重要性。363這一時期中,於1954、1958和1962年發生的三次台海危機清楚地說明,以上美國對臺灣政策的基本考慮包含著極其深刻的邏輯和現實矛盾。這種種矛盾決定了美國對臺政策不可能走得太久,必須在適當的時候加以改變。隨著中國國際地位不斷提高、國際影響日益擴大,美國於60年代初開始不得不逐漸調整其對臺政策。

概括來說,這一時期美國的對華、對臺政策處在深刻的矛盾之中。就中美關係而言,一方面美國將中國視為最危險的敵人,認為在越南問題上中國可能比蘇聯對美國的利益和安全威脅更甚。另一方面,現實環境逼迫美國決策者必須正視中國不斷崛起的事實。從美國對臺政策來看,臺灣仍然具有「冷戰棋子」的功用,美國同中國打交道時可以不斷打出「臺灣牌」,但美國決策者又不能讓臺灣的舉動導致與中國直接對抗,打亂美國的全球戰略部署。這些矛盾的存在與發展,對美國對華政策及對臺灣問題態度的調整和走向具有深遠影響364從1965年7月起美國結束對臺灣的經濟援助,同時大幅度地削減了對臺灣的軍事援助。到了1968年下半年,由於美國深陷越戰難以自拔,再加上中蘇分裂的加劇,美國中國出現了要求制定新的對華政策的趨勢,中美關係一度透露出某種緩和的跡象。然而,因為詹森即將離任,再加上越戰的失敗致使其聲名狼藉,所以詹森政府無力也不可能在改善中美關係、調整美國的對臺政策方面採取重大舉措。這樣的歷史重任落到了當選總統尼克森的身上。

這一時期美國對臺政策發生重大的變化,那就是「以臺變華」的方針經歷了從醞釀到確立的過程。雖然臺灣對美國具有如此重要

的戰略價值，但卻始終因為島內的政治問題而無法發揮更大的作用。長期以來，臺灣在蔣介石的統治下，政治上一直處於集權專制狀態，與美國的經濟、政治制度不相符，也與美國民主、自由的觀念相悖，從而使美國在很大程度上無法與臺灣建立起「正常的」、符合美國習慣的溝通渠道。蔣介石的專制統治和其不按美國規則行事的做法也時常破壞美國的設想，以至於美國無法在更大程度上控制和利用臺灣。這在一定程度上嚴重影響了臺灣戰略價值的發揮，從而影響了美國的利益。在杜魯門、艾森豪威爾政府任內，由於反共重於一切，雖然美方對國民黨統治集團一黨專政的獨裁統治不滿，但出於維護臺灣當局民心士氣的需要，美國並未利用美援作為槓桿，向其施加太大的壓力，要求其進行政治改革。在1950年代後期的艾森豪威爾時代，美國決策層部分人士，特別是軍方決策機構，如參謀長聯席會議，對國民黨當局仍然寄予一定的期望，仍然認為國民黨當局有可能真的有朝一日重返大陸，推翻共產黨政權，恢復對大陸的統治。此時美國決策層眼中的臺灣只是美國在遠東戰略同盟體系的重要環節，是美國為首的西方陣營遏制中國大陸的重要基地，而對臺灣未來走向的定位則無清晰認識。365

進入甘迺迪時期，決策層對臺灣和國民黨當局的定位開始發生變化。一個突出的特徵就是，此時的決策層多數人不再認為國民黨當局能夠收拾人心，重回大陸，取代共產黨的統治，而是認為國民黨偏安臺灣的狀態已經難以改變了。相反，塑造一個所謂「政治民主、經濟自由」的新臺灣，逐步被提上議事日程。早在1961年10月26日，國務院政策規劃委員會頒布的對華政策研究報告，在談到美國對中共周邊國家的政策時，就在其第F章單列一條，即F章第33條，講述美國對臺灣政治走向的目標，這一條談到，行政當局要「繼續運用美國的影響力和援助影響臺灣，不僅要透過與國民黨政府的聯盟保護臺灣的安全，而且要適時地推動臺灣出現一個以大眾支持為基礎的政府，並將我們對於國民黨政府目前之結構與行動

的過度認同減少到最小限度」。可見促使臺灣實現「民主化」是甘迺迪當局上臺時既已確立的目標。民主化從此成為美國關於島內演變的重要目標。甘迺迪時期的三份主要的國家安全基本政策文件，即1962年3月26日的完整版，1962年8月2日的簡化版和1963年3月25日的國防部修改版，都談到「我們要運用我們的影響力和援助，推動臺灣以大眾支持為基礎的政治進程」。366 1964年9月11日國務院政策規劃委員會頒布的對臺政策報告更是對「民主化」的目標進行了詳細論述。這份報告一方面談到對臺灣實現民主化的期待，另一方面，這份報告還談到美國政府為實現臺灣「民主化」的目標可以採取的手段等作出了最詳盡的論述與設想。367 隨著這份文件經由國務卿魯斯克的批准而生效，美國對臺政策中的「以臺變華」方針正式得以確立。

2.中美建交前後的美國對臺政策：「以臺變華」從付諸實施到明朗化

尼克森總統上臺後，針對國際格局的變化和美國力量的相對減弱，開始對其全球戰略進行調整，決定從亞洲收縮力量，改善同中國的關係以抗衡蘇聯的攻勢。1972年2月，尼克森總統訪華，中美關係得以改善。1979年1月中美兩國經過艱苦的談判，完成了歷時多年的關係正常化過程，正式承認對方，建立了外交關係。美國在履行中國提出的建交三原則的同時，又通過了《與臺灣關係法》，它規定了中美建交後美國政府對臺政策的範圍與內容。《與臺灣關係法》明確了美國對臺政策中的「聯繫」原則，即所謂的對臺軍售與和平解決聯繫，同時又聲稱推行不介入中國統一的政策。這就是所謂的美國政府對臺「三位一體」的政策，它構成中美建交後美國對臺政策的主幹。這種政策仍然帶有防禦與維持現狀的性質。多年來，美國的對臺政策在外交上和戰略考慮上已發生很大變化，但美國準備用武力保衛臺灣的安全這一義務實質上並未改變。這一時期

美國雖然在國際法的意義上承認中華人民共和國是中國唯一合法的政府，但實際上仍與臺灣保持有多方面的密切關係。例如，雖然美國斷絕了與臺灣的官方關係，但是保留了除此以外的一切聯繫，美國與臺灣在對方所設的辦事機構（臺灣的「北美協調委員會」、美國的「在臺協會」）都享有外交豁免權。又如，雷根政府雖然在1982年與中國簽署《八·一七公報》，卻在此之前對臺灣作出所謂的「六項保證」368，從而不斷在對臺軍售問題上製造麻煩。

概括地說，這個時期美國的對臺政策：一方面對中國保持友好，用經濟、貿易、軍事、科技等利益保持與中國較親近的關係；另一方面又在臺灣問題上保持不確定性和靈活性。「憑藉著三個《聯合公報》和一個《與臺灣關係法》，美國在中、美、臺三方之間建立了一個雖不盡滿意但大致可接受的運作架構，從而維持一種平衡微妙的關係。」369雖然美國承認無論從歷史還是法律角度考慮，臺灣都是中國領土不可分割的一部分，但美國企圖透過其慣用的兩手辦法，既想保持同臺灣一定距離以謀取與中國的合作關係，又想將臺灣置於自己的控制之下。

與此同時，1970年代隨著中美關係的改善，美國的國際戰略發生了重大變化，美國意識到「寧可要一個『民主』、『自由』的臺灣影響中國大陸，而不需要一個專制獨裁的臺灣刺激、對抗大陸。」美國的對臺政策也由此發生了相應的調整，由「支持臺灣國民黨以武力對抗大陸，轉變為支持臺灣當局用資本主義的自由化和多元化影響和牽制大陸」370。換句話說，一個親美獨裁的臺灣政權已經不再符合美國的亞太戰略利益。此時的美國需要能夠體現其民主自由價值觀念的樣板政權來顯示它在意識形態上對全世界的影響力。獨裁的國民黨政權不僅引起了島內民眾對當局的強烈怨恨，而且破壞了美國的形象。隨著對中國大陸的戰略利益傾斜，美國無法再繼續容忍國民黨的集權統治，開始調整其對臺政策，於是改變

臺灣政權的專制獨裁性質成為美國對臺政策的重要目標。由於美國在臺灣推行「民主、人權」戰略成功與否，不僅關係到美國外交中「理想主義」目標在臺灣的實現程度，也關係到美國在亞洲推行「民主、人權」戰略的前途，因而美國十分重視臺灣的「民主化」進程。80年代，美國開始不斷增加對國民黨當局的壓力，敦促其進行政治改革。371簡言之，從1970年代開始，美國持續不斷地要求臺灣當局進行「民主化」改革，以便把臺灣塑造成「民主的範本」，成為中國大陸學習的榜樣。因此，美國在相當程度上賦予了臺灣推動大陸「民主化」的任務。在這個過程中，美國對臺政策中「以臺變華」方針實現了從付諸實施到不斷明朗化的轉變。美國認為加強與「自由、民主」的臺灣的關係，進而透過臺灣「民主的櫥窗」的輻射作用，以「新臺灣」為和平演變中國提供了一個「成功」的改革模式。

3.後冷戰時代美國的對臺政策：「以臺變華」全面推行

從雷根到老布希，美國政府在對臺政策方面愈來愈崇尚一種務實風格。那就是美國從其國家利益出發，認為「維持現狀」是美國對兩岸關係所有政策中的上選。一方面，美國不希望兩岸關係因大的變動而出現嚴重對抗，從而使美國捲入其中；另一方面，美國也不願看到兩岸和平地順利統一，因為這將加強中國的力量。所以，美國在表示不介入兩岸溝通與談判的同時，又不斷用「臺灣牌」來對付中國，從中坐收漁人之利。372在柯林頓任職初期，迫於國會和各方面的壓力，柯林頓政府開始重新審查美國的對臺政策。這是自1979年中美關係正常化以來美國政府第一次對臺灣政策的審議。1994年9月，柯林頓政府終於宣布了對臺政策的調整，其目的是在保持一個中國政策和與臺灣的非官方關係的同時，更好地服務於美國在臺灣變得更加廣泛和複雜的利益。柯林頓政府對臺政策的調整雖然不是美國政策的根本性調整，但它卻鼓勵了李登輝為突破

防線、訪問美國作出更大的努力。這直接導致1995年6月李登輝訪美、1996年春台海危機的出現。經過1993年到1994年的對臺政策審議，經過李登輝訪美這個回合，到1996年初，臺灣問題已經引起了柯林頓政府的嚴重關切。由於意識到臺灣問題的敏感性，柯林頓政府開始對臺灣問題採取更加謹慎的態度，在此後數年中採取了極力維持現狀的政策。在中美關係改善的大背景下，柯林頓政府在其對臺政策上作出了「三不」表態。當1999年7月李登輝拋出「兩國論」時，柯林頓政府則明確地予以反對。柯林頓本人甚至一再強調美國對兩岸關係的三個重要支柱，即「一個中國」政策、兩岸對話及以和平方式解決分歧。總之，在柯林頓政府的後幾年裡，維護台海局勢的穩定成為美國對臺政策的主要方向。

在小布希總統任期內，美國對臺政策有過兩次大的調整。第一次是小布希刻意使美國對臺政策「清晰化」，聲稱美國將使用「一切手段」幫助「臺灣自衛」，「不惜一切代價保衛臺灣」。這樣的表態否定了自1979年以來美國政府在臺灣問題上的「模糊戰略」，有意迴避柯林頓總統1998年提出的對臺問題「三不政策」，公然超越中美雙方長期遵守的戰略底線。這一調整對於海峽兩岸關係影響甚大，以至2002年8月陳水扁拋出「一邊一國論」，直接挑戰美國的「一個中國」政策。此後臺灣局勢的發展越來越不利於美國的利益，那就是陳水扁為了「公投制憲」已經到了不顧一切的地步，從而導致美國政府不得不再一次調整其台海政策。一段時間裡，從小布希到美國各級官員，都一再強調美國不支持「台獨」，反對單方面改變台海現狀，小布希甚至在公開場合幾近點名地警告陳水扁的「台獨」挑釁行為。2003年12月，小布希總統作出了反對單方面改變台海局勢現狀的表態。[373]從那時起，小布希政府的對臺政策就是維護台海地區的現狀，反對「台獨」。由此開始，中美關係得到了穩步的推進，再也看不到將中國視為美國「戰略對手」的說法，取而代之的是強調美國尋求與中國「發展建設性

關係」。直至小布希卸任時，曾經豪邁地宣稱：中美關係進入了歷史上最好的時期。374然而，也必須看到，小布希政府對臺灣問題的戰略思路並沒有發生根本改變，仍是試圖維持台海地區「不統、不獨、不戰、不和」的局面，例如，美國並沒有放慢對臺軍售的步伐。總之，正如美國一些戰略家們認為，打「臺灣牌」還是遏制中國最合適不過的手段。將臺灣海峽的緊張局勢控制在一定的水平上，不僅不會給美國帶來任何實際利益損失，反而可以利用臺灣海峽緊張局勢來遏制中國，從戰略上破壞中國進行現代化建設的國際環境，減緩中國崛起的速度。臺灣問題成了美國推行對華遏制政策的重要工具。375

　　在後冷戰時代，當美國在台海問題上採取「維持現狀」甚至是反對「台獨」的立場的同時，美國對臺政策中「以臺變華」方針也在全面推行。美國自1980年代末90年代初以來，始終把「和平演變」中國、實現資本主義在全球的勝利作為對華的戰略目標。為了實現這一戰略目標，美國除利用人權、宗教等各種途徑和方式對華施加影響和壓力之外，透過臺灣對大陸「滲透」被美國視作「和平演變」中國的重要途徑之一。臺灣自1987年解除「戒嚴」後，島內所謂的「民主化」運動發展迅速，繼實行省市長直接選舉之後，又進行「總統」直接選舉，並順利地實現了政黨輪替。這些做法與美國在全球範圍內推進「民主化」相吻合，受到美國的欣賞和支持，臺灣也被描繪成美國民主在亞洲的象徵。例如，在美國遭受「9·11」恐怖襲擊、組建反恐聯盟、開闢反恐戰爭前線得到中國大力支持之時，小布希不但在日本國會發表演說時表示「美國會記得對臺灣人民的承諾」，而且在隨後的訪華行程中，小布希始終都強調《臺灣關係法》，沒有親口重申堅持一個中國政策，他只說「美國政府在這個問題上立場多年來沒有改變，我們相信臺灣問題應該以和平的方式來解決，我們也敦促雙方互不挑釁，美國將繼續支持《臺灣關係法》。」小布希還唸唸不忘呼籲「不要打壓臺灣的民

主」。像小布希這樣到中國訪問期間仍然強調《臺灣關係法》，在反恐戰爭之時仍然關注臺灣「民主進程」的總統，在美國歷史上是絕無僅有的。376

  總而言之，從1950年代初至70年代末美國利用臺灣當局來遏制「共產主義在亞洲的擴張」，到90年代開始從軍事和政治上鼓勵和維護臺灣地區「民主制度」，並發揮「民主臺灣」的「榜樣」作用，以牽制中國並伺機促使中國出現轉型，我們可以看出美臺「集體身分」認同也相應發生了轉變，即由一開始的「反共」盟友轉變為「民主」夥伴，其認同基礎也從冷戰時期的「反共」意識形態，轉變為冷戰後對彼此同為「民主國家」的認同。377由於臺灣緊靠大陸，在語言、種族、親緣等方面都有許多便利的條件，比遠隔重洋的美國更具有直接影響力。因而，美國希望透過全面推行「以臺變華」的方針，影響中國大陸，達到「和平演變」大陸、改變中國的目的。

  綜上所述，美國對臺政策經過三個階段的調整與變化，呈現出一幅歷時六十餘年演化的完整畫面。下面的章節將按照上述框架來具體分析美國對臺政策的演變情況。如圖4所示。

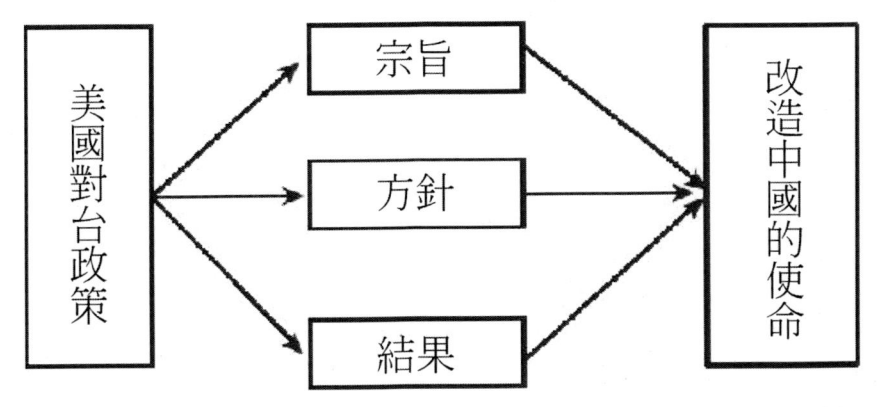

圖4　美國對臺政策演化的分析框架　資料來源：作者自製

第二節　社會主義中國成立前後美國的對臺政策

　　二戰結束後初期，美國希望中國作為親美大國和亞洲警察而崛起，這是同美國對中國國內政治的設想緊密相關的：中國要擔當這樣的角色，應該建成一個「真正自由民主的國家」──當然是按照美國的定義。例如在1947年7月5日，美國駐華使館在公使銜參贊巴特沃思主持下，提出了一份詳盡的對中國形勢的全面估計和對美國各種政策選擇的利弊得失的分析報告。結論是，美國既不宜全力以赴地公開支持蔣介石，也不宜完全撤出，而應執行一項「合理的、協調得當的、有條件的援助計劃」，努力培植一個「朝著合乎美國政治觀念的方向發展」的政府。378赫爾利（Patrick Jay Hurley）379調停和馬歇爾使華，都宣稱其目的是透過建立聯合政府促進中國的民主。隨著美國官員以歐美國家的模式改造中國政治的幻想破滅，他們退而求其次，致力於國民黨內部的「改革」這一努力無望時，他們的最後一著是換馬，勸蔣下臺。當阻止中共奪取全國政權的努力歸於失敗後，美國國務院在一段時間內確曾希望與社會主義中國政府建立某種正常接觸，但沒有證據表明，美國政府

的最高層領導認真考慮過在國民黨政府滅亡之前就與其斷絕關係。

一、宗旨

從1948年底到1949年初，隨著國民黨政權在大陸的失勢，杜魯門政府開始把臺灣作為一個特殊的問題提到了議事日程。在美國軍方和國務院之間的爭論中，國務院和國務卿艾奇遜本人的意見最終占了上風。艾奇遜認為如果對蔣介石政權採取軍事援助雖然可以推遲臺灣被解放的時間，但這樣做所付的代價太大：一是會受到中國人民一致攻擊；二是會在聯合國安理會上受蘇聯責難；三是認為臺灣並非是美國的真正防線。380國務院甚至有意貶低臺灣的重要性：「臺灣在政治上、地理上和戰略上，仍是中國的一部分，在任何方面都不特別卓越或重要。」381在這種背景下，1950年1月5日杜魯門正式發表了關於臺灣問題的聲明，它表明了美國政府已做好了丟掉國民黨這個包袱的心理準備。同月12日，艾奇遜宣布了不包括臺灣在內的西太平洋防線。杜魯門的聲明及艾奇遜關於美國國防線的劃分表明了美國政府決心要從中國的內戰中脫身。特別是1950年春，中國人民解放軍相繼解放了海南和舟山群島，這等於割斷了臺灣的手足，以致當年5月17日美國駐臺代辦報告國務院，臺灣命運已盡，建議撤僑及美國在臺的領事館。美國之所以在對臺政策上持這樣的態度，主要是由於中國人民解放戰爭的客觀進程所迫使然，同時也是為了服從於美國對華長期不變的戰略目標。

當時美國為了能夠保留與北京建立外交關係和美國影響中國事態發展的前景，曾將臺灣作為拉攏中共的籌碼，幻想與中共「合作」。1949年7月，劉少奇代表黨中央祕密訪問蘇聯表明中國共產黨在對外關係中「一邊倒」的政策已經確立，但美國仍然企圖拉攏中國共產黨，並將臺灣和蔣氏父子作為最有份量的籌碼。1949年12月23日，美國國務院發表《關於臺灣政策宣傳指示》稱：「臺灣在政治上、地理上和戰略上都是中國的一部分，它一點也不特別

出色或者重要，雖然它被日本統治了50年，然而從歷史上看，它是中國的。」382這顯然是向中共發出的交易信號。即使在1950年2月中蘇簽署了《中蘇友好同盟互助條約》之後，美國還沒有完全放棄拉攏中國，還表示對臺灣是中國領土不可分割的一部分沒有異議，在國民黨及其殘餘軍隊退守臺灣以後，美國也無意承擔幫助國民黨政府防守臺灣的義務。國務卿艾奇遜在1950年3月15日發表的關於亞洲問題的演說中甚至還表示美國願意援助中國。383此外，「開放與中共的對外關係也可以促進中國的鐵托主義或至少可以加強中國共產黨內的溫和分子。承認以及它不言而喻將帶來的正常交往，會產生發展貿易和美國工商業者在中國市場中繼續發揮作用的期望。傳教士同樣預見到，一旦正常的關係使中美兩國之間的緊張狀況有所緩和，傳教的活動就有可能繼續下去。」總之，如果臺灣陷落及塵埃終於落定，就會有充裕的時間同中國共產黨人聯繫並說服美國人民面對現實。384

可以說，此時的國民黨已不再是美國實現其遠東戰略的工具，反而成了食之無味、棄之可惜的「雞肋」。美國決策者開始採取新的對華政策，力圖從中國內戰脫身，與國民黨這艘沉船拉開距離，以最大限度地保持美國的在華利益。385然而，「想用現實的辦法來調整美國對華政策的艾奇遜等人，並不真正理解中國的現實。他們想用美國式的價值觀和標準來衡量和要求社會主義中國的一舉一動。」386換句話說，艾奇遜等人關於承認社會主義中國的設想仍擺脫不了美國所習慣於運用的「恩威並施」的思想。他們認為中國一經美國承認，就可提高國際威望，因此是對中國的一種「恩惠」，不能輕易「給予」，而要以此來換取中國令美國滿意的「表現」；另一方面，企圖使用貿易限制等經濟手段給社會主義中國政權製造困難，以冀中國在壓力下對美國的態度軟化。當時美國外交官中主張承認社會主義中國者，也擺脫不了這種居高臨下的心理狀態，常常提到要對中國共產黨進行「教育」或「懲罰」。另外，美

國政府考慮與社會主義中國保持某種聯繫的出發點是為了保留在中國的勢力，最低限度也要擴大美國在中國的思想影響。美國在對華關係上所表現出的種種不切實際的想法自然得不到社會主義中國的領導人和中國人民的響應。

　　隨著韓戰的爆發，美國的對臺政策發生了完全的改變。從歷史角度考察，韓戰是美臺關係的一個分水嶺，從很大程度上改變了美國對臺政策的方向和內容。如果說韓戰爆發前的一段時期裡，美國把國民黨退守臺灣看作中國的內政事務，美國還在等待「塵埃落定」的話，387那麼韓戰的爆發使得美國軍方「扶蔣反共」一派的觀點最終占據上風，並且左右了美國的對臺政策，改變了其原先對臺灣國民黨的「撒手政策」，開始恢復扶植蔣介石，給面臨垂敗的國民黨政權「輸血打氣」。隨著韓戰的持續，美國的對臺政策終於「塵埃落定」。美國透過與日本、韓國、菲律賓等國簽訂軍事條約，在西太平洋地區構築了一道環形防線。臺灣則是這道防線中不可或缺的一環。「維持一個反共的臺灣政權，可以從外部向中國共產黨施加壓力和進行挑戰，以促使大陸內部的變化。」388

二、方針

　　對杜魯門政府的臺灣政策，曾任美國駐臺「大使」的蘭金（Karl L.Rankin）在其回憶錄中有過這樣一段描述，他說：「美國對福爾摩沙政策的大致輪廓並不是個祕密。第二次世界大戰前，大戰期間和大戰結束以來，這個海島在戰略上和其他方面，都一直彼認為具有無可置疑的重要性。分歧的意見只在於它重要到何種程度和我們應該如何對待它。」「……必要時不惜動用美國海、空力量確保福爾摩沙不落入共產黨之手……這個政策早就存在，只是未經言明而已。不管怎樣，倘在韓戰爆發之前就部署美國軍隊來保衛福爾摩沙，那在中國勢必招致嚴重的反對；而在韓戰爆發以後，這就被認為幾乎是理所當然的了。」389蘭金這段不打自招的表白，從

一個側面對杜魯門政府的臺灣政策作了註解。

　　1948年底到1949年初，隨著國民黨在大陸的潰敗，「臺灣及周圍島嶼對美國的安全至關重要，美國不能讓其落入共產黨人手中」的政策思想在美國決策層中占了主導地位。1948年11月24日，參謀長聯席會議的討論結果是：「如果能透過外交與經濟手段阻止中國共產黨人占領臺灣將是最符合美國國家安全的。」1949年2月10日，參謀長聯席會議再次重申：「臺灣的戰略地位非常重要，美國繼續運用外交與經濟手段來支持那裡的非共產黨政權。」390 隨著中美兩國在朝鮮軍事對抗的展開，美國對中國的遏制政策，包括對臺灣的政策逐漸成形。1951年5月17日，題為《美國在亞洲的目標、政策和行動方針》的NSC48/5文件頒布，其中關於對臺政策的規定是：繼續第七艦隊的任務，向臺灣提供經濟和軍事援助，「阻止臺灣陷落」；提高國民黨的威望和影響。391 有的臺灣學者指出，自此，美國「決策者才開始認為可能將臺灣從美國的政治負擔變成政治資產，並逐漸放棄其消極地期望『中共別在韓戰期間攻占臺灣』的念頭，開始探討積極保全該島的可能性。」392 總之，韓戰的爆發對中美關係都產生了深遠的影響。美國政府決策人更加確信中蘇關係是「鐵板一塊」，不再相信能用拉攏中國的方法分裂中蘇同盟。而社會主義中國入朝參戰的決定，則使社會主義中國成為美國的現實敵人。自此以後，美國政府開始調整其「觀望」政策，轉而謀求利用臺灣作為牽制中國的工具。

　　在利用臺灣遏制社會主義中國的同時，美國很多官員把臺灣當做他們的孩子加以「撫養」和援助393，妄圖以其吹噓的「自由中國」取代之。在他們看來，臺灣不僅是遏制社會主義中國的棋子，還是和平演化大陸的「櫥窗」。早在1948年10月，司徒雷登致信美國國務院說：「美國自始至終都反對共產主義，共產主義的毒害主要在道德方面或政治方面，而不是軍事方面，美國必須用教育和

其他部分加以援助，然後非共產主義的地區才能夠表現出真正民主制度的優越性，不然的話，軍事上的收穫最終會自行消失。」他建議透過軍事以外的援助方式打敗共產主義，這和美國後來對社會主義中國發動的思想文化攻勢如出一轍，與和平演變政策殊途同歸。394同樣的，艾奇遜在哀嘆美國對中國事態發展無能為力又無可奈何之後，心裡又極不甘心，於是便提出了「和平演變」的新招。他在1949年7月給杜魯門的信最後獻策說：「中國的悠久文明和民主的個人主義終將再度勝利，中國將推翻外來的制度。我認為我們應當在中國鼓勵現在或將來能促進上述目標的一切發展。」395到了1950年1月9日，共和黨參議員亞歷山大·史密斯在參議院全體會議上提出的關於對臺政策的方案中，明確主張「征服」中國應以思想滲透為主，強調臺灣作為反共思想基地的重要性，其目的是「在美國幫助下把臺灣建成中國『民主』的『試驗場』和『櫥窗』」。396如此等等，不一而足。

　　如上所述，不言而喻，美國對臺政策中「以臺變華」的設想由來已久。韓戰爆發後，美國開始大力支持臺灣國民黨當局。與此同時又不斷促使其進行政治和經濟等方面的改革，迫使它向自由資本主義的方向發展。「其實，這一政策在杜魯門政府對臺灣的有限支持時即已提出。杜魯門政府保證臺灣作為一個『獨立實體』生存的承諾有一個條件，即臺灣必須進行內部改革，實行『自救』。此後，美國援臺官員的到達，都不斷促使國民黨當局實行重大的經濟和社會改革。」397然而，由於當時反共重於一切，加上臺灣當局的頑強抗拒，美國政府並沒有真正利用美援槓桿來推動臺灣的政治改革進程。「1950年8月，蘭金被任命為美國駐臺北大使。從那時起，國務院採取一項政策，向臺灣派遣國民黨喜歡的使節。該使節必須避免給人們造成這種印象：美國鼓勵在國民黨內部實行改革、鼓勵給臺灣人更多的政治權力、或支持臺灣的資產階級民主運動。」398總之，「美國在軍事、政治和經濟上都施加影響，提供

經費，鼓勵改革，偶爾也支持某些人對國民黨的僵硬統治提出挑戰。然而，美國太重視臺灣潛在的戰略重要性，不想為了要臺灣接受美國原則和理論上所要求的那種自由，而冒彼此信任受損害的風險。然而多數美國官員當時相信，反共是美國外交政策成功的關鍵，他們也就願意支持世界各地保守的政府，不論它們是如何黑暗和壓迫成性。所以，蔣介石和他的同黨才能夠操縱美國，實行維新以鞏固他們的權力，同時又避開那種有可能危及他們的控制權的變革。」399在這樣的背景之下，即使存在「以臺變華」的方針，也不可能被付諸實施。

三、結果

從1949年造成1950年6月韓戰爆發前，美國對華政策有兩個問題在不斷討論，一是對未來社會主義中國政權的方針，一是阻止臺灣落入中共手裡。美國所關心的是如何儘可能阻止中國人民革命在全中國取得勝利，而不是尋求妥協、和解、承認社會主義中國。相反，它得出的結論是不能承認社會主義中國，並且還要勸說西方盟國和亞洲國家與美國一起組成一個不承認社會主義中國的「聯合陣線」。美國官方文件顯示，從1949年初到韓戰爆發前，美國不僅堅持其孤立、不承認社會主義中國的方針，而且對中國採取了敵視立場，這表現在早在韓戰爆發前一年半，杜魯門政府在1949年1月即已開始策劃分離中國領土臺灣，實際上開始搞「兩個中國」，對臺灣也改稱為福爾摩沙。1949年1月14日，代理國務卿洛維特（Robert Lovett）在致總統的備忘錄中說：「國務院同意參謀長聯席會議所做的結論，即不讓福爾摩沙落入共產黨手裡是符合我們的戰略利益的」，「國務院充分認為，美國在某個階段可能需要採取軍事行動，如果要使福爾摩沙不落入共產黨手裡」。「這涉及要促進一個福爾摩沙自治運動，如果島上的中央政權明顯地不能阻止這個島嶼落入共產黨手中，這個自治運動就能充分行動起來。」洛維特提醒說，「美國應當避免粗暴地單方面干涉」，美國可以要求

聯合國進行干涉。他建議「聯合干涉可以由澳大利亞或菲律賓政府提出，這需要安排福爾摩沙人民公決來決定他們的願望。」400五天後的1月19日，美國國家安全委員會第37/1號文件《美國對福爾摩沙的立場》分析了美國對臺灣與澎湖可以採取的四種政策選擇：「（1）占領臺灣與澎湖；（2）透過與國民黨政府談判，美國取得在島上建立基地的權利；（3）支持島上國民黨政府；（4）支持福爾摩沙當地的非共產黨中國人統治。」文件建議採取第四種方案，即「支持當地非共產黨中國人政權」。與此同時，文件提出，「美國應當與潛在的當地福爾摩沙人領袖保持接觸，以便將來有一天能利用福爾摩沙自治運動」。文件還說，臺灣當地人「有強烈的地區自治感」，「既反對中國人，也反對日本人，歡迎在美國或聯合國保護下獲得獨立。」401該文件清楚的說明，杜魯門政府內部此時已開始策劃臺灣「獨立」，即所謂的「福爾摩沙自治」。402

韓戰的爆發再次改變了臺灣的命運。由於杜魯門政府忽視社會主義中國的警告，令美軍越過38度線並逼近鴨綠江邊，中共因而出兵朝鮮，與美國兵戎相見。此一形勢使臺灣再獲得進一步的安全保障，美國開始軍事援助臺灣，艾奇遜也轉變態度，宣示反對中共進入聯合國。然而，於杜魯門任內，美國對國民黨的援助是有限的，因為美國政府不願將韓戰擴大到朝鮮半島以外的地區，尤其是中國大陸，所以要等到艾森豪威爾總統就任之後，美國對國民黨的安全承諾才正式確定下來。

第三節　三次台海危機與美國的對臺政策

1950、60年代，國共兩黨隔海軍事對峙，打打停停，美國也頻頻插手臺灣問題，干涉中國內政，使局勢變得更加複雜。此時期，兩國（中國、美國）三方（中國共產黨、國民黨和美國）圍繞

臺灣問題先後進行了三次驚心動魄的軍事鬥爭，史學界通常稱之為三次「台海危機」。403在美國與蘇聯兩大陣營對峙的東西方冷戰格局之下，臺灣當局的「反攻復國」政策，適應了美國在東方遏制共產主義勢力發展的需要。社會主義中國成立後，美國將其遠東政策的重點置於對付亞洲共產主義對美國在亞太地區安全利益的威脅上，這就導致美國不可避免地要對臺灣國民黨政權加以扶持和利用。基於上述原因，從1950年代至60年代初，美國政府一直採取支援蔣介石集團為反攻大陸而採取的小規模突襲性反攻活動的政策，從而引發了1954年、1958年、1962年三次台海危機。

一、宗旨

1953年韓戰結束之後，艾森豪威爾政府不僅繼續反對同中國緩和緊張的關係。相反，又制定出了新的、更大的遏制中國的方案。1954年9月第一次台海危機期間，杜勒斯一手造就了東南亞條約組織。東南亞條約組織是由美國發起組織的一個地區性防禦同盟和反共集團，其成員是中國周圍的一些反共國家。1954年12月，美國和臺灣達成《共同防禦條約》。這項條約保證：美國將支持臺灣抗擊任何來自中國大陸的威脅。1958年8月，第二次台海危機發生，艾森豪威爾政府援引美臺《共同防禦條約》，迅速在台海集結龐大海空軍力量，並正式展開海上護航行動。與此同時，艾森豪威爾政府亦迅速表達與中共和談的意願，雙方因而於10月初在華沙進行大使級談判。談判雖未達成任何協議，但卻使緊張局勢逐步緩和下來。經過這次危機，中美雙方的臺灣政策都已基本上定型，並且為對方所逐步瞭解。美國的臺灣政策的基本目標是：保證臺灣和澎湖的安全；繼續支持國民黨政權，保持其在聯合國和其他國際機構中作為中國的合法代表的地位，在政治上造成對中國大陸的壓力，希望造成大陸的內亂，最終以「自由中國」代替共產主義中國；發展國民黨軍隊的軍事潛力，使之能夠分擔保衛臺澎的一部分責任和守衛沿海島嶼的全部責任；按照美臺共同防禦條約的規定，

在台海地區運用美國軍隊為美國的國家安全政策服務；幫助發展臺灣經濟；促進臺灣與其他非共產黨國家發展關係；爭取海外華人（尤其是在東南亞的華人）在政治上認同臺灣當局，以抵消中國在東南亞的影響。為了達到上述目標，美國在第二次台海危機期間奉行的方針是：遵循《美臺共同防禦條約》，在臺灣和澎湖水域集結大量海空部隊，採取一切必要的措施向中國發出武力威脅，保障臺灣和澎湖不受武裝攻擊。透過聯合國和其他談判機制尋求維持沿海島嶼的現狀。在是否動用美國軍隊援助臺灣當局守衛沿海島嶼問題上保持政策的靈活性，將最終決定權集中於總統手中。繼續支持國民黨表達的反攻大陸的願望，但不支持其採取實際的冒險性行動，避免對此做出任何承擔義務的保證或暗示。404

如上所述，經歷了韓戰後，艾森豪威爾政府的敵視中國政策進一步加強，透過美蔣《共同防禦條約》的簽訂，美國政府分離臺灣，將臺灣置於美國軍事控制之下，並將其納入美國西太平洋島鏈防線體系之內的目標得以初步實現。美國艾森豪威爾政府、兩黨決策層在1950年代實行敵視中國政策是與以下幾個主要因素分不開的：美國認為美國的價值觀、自由民主制度具有世界普遍意義，應在全世界推行；美國認為，信仰馬克思主義、無神論的共產黨及其建立的政權是美國及西方資本主義文明和國家安全的敵人；蘇聯和各國共產黨是鐵板一塊，各國共產黨是蘇聯的傀儡和工具，不代表本國人民的利益和願望，其建立的政權「不是長久現象」，將「會自行消逝」；美國在世界各地包括中國有美國的利益；美國有一些人認為與中國有「特殊友誼」、「特殊關係」，美國的「使命」是引導中國等一些國家走上美國和西方文明的發展道路。405由此可見，即使在中美關係十分緊張的情況下，美國人仍然唸唸不忘其在華「使命」。

第三次危機雖然不像前兩次危機那樣以雙方炮戰和海空力量直

接交鋒為特徵，但同樣造成了臺灣海峽地區局勢的緊張，它也是對美國甘迺迪政府的對華政策的一次探測。事實表明，在臺灣和沿海島嶼的問題上，美國民主黨和共和黨政府的政策並無多大區別，他們都不肯放棄臺灣，但也不支持蔣介石反攻大陸。[406]雖然甘迺迪執政時期不長，但處於承先啟後階段，這期間的一些變化對以後美國的對臺政策影響頗大，主要體現在某些決策觀念和宏觀的思路上。[407]20世紀60年代，社會主義中國的地位和影響日益得到了國際社會包括美國盟國在內的許多國家的認可。在這種背景下，甘迺迪政府在制定對華政策時確立的一個基本前提是承認社會主義中國政權的「永久存在、不能以外力推翻」，這也是1962年底它提出的所謂「微開門」政策中的主要思想。可見，甘迺迪政府的「限蔣出籠」政策，是因應當時美國對華政策的整體需要，也是甘迺迪政府區別50年代美國對華政策的顯著之點，它還表明美國對50年代以來一直實施的「遏制並孤立」中國政策已沒有足夠的信心。[408]因而，甘迺迪政府基本上放棄了艾奇遜和杜勒斯所奉行的「加速中華人民共和國消逝」的政策，同時認識到臺蔣當局「反攻大陸」的可能性幾乎等於零。詹森總統上臺後，美國對華、對臺政策有所改變，其重要的特點是提出了對華「遏制而未必孤立」政策，在美臺關係上開始疏遠臺灣，在臺灣反攻大陸的問題上，則繼續持反對態度，並最終將「拖延」政策轉變為「終結」策略。

　　總之，經過三次台海危機，美國得出兩個基本判斷：一是國民黨返回大陸無望。早在1955年，中央情報局就曾得出結論，「除非中共和美國之間發生大規模戰爭，蔣介石重返大陸的可能性幾乎沒有。而且如果蔣介石還死抱著反攻大陸的幻想，臺灣的局勢將越來越糟。」[409]雖然蔣介石還是不願接受長期困守臺灣的現實，但美國人已經得出結論，國民黨無法重返大陸戰勝共產黨，所以應該發展和鞏固現有的地盤。蔣介石慢慢地也得出同樣的結論。二是以「遏制加孤立」的政策無法促使大陸從內部崩潰，應該採取和平

的、與社會主義中國直接接觸的方式促進大陸的變化。到甘迺迪當政期間，美國已基本放棄了中國大陸政權是「過眼雲煙」的看法，轉而加強對華實施非戰爭方式的「和平演變」。如果說美國執行「遏制與孤立」政策的目的是為了以壓促變（垮），透過遏制與孤立促使社會主義中國的紅色政權自行崩潰，那麼執行「遏制但不孤立」政策的最終目的則是以觸謀變，透過接觸使中國的紅色政權發生有利於美國的變化，或者說改變顏色，走上美國所希望的軌道。410在促使中國大陸發生演變的過程之中，臺灣可以發揮重要的作用。「保存臺灣，發展臺灣，使之成為所有熱愛自由的中國人的集結點，這是最終能將整個中國從共產黨統治下解放出來的大有可為的一步。」411從中可見，儘管反共的現實需要使美臺走到一起，但美國還有自己的打算，那就是透過軍事扶持、經濟援助等方式，以美式價值觀和制度來影響和改造臺灣。「事實上，美國的一切經濟、軍事、情報以及文化計劃普遍的目的，即使是間接的，當然是要吸引（在臺灣的）中國人更廣泛地接受和瞭解美國的方式和理想。……在協助臺灣進行土地改革、工業以提高生活水平和協助教育事業等方面，美國都間接地對真正的民主作出了貢獻。」412而美國改造臺灣的最終目標是美國人仍然念茲在茲的對華「使命」，也就是說，美國人試圖透過「民主改造臺灣」的推行及其對中國大陸產生的示範效應，最終促使整個中國朝著符合美國意願的方向演進。

二、方針

經歷了在朝鮮戰場上的激烈對抗之後，美國政府對社會主義中國政府的敵意進一步加深，也因此更加看重臺灣在遏制社會主義中國方面的重要性。出於這個原因，在艾森豪威爾政府時期，美臺關係得到了進一步的加強，美國對臺援助全面恢復。以1954年美臺簽訂《共同防禦條約》為標誌，雙方進入正式結盟時期。美國透過

與日本、韓國、菲律賓以及爾後的紐西蘭、澳大利亞等國簽訂軍事同盟條約，在西太平洋區域構建了一條環形防線，作為其安全保障。臺灣的戰略地位，決定了它是這道防線中不可或缺的重要環節，是美國實現其遠東政策的一個戰略據點。只有保住臺灣於自己控制之中，美國在西太平洋從阿留申群島到菲律賓群島這道「沿海島嶼鏈」才能首尾相連，構成為一體。因此，維持一個反共的臺灣政權，對於美國的戰略利益極為有利。另外，美國出於戰略全局的考量，雖然並不同意，也不支持蔣介石當局全面「反攻大陸」，但蔣介石「反攻大陸」的準備和對大陸的「有限反攻」行動，既可振作臺灣的士氣和民心，又可從外部對中共政權施加壓力，促使大陸內部發生變亂，這符合美國政府所企求，因而竭力予以支持。究其原因，美國領導人一直對中國政府垮臺這一前景保持著迷戀。正如杜勒斯所言：「孤立它（中國大陸），減少它對外部的影響。防備它，遏制它，威脅它，向它的鄰國增加援助，並不停地向它施加外部壓力」，「最終使它崩潰」413。此外，杜勒斯還在一次演講中明確提出：「我們確信，強求一致的國際共產主義的統治在中國和在其他地方一樣，是一種要消逝的、而不是一種永久性的現象。」他宣稱，美國應該盡其所能來加速中國政府的「垮臺」。

如上所及，在整個1950年代，美國政府曾精心策劃了各種各樣的行動方案，以期促成中國政府垮臺，或使其改變方向，成為一個美國所需要的、「符合美國利益」的中國。414於是，美國千方百計地想利用臺灣來遏制、孤立直至顛覆社會主義中國政權。甘迺迪、詹森政府時期，美國繼續以臺灣遏制中國大陸的發展。但是，當美國人把蔣介石和國民黨這樣一個鎮壓性的獨裁政權作為反共鬥爭的一部分而對它提供支持的時候，他們中的許多人對美國同那個政權保持關係感到不舒服。這是因為，「美國不滿足於把自己的角色限定為『打擊共產主義』。」於是，「隨著時間的推移，美國成為一個推動力，為臺灣創造了有利的國際安全環境，向它提供了大

量經濟、技術援助和政治『忠告』。」這一切做法的目的是，按照美國的利益與價值觀把臺灣從一個反共堡壘與象徵演變成為一個經濟、政治開放的模式，為與美國人一起奔向共同的目標打下了一個更加堅實的基礎。415從以後的歷史事實來看，這個所謂的「共同的目標」正是美國期望透過對臺灣的「民主化改造」來促進中國大陸邁向「民主化」。

二戰結束後，崛起的美國秉持「美國例外論」的文化意識形態向全球開始擴張。從1949年1月20日杜魯門提出的「第四點」援外計劃到美國和平隊的全球活動，不僅從經濟、技術上控制了第三世界國家，而且開始了以美國價值觀、民主觀為藍本的文化及意識形態的全球改造。從政治現代化理論看，現代化體現著傳統性和現代性之間互相消長的關係。在臺灣政治文化變遷中，民主、自由價值觀在傳統與現代兩種政治文化的激盪中成為臺灣人政治信仰的主要選擇，而美國的制度和價值觀念又在臺灣人的心理層面上加強了西方民主的示範效應。此外，為在亞太地區進行戰略擴張，美國以民主、自由的意識形態建構美臺間的同盟身分，尤其是冷戰時期的美臺《共同防禦條約》，為美國向臺灣傳輸資本主義制度和民主自由觀念提供了法律性平臺。然而，美國主政者的意圖則是在臺灣建立美式自由民主模式，以用於和平演變中國大陸。416「臺灣所擁有的資源可以使其成為一個『花園之地』，一座『自由中國發展的燈塔』，一個面向中國大陸和亞洲其他國家的『櫥窗』......一個可以替代大陸的自由、繁榮和富有活力的發展模式。」417但在杜魯門、艾森豪威爾政府任內，雖然美方對國民黨統治集團一黨專政的獨裁統治不滿，但出於維護臺灣當局民心士氣的需要，美國並未利用美援作為槓桿，向其施加太大的壓力，要求其進行政治改革。「蔣介石政權箝制言論自由、封殺民主政治的舉措，華府雖有微詞，但未敢大聲譴責，在山姆大叔的眼中，反共重於一切，獨裁專制尚可容忍。」418

從1950年代到60年代，美國決策層對臺灣社會未來發展趨勢的認知經歷了一個逐步發展和調整的過程。在1950年代後期的艾森豪威爾時代，美國決策層部分人士，特別是軍方決策機構，如參謀長聯席會議，對國民黨當局仍然寄予一定的期望，仍然認為國民黨當局有可能真的有朝一日重返大陸，推翻共產黨政權，恢復對大陸的統治。此時美國決策層眼中的臺灣只是美國在遠東戰略同盟體系的重要環節，是美國為首的西方陣營遏制中國大陸的重要基地，而對臺灣未來走向的定位則無清晰認識。1957年10月4日美國國家安全委員會批准的NSC5723號文件，是對艾森豪威爾時期對臺政策的系統歸納，是當時對臺政策的綱領性文件。這份文件表示「要促使『中華民國』政府的效率不斷提高，成為負責任的有代表性的政府，能夠使中國大陸和臺灣的人民對它的效忠度與支持率不斷提高，使其成為能夠替代共產主義的自由中國人的關注焦點」。這份NSC5723號文件還特別強調：「要確保那些仍然認同自己為中國人的海外華人，將『中華民國』視作中國社會與文化價值觀念的庇護所，視作真正代表中國人民利益和理想的政府」。從這份論述可以看出，當時美國決策層部分人士對國民黨大局存有不切實際的幻想，認為它仍有相當強的代表性，仍有可能重新贏得大陸民心，進而重返大陸，取代共產黨政權。而對於臺灣島內未來走向的定位，NSC5723號文件則語焉不詳。這份文件雖然表示未經總統批准不贊同國民黨當局進攻大陸，但另一方面又明確表示要支援國民黨以臺灣為基地駐守沿海島嶼的行動，「要維持沿海島嶼之現狀」，並繼續「以臺灣為基地（與國民黨一起）對大陸實施心理戰」。這份文件開篇就提到「維護臺澎作為西太平洋離岸島鏈一部分的安全，對美國安全而言是必不可缺的」。另外還提到「要將『中華民國』政府包括在美國的西太平洋集體防衛安排之中。這樣的安排還將包括美國、菲律賓、日本、韓國，且這些國家最終將與馬尼拉條約和美澳新條約的各方聯繫起來」。可見，此時的美國決策層僅僅將臺

灣視作美國實施地緣遏制戰略的整體佈局中的重要一環，但對臺灣社會未來的走向並無深入思考。419

進入甘迺迪時期，決策層對臺灣和國民黨當局的定位開始發生變化。一個突出的特徵就是，此時的決策層多數人不再認為國民黨當局能夠收拾人心，重回大陸，取代共產黨的統治，而是認為國民黨偏安臺灣的狀態已經難以改變了。此時決策層開始致力於維持台海分裂局面，阻止中華人民共和國控制臺灣。420與此同時，甘迺迪和詹森當局對臺政策的一個基本目標就是，以各種手段促使國民黨當局實現民主化和本土化。早在1961年10月26日，國務院政策規劃委員會頒布的對華政策研究報告，在談到美國對中共周邊國家的政策時，就在其第F章單列一條，即F章第33條，講述美國對臺灣政治走向的目標，這一條談到，行政當局要「繼續運用美國的影響力和援助影響臺灣，不僅要透過與國民黨政府的聯盟保護臺灣的安全，而且要適時地推動臺灣出現一個以大眾支持為基礎的政府，並將我們對於國民黨政府目前之結構與行動的過度認同減少到最小限度」。可見促使臺灣實現「民主化」是甘迺迪當局上臺時既已確立的目標。民主化從此成為美國關於島內演變的重要目標。甘迺迪時期的三份主要的國家安全基本政策文件，即1962年3月26日的完整版，1962年8月2日的簡化版和1963年3月25日的國防部修改版，都談到「我們要運用我們的影響力和援助，推動臺灣以大眾支持為基礎的政治進程」。421在這個過程中，美國政府應該「努力向臺灣民眾解釋和宣傳美國社會，為的是教育臺灣人什麼是真正的『自由世界』」422。總之，美國對臺灣的大量經濟援助和文化影響，就是想促進臺灣成為美式「民主政治」的樣品。

1964年9月11日國務院政策規劃委員會頒布的對臺政策報告則對「民主化」的目標進行了詳細論述。這份報告一方面談到對臺灣實現民主化的期待：美國期望臺灣社會的「政治穩定得以延續」，

同時國民黨當局將「在黨的框架內給予更多的政治活動的自由，臺灣人將在各級政府和黨的委員會中發揮更大的作用。一個獨立的反對黨將得以組織和運作。同時新聞媒體將更加自由並更有責任感......在臺灣，政治的控制會逐漸放鬆，公民的權利會受到更多的尊重，包括給予工會像民主國家那樣的行動自由和功能，並且越來越多的臺灣人將會進入政府各級負責的部門」，而且國民黨會「放鬆政治控制，允許更多的反對派活動」。這份報告認為「這些將是政治穩定的必要條件」。另一方面，這份報告還談到美國政府為實現臺灣「民主化」的目標可以採取的兩項手段。首先就是由美國政府直接向國民黨當局施壓，即「在任何時候，如果我們感到國民黨對於政治和公民權利不夠尊重，則我們要讓國民黨知道我們的觀點」；其次是利用國際人權組織和美國在臺民間組織向國民黨當局施壓，即「應該充分利用在臺灣政府以外的民間機構任職的那些以同情國民黨而知名的傑出的美國人（來影響國民黨政府）。在必要的時候，應該利用像國際勞工組織（ILO）、國際自由工會組織（ICFTU）這樣的國際組織來提醒國民黨政府注意違反政治與公民權利的事情」，可以「稱頌國民黨在尊重公民權利方面採取的建設性措施，從而促使其推進人權」。再次是利用美國在臺企業推進臺灣的人權，即「在臺的公共與私人美國僱主應該承認和接觸其中國僱員組成的工會，從而在尊重勞工權利方面作出表率」。這份報告也認識到臺灣的形勢非常微妙，因而強調推進臺灣之「民主化」切忌操之過急而導致臺灣社會的正常秩序受到嚴重破壞：「我們推動國民黨進行政治與公民權利改革的活動應該主要是低調和在幕後進行的，既不能讓臺灣人和其他反對派產生不切實際的野心，也不能嚇壞了國民黨政府從而使其領導人採取更加嚴厲和壓迫性的政策。」1964年9月11日國務院頒布並經魯斯克審議批准的這份研究報告，對實現臺灣「民主化」之目標作出了最詳盡的論述與設想。[423]一言以蔽之，「在過去的10年裡，美國對臺政策的基點是

透過保護臺灣免受大陸的軍事壓力,並協助臺灣發展本土經濟,以確保臺灣的政治穩定……但在未來幾年裡,美國更應該致力於臺灣的政治改革。」424以上述文件的頒布為標誌,美國對臺政策中「以臺變華」方針最終實現了從醞釀到確立的轉變。

三、結果

1954年、1958年、1962年臺灣海峽曾發生了三次大的軍事鬥爭,西方輿論稱之為「台海危機」,一度使臺灣海峽成為中美交鋒的場所和世界輿論關注的焦點,並使海峽兩岸和美國之間的關係發生了微妙的變化。尤其是經過三次臺灣海峽危機,現存的臺灣海峽兩岸雙方相互對峙的格局基本定型。中、美、臺兩國三方對彼此在中國統一問題上的立場、政策乃至具體的策略手法都有了逐步的瞭解。美國的政策的基本目標是:既要確保臺灣掌握在國民黨手中,不使中共得到臺灣,又要避免直接捲入沿海島嶼的防務。其政策也始終在這兩者之間搖擺,試圖找到一個平衡點。425杜勒斯於整個五十年代對中國持有的觀點,與魯斯克於1951年發表的觀點相似。韓戰爆發後之後,共和黨和民主黨之間在中國問題上並無多少分歧。如杜勒斯一位助手所說,杜勒斯仍唸唸不忘其「重啟中國內戰的空想」。他深信,中華人民共和國是一個「不信神」的、非法的政權,這一政權「與文明國家的慣例不符」。他堅決主張,美國應該永遠拒絕承認北京或與它進行貿易。相反,必須創造導致推翻這個政權的條件。1957年,杜勒斯宣布:「我們將做我們所能做的一切,來為推翻這一政權出份力。這是我們對我們自己、對我們的盟友和對中國人民應盡的義務。」426詹森在甘迺迪遇刺後繼任美國總統。在其任內,詹森對美國的對外政策並沒有進行大的改變。在對華政策上,「詹森本人對中美關係並沒有什麼建樹,他只是繼承了其前任,包括甘迺迪和艾森豪威爾時期遺留下的遺產。」427

但是，這種繼承並不意味著美國的對臺政策不會發生大的改變。相反，1960年代以來臺灣內部以及美臺關係出現的一些新變化要求詹森政府必須適時地調整對臺政策。美臺關係從一開始就體現為「援助」與「被援助」的關係。從五十年代開始，美國制定了一系列的援臺計劃，這些援助除了直接的資金注入和經濟合作以外，還涵蓋了社會生活的各個領域。進入六十年代以後，臺灣得益於美國的援助進入了所謂的「異化嬗變期」，其基本趨向是：權威政治體制逐漸被納入西方資本主義世界體系，農業型社會結構已向工商業型社會結構嬗變；經濟制度迅速工業化、商業化、法制化，而政治體制開始異化出黨內多元模式；文化機制體系呈現出以傳統為主，包容西方理念的複雜變化等。428 針對臺灣從六十年代開始發生的上述變化，詹森政府在對臺政策構思時特別注重了透過推動臺灣內部的本土化變革和民主化進程，其核心是政治改革，臺灣政治在七十年代開始的一系列變化證明，「民主改造」臺灣的政策正在顯現其深遠的影響和作用。

第四節　小結

自1948年秋冬之際美國開始考慮從中國大陸「脫身」起，便已將「不使臺、澎落入共產黨手中」429 定為美國對臺政策的基本目標。蔣介石退踞臺灣後，面對急劇變化的東亞局勢，美國一度有過放棄臺灣的打算，然而韓戰的爆發很快拉開了中美激烈對抗的序幕，三次台海危機又使中美之間水火不容。「鷸蚌相爭、漁翁得利」，在中美之間劍拔弩張之時，臺灣成了美國在戰略上和外交上孤立圍堵中國的工具和棋子，美臺關係在1950年代也經歷了可稱為「蜜月關係」的時期。而與此同時中美關係則進入了對峙階段。到六十年代，中美之間雖然仍然充滿著猜疑和敵視，但改善關係的暗流已在堅冰之下湧動。這股暗流雖然未能衝破堅冰的阻隔，但已

經為七十年代尼克森的「破冰之旅」創造了條件。

在美國醞釀對華政策從「遏制並孤立」向「遏制而不孤立」轉變之時，美國對臺政策以及美臺關係也出現了微妙而又極其重要的變化。詹森執政時期正是美國政府的對臺政策醞釀調整和變化的時期。比如1964年3月5日，美國參議院外交委員會主席富布賴特（J.William Fubright）在參議院發表題為《舊神話與新現實》的講話，抨擊美國現行的對外政策僵化，與國際政治的現實脫節。他在講話中指出，不排除美國與中國的關係在未來的時期裡有所改變，美國的對華政策應該具有靈活性，以適應變化的現實。特別值得指出的是，他在談到中國的現實時說：「最重要的是，實際上並沒有『兩個中國』，而是只有一個，那就是大陸中國，它是在中共的統治之下，並且很可能無限期地統治下去。」430富布賴特的講話實際上否定了美國對華政策長期以來賴以支撐的那個完全是虛幻的依據，即中國大陸的共產黨政權不會長期存在下去。

就在美國政府醞釀改變對中國大陸政策的同時，美國的對臺政策也經歷了重大的轉變。從控制臺灣島內政治社會生活發展的角度來看，雖然如上文所述，美國政府在實踐中並未利用美援槓桿向臺灣施加過大的壓力，但這並不代表這種思想在美國不存在。早在1948年5月，司徒雷登就企圖「利用美援為工具對蔣委員長施加壓力，促使他任用適當的人擔任關鍵職務，並執行改革的方案。」在致馬歇爾的公文中，他還主張：「美國應利用雙邊談判援助協定的時機，壓迫中國政府（指當時的國民政府）採取某些自助的措施。」43150年代中後期，美國對臺灣當局封殺《自由中國》、鎮壓雷震等人組建「中國民主黨」的行動，也頗多微詞；從60年代開始，美國則強力要求臺灣當局推行「本土化」政策，以圖打破國民黨一黨專權的統治模式。然而，由於當時臺灣島內並不存在能夠全面取代國民黨集團的政治勢力，同時維持臺灣島內形勢的穩定與

維持美國在西太平洋的反共防線具有密不可分的聯繫，因此美國政府沒有、也不能施加強大的壓力，迫使國民黨集團進行政治改革。432簡言之，美國政府在杜魯門、艾森豪威爾乃至甘迺迪任內都沒有要利用美援作為施壓的槓桿，並非沒有這樣的想法，只不過當時的條件不允許而已。以1964年9月11日國務院政策規劃委員會頒布的對臺政策報告作為標誌，「民主改造臺灣」的設想最終被提上議事日程，「以臺變華」的方針也得以最終確立。

綜上所述，美國對臺政策的調整，是根據中美關係的變化來定位的，而不是對華關係以對臺關係為轉移。這是由美國長期以來的對華戰略所決定的。美國人對中國一直存有「傳教士心態」，幻想按照美國的意願改造中國。在中國內戰最終爆發之前，不少美國官員都在某種程度上將國共兩黨之爭同美國的兩黨政治相類比。在他們看來，中國的兩大政黨也應該以美國的政府形式互相制衡，但由美國人高高在上擔任仲裁人；美國應向國民黨施加壓力，再透過國民黨向共產黨施加壓力，促成一個美國人認為將向民主化發展的兩黨政治體制。阻止中共奪取全國政權的努力歸於失敗後，美國國務院在一段時間內確曾希望與社會主義中國政府建立某種正常接觸，以便保留在大陸的立足點，逐漸恢復美國影響，離間中蘇關係。也就是說，以艾奇遜為首的國務院官員是看到同北京建交的好處的。「承認將使美國能夠維持一個『中國的立足點』，保留與北京建立外交關係和美國影響中國事態發展的前景。」但卻沒有證據表明，美國政府的決策者認真考慮過在國民黨政權滅亡之前就與其斷絕聯繫。「杜魯門政府的不同結論並非來自對中國歷史和社會的高超認識，也非來自對中國共產主義的更深刻把握。相反，它出於艾奇遜那種很大程度上歸因於意識形態限制的『現實主義』。」「承認不是被看做鼓勵同俄國衝突的一個手段，而是被看做倘若發生這樣的決裂將給予的一項報酬。與此同時，考慮到美國的一項流行假設，即中國共產黨人同中國人民格格不入，要求中共政權須享有中國人

民的認可則無異於確立一條北京實際上不可能達到的承認標準。在所有這些方面，只有符合中國共產黨人大大修改自己的行為這一條件，承認對艾奇遜來說才是可接受的，而這條件實際上就是要求他們不是中國共產黨人。這並不是說，在此種現實主義當中實用主義不起作用。伴隨著艾奇遜的是這麼一種決心：避免同蔣介石有那種更為直截了當的反共主義的密切聯繫。然而，這種實用主義與英國決策者在人民共和國初創階段的實用主義根本不同，也與現實主義學者摩根索（Hans J.Morgenthau）的實用主義根本不同。」433 以上文字表明，負責美國對華關係的人缺乏對中國民族權益的起碼尊重，他們始終以「救世主」自居，企圖按照自己的理想和面貌來「教育」、改造中國，把中國置於美國保護之下。這反映出美國人不熟悉中國的歷史、不尊重中國人的尊嚴和價值觀以及一個多世紀以來中國人對現代化和國家統一的追求。

具體在臺灣問題上，美國以阻止臺灣落入「敵對勢力的控制之下」、使臺灣成為「取代共產黨中國」的決定性力量作為長期的政策目標。該政策的核心是建立和加強與臺灣當局的政治軍事關係，把臺灣當做在亞洲抵抗「共產主義擴張」的重要環節，並企圖透過遏制與孤立的途徑搞垮社會主義中國政權，最終促使中國大陸朝美國所希望的方向演變。艾森豪威爾上臺後，繼續執行杜魯門政府的對華政策，並在臺灣問題上採取更為強硬的立場，積極支持國民黨對中國大陸的各種軍事行動，其目的就是遏制和削弱中國在亞洲地區的地位和力量的發展，最終達到「消除共產黨在中國大陸的統治」的目的。概括而言，「出於遏制中國的目的，臺灣國民黨政權已經成為美國在亞洲反共聯盟中的重要組成部分，臺灣的地理位置、『政府』的親美態度和反共意識形態，都使臺灣成為美國防禦體系中遏制中國在亞洲擴散共產主義的主力。所以，美國必須保持對臺灣國民黨政權強有力的支持。為了這個目的，美國不得不向臺灣提供大量援助，同時堅持臺灣『地位未定論』。這也是美國從

1950～1972年對華對臺政策的基本態度。」434

但到了1950年代末，美國意識到「遏制加孤立」的政策並不能促使大陸內部發生改變，開始醞釀「和平方式」，於是，「民主化改造臺灣」的設計被逐步提上政策議程。美國的意圖是利用對臺灣的「民主化改造」以此來影響和演變中國大陸，最終達成改變中國之目標。例如，甘迺迪政府就曾試圖把臺灣作為與大陸對比的民主櫥窗，以推行其對華和平演變的政策。甘迺迪於1962年6月20日在接見美國赴臺志願工作人員的講話中說：「在某種意義上，我認為我們當中的每個人都渴望促進美國的國家利益，以及美國的民主理想。對其他國家而言，我們擁有相同的民主願望。在中國（指臺灣），我們就有一群非常優秀的榜樣，他們不分晝夜地外出掃盲，促進衛生事業，修築大壩等，目的就是為了建設一個更加美好的民主國家。」435甘迺迪相信，以美國為代表的西方民主事業必將在臺灣發揚光大。「總之，（在臺灣的）中國民族主義者保持了自己的傳統文化，並且以此去建設、完善整個島嶼。臺灣現在已經是自由亞洲的櫥窗，高水準的生活、個人的尊嚴、濃厚的民族自豪感在整個島內四處輻射，所有這些均令在共產主義統治下的中國人羨慕不已。」436與中國大陸的「一團糟」相比，臺灣提供了一個繁榮的生動對照。這將有助於美國「以臺變華」方針的推行，即利用臺灣的「民主經驗」對中國大陸進行和平演變。

第五章　中美建交前後美國的對臺政策

社會主義中國成立至1960年代末，中美關係處於對立、對抗階段。主要表現為：美國對社會主義中國實行「封鎖、禁運、孤立」的敵對政策，進行侵朝戰爭和侵越戰爭；由於兩大陣營的對

峙，美國在政治、經濟、軍事上一直支持臺灣與大陸對抗，企圖阻撓中國統一。隨著國際形勢的變化以及中國國際地位和威望的提升，美國政府迫於現實，逐漸改善與中國的關係，中美關係處於突破的前夕。

第一節　中美關係的改善

1960年代末尼克森上臺時，不但在中國面臨著二戰結束以來最大的政治、經濟、社會壓力，而且美國在國際上的領導地位也遭到了盟國、第三世界，特別是蘇聯咄咄逼人的挑戰，而美國卻深陷越戰的「泥潭」不能自拔。為了從越南「光榮撤退」以應對蘇聯的挑戰，尼克森政府被迫在亞洲實行戰略收縮，逐漸形成了「聯華抗蘇」和越南戰爭「越南化」的戰略。[437]

一、中美關係改善的主要因素

美國同中國在70年代初實現和解並非偶然，而是當時國際形勢和美國中國政治發展的必然結果。

首先，中蘇關係的破裂是這一時期美國官方改變其對中國態度的重要因素。在美國決策者看來，中蘇關係的破裂，說明了社會主義陣營的脆弱，也令美國的決策者們產生了可以利用中國來對抗蘇聯的想法。當1960年代快要終結的時候，不管中美關係多麼緊張、多麼敵對，美國和中國都認為它們同蘇聯的關係更加具有威脅性。它們都認為，如果共同對付蘇聯，那會帶來戰略上的好處。它們也都覺察到有這樣做的機會。雙方領導人都認為，他們那種幾乎完全疏遠的狀態是有害的。雖然可以預料，糾正這種局面在各自的中國會引起某些政治勢力的強烈反對，但他們都認為，還是值得這樣做。一方面，這是一項驚天動地的巨大舉措；另一方面，為了克服過去20年來的敵意，又必須進行許多令人厭煩、令人沮喪的艱

苦細緻工作。但是，這項工作畢竟開始了，儘管是初步的，雙方都抱著自己的目的和願望。於是，1970年初的華沙會談上通情達理的、建設性的調子占了上風，在兩年多的首輪正式會談的過程中，雙方摸索著試圖建立一種以共同戰略目標為基礎的新型關係。438

其次，尼克森1969年初入主白宮後，面對美國中國和國際紛亂複雜的局勢，很快就意識到利用中國作為一個「棋子」來盤活整個美國外交的僵局的重要性。由於「文化大革命」和極左思潮導致中國經濟發展速度放緩，尼克森也不再認為中國對於美國來說會構成最大的威脅，中國的發展道路也不是第三世界社會發展的樣板。他認為中國所面臨的困難似乎不允許中國對外「擴張」，因而極有可能再次打開中國的大門，那麼「美國對亞洲的任何政策都必須著力面對中國這個現實。......我們顯然不能把中國永遠留在世界各國的大家庭之外」。439除此之外，在尼克森的意識中還有另外一個隱憂，那就是他認為中國的孤立與衰弱只是暫時的，在不久的將來，中國將不受外界控制而真正崛起。因此，他在1967年的《外交事務》上發表文章，呼籲讓中國「作為一個前進中的大國，而不是作為世界革命的中心」，重新進入國際社會。他反覆強調，使中國繼續處於孤立狀態是危險的，因為10年之內，中國將發展成為一個核大國，到那個時候，美國將別無選擇，所以，他認為，美國必須及早與中國交往，發展與中國的關係。440

再次，尼克森決定打開與中國關係主要是從戰略角度，也就是地緣政治的角度考慮的，暫時把意識形態放在一邊。冷戰早期，美國人是透過意識形態的標準來識別敵友，國際關係是一場一邊是好人、一邊是壞人的鬥爭。共產主義被認為是美國價值的「天然敵人」。而尼克森和季辛吉則認為，傳統的是非標準應該檢討。所有國家都有生存和擁有合法權益的權利，一個國家不能把國與國之間的利害關係，說成是代表善與惡的鬥爭。美國應該學會與其他國家

合作解決分歧，與制度不同的國家共存。尼克森解釋道：「今天，『主義』已經失去活力......我們是目標是要清除掉外交政策中所有敏感的、情緒化的東西。」「意識形態衝突的國家，在特定的條件和形勢下，可能會有共同的目標，而意識形態相同的國家，也可能是彼此敵對的。」季辛吉也主張：「我們沒有永久的敵人，我們判斷別的國家，尤其是共產黨國家，特別是中華人民共和國，是依據他們的行為，而不是該國的意識形態。」由於美國政策導向的變化，美國政府實際上已經開啟了與共產黨國家的合作來遏制另外共產黨國家的可能性。基於此，美國決策層對中國產生了新觀念，即把中國視為一個潛在的「朋友」，而不是敵人或起碼可以是一個非敵意的對手，這樣可以最終減少潛在的、需要遏制的敵人的數量。441

　　最後，美國改善對華關係，也是為其「和平演變」社會主義中國，顛覆共產黨政權這個長遠目標服務的，是1949年艾奇遜和平演變人民中國、杜勒斯從鐵幕裂縫中培養自由種子以及尼克森以接觸求演變思想的具體體現。一些美國人認為，美國可以利用投資、資助、技術、雙邊貿易和互派科學家、學者、尤其是管理人員的計劃來幫助中國。這樣做的結果，「可能有朝一日甚至會使中國人不僅放棄毛澤東主義，而且也放棄馬列主義。」這就是說，美國企圖利用改善中美關係的做法，以便造成「和平演變」中國大陸的作用。442

　　隨著「尼克森主義」的頒布和中國國際威望的提升，尼克森政府被迫接受現實，主張改善與中國的關係。不管是尼克森總統還是季辛吉都認為，隨著中國在國際戰略格局中份量的增強，中國在國際社會中將發揮越來越重要的作用。如果打開通向中國的道路，美國就可能迫使蘇聯在越南問題上提供短期的幫助，幫助美國從越南撤軍，而這在尼克森的日程表上是頭等重要的；同時，結束中國的

孤立狀態還可以消除對美國的一個巨大威脅，為維護世界和平提供巨大的戰略機遇；第三，可以使美國從中蘇敵對中得到對蘇、對華外交政策上的好處，尤其是可以將中國作為美國向蘇聯施加壓力的砝碼；等等。總之，「只要有利於加強對抗蘇聯的全球戰略，美國就會毫無例外地支持任何政權。」基於對國際形勢的冷靜和客觀分析，尼克森政府在巴黎與越南和談的同時，也開始著手改善與中國的關係。443

二、美國的戰略調整：聯華抗蘇

到1960年代後期，中美雙方均渴求緩和。在反帝反修的鬥爭中，1968年蘇聯入侵捷克，斯洛伐克和1969年中蘇邊境戰爭，使中國認識到最直接的威脅來自蘇聯，而不是美國。因此，中國尋求與美國緩和以減輕兩邊對抗的壓力。不僅如此，中國期望與美國聯合共同對付蘇聯。就美國而言，面對強大的中國政治壓力，尼克森政府迫切需要體面地擺脫東南亞泥潭。更為重要的是，美國認識到無力同時執行「兩個半戰爭」的戰略，即同時與蘇聯、中國和越南作戰；與中國的緩和使美國的戰略變成「一個半戰爭」。此外，尼克森和季辛吉期望美國削減其在東南亞駐軍後，中國能在亞洲起穩定作用。換言之，60年代後期，蘇聯利用美國陷在越南不能自拔的有利時機，大力擴充軍備，並展開了咄咄逼人的攻勢，使美蘇力量對比發生了不利於美國的變化。此時，美國政府開始改變把中國當做「最大威脅」的方針，確定蘇聯是主要競爭對手，在全球範圍內構成了對美國的嚴重威脅，並把中國看作「是解決俄國問題和其他問題的關鍵」。透過改善同中國的關係，可以大大增加美國對付蘇聯的資本。尼克森、季辛吉等認為，中蘇公開分裂以及兩者之間的邊界衝突，為他們提供了可以利用的絕好機會。美國可以打「中國牌」，利用中蘇分歧來遏制蘇聯的擴張勢頭，保持美國的主動，最大限度地維護美國的全球利益。

尼克森後來在其回憶錄中指出，使美中兩國走到一起的關鍵因素「是我們對蘇聯的威脅的共同擔憂和我們的下述認識，即如果我們在北京和華盛頓之間用合作來取代敵視的話，我們就能更好地遏制那種威脅」。444 到70年代初，在美國實力地位嚴重削弱和在與蘇聯爭奪世界霸權處於不利狀態的情況下，尼克森政府認識到兩國間存在著重大的、可以導致雙方關係改善、實現戰略合作的共同利益，這就是反對蘇聯對兩國安全的共同威脅。自那以後，「聯華抗蘇」一直被美國視為中美關係中最優先的課題。中美在其他領域裡的分歧，如制度差別、意識形態不同、經濟貿易摩擦、臺灣等問題上的矛盾，都從屬於這一「共同的戰略利益」。

由此可見，從60年代後期到70年代，中美關係發展的戰略基礎是共同對付蘇聯的威脅。從美國方面看，當時美國與蘇聯的戰略態勢出現了蘇攻美守的局面，並且美國深深地陷入了越戰。尼克森政府在其戰略調整中逐漸認識到，美國應該「抓住中國的現實」，盡快調整對華政策，即由過去的敵視、孤立、包圍中國，改為利用中蘇矛盾，緩和中美關係，以便抗衡蘇聯和從越南脫身。尼克森入主白宮後即向季辛吉表示「應該鼓勵政府探索與中國人改善關係的可能性」，季辛吉則主持美國政府智囊團隊起草文件，為美國調整對華政策提供建議。1969年8月，中蘇邊界發生的新的流血衝突則加速了美國「聯華抗蘇」戰略構想的成型。445 總之，在60年代末以後，中美關係最大的基礎不但是美蘇對抗、爭奪世界，而且主要的是蘇聯的軍事力量和外交政策對美國和中國的國家安全都構成了嚴重威脅，儘管對美國和中國來說，這種威脅的性質和形式並不完全相同。對美國而言，蘇聯是透過與美國的大規模軍備競賽，與美國爭奪世界，並對之形成威脅；對中國，蘇聯是透過在中蘇邊界陳兵百萬，搞反華包圍圈等形式造成對中國國家安全的嚴重威脅。認識蘇聯是對各自國家安全的主要威脅是七八十年代中美兩國的戰略共識，把對付這種威脅作為各自國家戰略的重點是當時中美關係的

戰略基礎。與蘇聯威脅相比，當時中美在意識形態、民主、人權、臺灣、貿易等方面的矛盾分歧就成為次要的問題，雙方為對方蘇聯威脅和為了兩國間的共同利益，可以容忍和管理兩國在其他方面的分歧，包括意識形態、人權和臺灣等方面的嚴重分歧。對主要威脅的共識、對方主要威脅的共同利益等形成了七八十年代中美關係的戰略基礎，也決定了當時中美兩國關係「戰略合作」的性質。446

三、中美關係改善的實現

甘迺迪、詹森政府時期，美國已經開始考慮從臺灣海峽脫身，以緩和同中國大陸的關係，這一考慮使美國進一步堅定了反對臺灣在臺灣海峽乃至中美之間再挑事端的決心。美國對臺政策的一系列調整對圍繞臺灣海峽所形成的中美臺三角關係產生了重大而深遠的影響。詹森政府的對臺政策在總體思路上繼承了甘迺迪時期的對臺政策，同時在具體政策上，詹森政府開始了實質性的調整，這些積極的調整對後來美國對臺政策的走向有著深遠的影響。這一時期，美國結束了與臺灣關係的「蜜月期」，臺灣在美國國際戰略中的作用不斷降低，美臺關係漸行漸遠。隨著疏遠臺灣政策的制定，美國不再直接捲入臺灣海峽的軍事對峙，並繼續對臺灣當局施加壓力，反對其反攻大陸，希望以此保持台海相對穩定的局面。另一方面，詹森政府並不想放棄臺灣的戰略作用。為了同時解決對華、對臺兩個問題，美國推行了「兩個中國」的政策，但結果是遭到兩岸的一致反對。而且，雖然詹森政府停止了經援，卻沒有停止軍援，美國堅持對臺軍售為日後中美之間不斷產生的爭端埋下了禍根。美國對臺政策的調整也直接影響了臺灣的國際地位。長期以來，美國一直把臺灣看成是美國在遠東乃至東南亞的一枚棋子，認為臺灣是其在太平洋上的「不沉的航空母艦」。在美國的對華戰略中，打臺灣牌也是其常用的手段之一，由此可以看出臺灣的重要性。但是，隨著詹森政府對華政策的調整，美國開始逐漸疏遠臺灣，這直接導致了臺灣國際地位的下降，一些西方國家和第三世界國家對臺灣態度也

發生變化，臺灣在外交上越來越被動，到中華人民共和國進入聯合國，臺灣駐聯合國代表被迫退出後，臺灣最終失去了其在國際關係中的「合法」地位。

　　事實上，臺灣海峽相對平靜的局面的確為日後中美關係的和解提供了一定的條件。詹森政府時期，美國對華政策發生了明顯的轉向。種種跡象表明美國將改善對華政策，與此相應地，美國對臺政策也發生了重大變化，臺灣逐漸失去了其在美國全球戰略中的重要的地位，美臺關係開始疏遠。美臺關係的疏遠既是中美關係即將改善的一個信號，也是中美關係改善的關鍵一步。1960年代中期，中華人民共和國的不斷強大已引起了美國的注意和初步承認，美國越來越感覺到改善美中關係勢在必行，而在美中關係中最敏感、最重要的問題就是臺灣問題，因此低調處理美臺關係，逐步疏遠臺灣就是不得不做的事情了。詹森政府時期，美國改變了長期的對華政策，提出了「遏制而未必孤立」的政策，從政策層面上看，美國已經作好瞭解決中美關係的準備。美國對臺政策的一系列微妙而複雜的變化顯示了美中關係的逐漸鬆動，這為後來尼克森打開中美關係之門創造了條件。到了1968年下半年，由於美國深陷越戰難以自拔，再加上中蘇分裂的加劇，美國中國出現了要求制定新的對華政策的趨勢。

　　尼克森上臺以後，隨著中國國際地位的提高和政治影響的擴大，美國一些人士和廣大人民要求政府改變對華政策的呼聲愈來愈高。在這種背景下，美國政府不顧臺灣當局的一再反對，採取了一系列緩和中美關係的行動：1969年7月下旬，美國放寬了對美國人來華旅行和貿易交流的限制；1969年冬減少第七艦隊在臺灣海峽的定期巡邏；1970年宣布若不驅逐「中華民國」，美將不反對中華人民共和國進入聯合國；同年12月提出希望同中國方面舉行高級會談，討論包括臺灣問題在內的各種問題；經過中美雙方的努力，1971年7月，季辛吉首次訪華，揭開了中美關係的新一頁。

1971年7月上旬，尼克送總統特使、美國國家安全事務顧問季辛吉乘赴越南南方執行調查任務之便，從巴基斯坦祕密飛往北京，與周恩來等中國政府領導人在3天中進行了長達17個小時的會晤，雙方就共同關心的臺灣、印度支那、美蘇關係以及建立中美直接聯繫渠道等問題，進行了認真、坦率的會談。經過反覆磋商，雙方商定尼克森總統將與1972年春訪問中國。1972年2月21日，尼克森總統首次訪華，經過多次會談，2月28日中美雙方在上海發表聯合公報，從而為中美關係正常化奠定了基礎。《上海公報》闡明了中美雙方各自的立場：中美兩國的社會制度和對外政策有著本質的區別，但雙方同意，各國不論社會制度如何，都應根據和平共處五項原則來處理國與國之間的關係。美國承認臺灣是中國的一部分，並撤出全部武裝力量和軍事設施。雙方同意，在科學、技術、文化、體育等方面進行人民之間的聯繫與交流，同意為逐步發展兩國的貿易提供便利。中美《上海公報》的發表，使兩國關係中的最大障礙得以突破，從而結束了兩國多年的敵對關係，中美關係開始走向正常化，為以後中美關係的進一步改善和發展打下了基礎。

　　美國調整對華對臺政策有多項原因，其中最主要的，是美國對蘇政策中對抗的因素上升了，美國在全球戰略中需要借助中國，尤其是在東北亞這塊美蘇爭奪「戰略包圍」的要害之地，美國政府透過與中國關係正常化和處理好臺灣問題，換取中國在維持朝鮮半島局勢的穩定上發揮影響，抵禦蘇聯勢力的南下。總而言之，隨著國際局勢的變化和中華人民共和國的逐步壯大，中、美、蘇「大三角」架構已初見端倪。美國為了在與蘇聯的較量中保持優勢，出於「聯華抗蘇」的戰略考慮，主動尋求對華關係的改善。《上海公報》、《建交公報》、《八·一七公報》的發表顯示出這一階段中美關係的逐步緩和。

第二節　尼克森、卡特時期美國的對臺政策

　　進入1970年代，中美關係逐漸得到改善。1971年聯合國恢復了中國的合法席位；1972年尼克森總統訪問中國；1979年，中美兩國實現了關係正常化。順應這些變動，美國政府改變了原有的對臺政策：不再支持國民黨以「反攻大陸」為理由維持獨裁統治，而是推行以「民主、人權」取代「反共」的「冷戰新思維」，敦促國民黨「實現臺灣的民主化」。獨裁的國民黨政權不僅引起了島內民眾對當局的強烈怨恨，而且破壞了美國的形象。因此，改變臺灣政權的專制獨裁性質成為美國對臺政策的重要目標。在這樣的背景之下，70年代以來，被「拋棄」了的臺灣政府迫於形勢開始對政治制度進行較徹底的改革，使臺灣至少從形式上開始逐步向西方民主制度靠近。

一、宗旨

　　臺灣問題一直是阻撓中美關係正常化的關鍵問題。從1950年代中美大使級會談以來，美國一直要求中國政府承諾放棄對臺灣使用武力。美國堅持「任何要求美國政府放棄它對臺灣的安全承諾的想法都是不能被接受，和根本不能談判的。」美國還堅持「任何關於臺灣的最終解決辦法，不管是什麼情況，都必須得到臺灣政府和人民的同意，因為他們的利益直接受到影響。」447尼克森在1972年2月訪問中國之前，在對國會的年度外交政策報告中又向國會保證：「我們與中華人民共和國的對話不會犧牲我們朋友的利益」，對臺灣，「美國將保持我們的友誼，我們的外交關係，信守我們的防禦承諾」。一句話，美國不會拋棄「老朋友」。448尼克森離開北京幾天之後，3月3日，助理國務卿馬歇爾·格林（Marshall Green）即奉命飛抵臺灣，向臺灣當局送上尼克森的親筆信，向蔣

介石保證，「忠實地履行我們對臺灣問題所有承諾和義務是美國政策的基石」。3月6日，尼克森接見臺灣大使沈劍虹，表示「美國決心遵守對中華民國的承諾」。他還說：「《上海公報》不是一項條約，僅是一項共同聲明，雙方就各項問題表示本身的立場，並未試圖達成協議。」美國政府對臺灣的一貫立場是，這個問題應用和平手段解決，美國無意干涉，也不會敦促任何一方進行談判或提供建議，美國不願介入此事。他要求臺灣不要再懷疑美國信守對臺灣的承諾的決心。談話的第二天，沈劍虹立即飛回臺灣向蔣介石彙報。[449]據統計，從1972年2月尼克森訪華到他1974年8月辭去總統職務為止，尼克森政府在不同場合保證美國繼續履行其對臺灣的安全義務共達52次之多。[450]要言之，美國在解決臺灣問題上總是腳踩兩只船，不肯丟棄所謂「老朋友」。尼克森從決心打開中國大門起，便聲稱「美國謀求同中華人民共和國建立新的關係的行動不會以犧牲我們老朋友的利益為代價」。[451]一方面，中美關係要服從美蘇關係，中美關係正常化也就只能降到次要地位；一方面又要時時記得「不損害」臺灣的利益，沒有決心排除正常化的主要障礙。1977年卡特政府上臺時的對華對臺政策就是這樣舉棋不定的。當卡特在決定與中國建交時，仍堅持美國不可放棄對臺灣的利益所負的義務。[452]1979年4月10日，卡特簽署了《臺灣關係法》，對臺政策的調整基本完成。這項法案的根本目的是要「保證美國同臺灣的關係在實質上沒有發生變化的情況下繼續保持下去」[453]，它成為此後美國對臺政策的基礎。

　　如上所述，尼克森政府曾打算用「雙軌制」的方法來分別處理同中華人民共和國和同「中華民國」的關係，這顯然是在推行「兩個中國」的模式，因此遭到中國的反對而未能奏效。卡特政府上臺後改換了手段，一方面在外交上正式承認中華人民共和國而同臺灣斷交，另一方面卻不顧中國的抗議，與臺灣建立起以《臺灣關係法》為指導的實質性關係。《臺灣關係法》第四條款規定：「舉凡

美國法律提到或涉及外國的國家、民族、政權、政府、或類似實體時，此一名詞包括臺灣，此等法律也可用於臺灣」。同條B款規定：「美國同臺灣之間的計劃、交往或其他關係類同於其他國家與美國之間的交往等關係。」這樣，在美國政府接受建交三原則後，又在實際上予以部分抵消，推行實質上的「一中一台」政策。454 美國著名學者羅伯特·薩特（Robert Sutter）曾經一針見血地指出，這個臺灣關係法「清楚地暗示美國希望臺灣在可見的將來繼續保持與大陸分離並置於美國的保護之下」455，從而埋下了以後中美關係中的許多矛盾和摩擦的禍根，成為中美兩國進一步發展關係的主要制約和嚴重障礙。

從60年代中後期以來，美國對華對臺政策的制定中一直存在著兩股相互矛盾的力量，一方面美國希望與中國改善關係，另一方面又不願放棄它在臺灣的利益。到70年代初，美國對華對臺政策中這一矛盾更為突出，而這是導致中美建交和接踵而來的《臺灣關係法》的最基本原因。456臺灣對美國來說具有政治、意識形態上的意義，並沒有因為美國同中華人民共和國建交而失去。對於那些反共親臺的右翼勢力來說，社會主義的中國依然是可惡可怕的，而臺灣卻被譽為「進步與自由的城堡」。他們甚至繼續鼓吹幫助臺灣當局奪回大陸。這種極端主義主張當然影響十分有限。能產生廣泛影響的是臺灣自身發展狀況所具有的宣傳作用。1978年5月20日，17位眾議員聯名寫信給卡特總統，指出「中華民國」是「當今世界上最成功的非共產黨國家之一」。臺灣的成就可以被用來證明「在發達的資本主義民主國家幫助下」，不發達的國家只要進入「國際市場體系」就能取得國力發展、政局穩定和分配公允；也可用來證明馬克思主義關於資本主義和帝國主義的論斷是錯誤的。由於臺灣成了宣傳美國對外援助和資本主義制度的一面樣板，美國政府自然要特別加以愛護。457

總之，到了70年代，美國繼續其對臺灣當局的外交承認，但隨著《上海公報》的發表，中美關係的大門得以打開。然而，此後的美國對華政策，始終追求的目的就是同中華人民共和國關係「正常化」，但不犧牲美國在臺灣的利益。「就政治和戰略利益來說，支持國民黨的臺灣，將其作為自由世界的一部分，已成為美國中國政治中一個不可動搖的信念，尤其在美國對全球共產主義實行扼制的冷戰時期。從經濟上講，經過20多年的投資，美國在臺灣的商業利益也已經太大，使之難以忽視。沒有人敢建議改變這一對臺政策。任何試圖改變現行政策的努力，都被認為是美國政治上的自殺之舉。」458美國人自身將這種由來已久的政策稱為所謂「雙軌」政策。中美建交之後，美國對華政策的重心轉移到了中國大陸一側。但是，美國在臺灣問題上對中國內政的干涉，卻一直都沒有停止。究其緣由，美國在臺灣問題上的政策立場和走向服從於美國的對華戰略需要，改變中國是其不變的宗旨。

二、方針

　　1950年代以來，由於臺灣所處的戰略位置，它被美國視為西太平洋防禦圈的一個環節，用於阻止在蘇聯指揮下，由「紅色中國」在東亞和東南亞推行的「共產主義擴張」。然而，60年代末的國際形勢卻使得臺灣的這個作用大大削弱。中美關係解凍之前，美國的臺灣政策是視臺灣為遏制政策中戰略聯繫的關鍵，是艘對付中國的「不沉的航空母艦」，是受美臺共同防禦條約保護的對象。與改善中美關係的考慮相聯繫，美國的政策目標有兩：一是減少在臺灣地區軍事衝突的危險，避免美國因條約義務而捲入又一場戰爭（此時越南戰爭尚未結束）；二則鼓勵臺灣維持一個獨立的政治實體所需的環境，除非並直到它選擇同大陸和平統一。459因此，1970年代初，美國表面上放棄「兩個中國」和「臺灣地位未定」的謬論，認識到只有一個中國，但卻不指明是「哪一個中國」。

70年代末，美國出於「聯華抗蘇」的需要，承認只有一個中國，承認中華人民共和國是中國唯一合法政府，但實際上仍堅持「一中一台」的政策，中美之間的臺灣問題並沒有完全解決，美國的武器售臺和《臺灣關係法》對中美關係的發展投下了陰影。事實上，自1972年尼克森訪華以來，美國所推行的「一個中國」政策，其實質就是利用臺灣問題限華防華。如尼克森本人所說：「我們必須明確一點，在與大陸的中國人建立友誼的同時，我們不會犧牲在臺灣的中國朋友。……放棄過去一直支持的事業，終結對立有誓言的同盟所應盡的義務，這種做法常常是必要和合法的。但是，拋棄處於危難之中的朋友卻總是錯誤的。我們也許不得不置他們的利益於不顧，但至少應該千方百計地挽救他們的生命。」460這表明，中美兩國雖然在一定條件下可以改善關係，但由於美國在涉及中國的國家主權原則這樣重大的問題上從未放棄其製造爭端的立場，因此，中美關係的發展始終受到制約。

另一方面，早在70年代，中美關係對抗的時代過去後，美國就在積極開展「聯華制蘇」戰略的同時，積極地推行「民主、人權」外交，積極推動臺灣的「民主化」進程。為此，美國的對臺政策由容忍、默認國民黨當局的獨裁統治，逐步轉向促使其向「民主和自由」方向發展。1971年6月美國中央情報局提出了一份對臺政策報告，認為：「臺灣的政治體制應當是建立一個『由臺灣人控制的代議制政府』，一旦政權『掌握在臺灣人手裡』，美國就可以『設法就臺灣的最終法律地位與中國對話』，或者是『臺灣人接受在中國範圍內某種形式的同治地位』，或者是造成一種政治局勢，使中國人同意一個友好的臺灣『獨立』」461。此報告開始突出了「政權臺灣化」、「兩岸分離化」的策略構想。70年代後美國對臺政策就是按照這一構想制定和實施的，並且突出地表現在兩個方面。一是美國積極扶植國民黨內的技術官僚和庇護臺灣的反對派勢力，二是壓國民黨當局實行政治自由化和「民主化」的改革。462

概而言之，從1970年代起，美國逐漸把用其價值觀念來影響和改變臺灣的政策付諸實施。在這一政策中，美國力圖以自己的「自由、民主」觀念為標準，透過各種手段，使臺灣具有與其一致的民主觀念。也就是說，改造出一個「民主」的臺灣是美國對臺政策的重點。這一政策從1970年代起一直持續到後冷戰時代。美國對臺灣的改造政策以促進臺灣的民主化進程為主要內容，包括促進臺灣的人權發展、政黨制度、選舉制度、臺灣政權的本土化等。美國試圖透過促使臺灣社會民主制度的建設來發展臺灣的民主政治，並使臺灣社會形成美式民主的觀念。其根本目的在於維護美國的利益，實現美國的對華戰略。也就是說，美國試圖將臺灣樹立為一個「和平演變」的樣板，「臺灣向全世界證明了一黨獨大政治制度的思想社會，也可以進化發展成為活潑的多黨政治」[463]，以所謂「臺灣經驗」引導中國大陸走向資本主義。

三、結果

1979年，在美國國會通過的《臺灣關係法》中規定，作為美國公開承擔保衛臺灣的所謂「主權」、安定和繁榮的條件，臺灣必須實施「人權」，必須沿美國式的民主軌道前進。之後，美國國會又陸續通過了所謂「臺灣民主修正案」、「臺灣問題解決案」等法案，宣稱「維護並促進全體臺灣人民的人權是美國的目標」，要求臺灣當局「加快實現完全民主的政體過程」，「迅速採取行動結束戒嚴狀態」，「取消關於禁止建立新黨的決定」。[464]同時要求臺灣當局放棄一黨專制和政治高壓統治，進行政治革新，開放黨禁和報禁，解除戒嚴，推行政黨政治。總之，1970年代後，隨著中美關係的改善，美國的國際戰略發生了重大變化，美國的對臺政策也由此發生了相應的調整，由支持臺灣國民黨以武力對抗大陸，變為支持臺灣當局用資本主義的自由化和多元化影響和牽制大陸。美國對臺政策的變化極大地影響和促進了臺灣的「民主化」進程。由於

臺灣在很大程度上已接受了美國的政治模式和價值觀念並在經濟上取得了較大的成功，美國認為：「臺灣作為世界大棋局中的一顆重要的棋子，尤其是臺灣的意識形態、價值觀念以及近年來的政治『民主化』，完全符合美國的利益。」465美國希望透過扶持臺灣的「民主化」進程，以臺灣推行民主化的經驗來影響大陸的改革方向，達到「以臺制華」、「和平演變」中國大陸的政治目的。由此可見，臺灣的「民主化」進程是臺灣島內各種政治力量相互作用的結果，也是國際形勢發展變化影響的結果，更是美國加緊推行「臺灣民主化」、企圖將其塑造成亞洲「由獨裁轉為民主政治的樣板」這一政策的必然結果。466

第三節　雷根時期美國的對臺政策

　　雷根在任美國總統期間，其對華政策存在兩面性：一方面中美關係有突破性發展；另一方面，在意識形態上又有明顯的反共親臺的特點。美國是一個突出意識形態理念的國家，其濃厚的意識形態色彩主要表現為強烈的「民族優越感」和傳統具有的反共意識：美國負有領導世界致力於「道義復興」的特殊責任，美國的利益就是「人類的利益」。美國從雷根時期起，就非常重視對社會主義國家的「和平演變」，確定「中烈度的攻心戰略」（或叫「民主化工程」），認為「在與共產主義的鬥爭中，『精神力量』與經濟、軍事力量同等重要」。467雷根保守主義反共本質體現在，作為其外交政策基石的「雷根主義」的核心就是反對共產主義。雷根認為當今世界的罪惡之源就是共產主義。他的名言是：「朝自由民主邁進，會將馬列主義埋葬在歷史的塵埃之中」。他不止一次稱蘇聯為「邪惡帝國」，認為只要有共產主義存在，世界就不得安寧。468在對華外交上，雷根政府試圖強化臺灣作為其「西化」中國的樣板。1970、80年代開始，臺灣國民黨當局在美國的壓力下，進行

「民主化」改革，逐步形成美國式的政治運作模式，完成了在美國棋盤上由「反共橋頭堡」到「民主楷模」的角色轉化。美國認為加強與「自由、民主」的臺灣的關係，進而透過臺灣「民主的櫥窗」的輻射作用，以「和平演變」中國。

一、宗旨

美國認為，臺灣的政治改革是美國對臺政策的成功。早在1979年美國國會通過的《臺灣關係法》就包含兩個原則，即美國公開承認保衛臺灣的安全和繁榮的義務；作為條件，臺灣必須實施「人權」，沿美國式民主化發展。這符合美國一貫的外交戰略，即其外交政策既要反映美國的國家利益，也要體現美國的價值觀念，並把維護其價值觀所認同的正義、民主、人權作為對外政策的主要目標。季辛吉就曾指出：「理想主義者認為，美國具有無與倫比的本質。這表現在其無與匹敵的道義和實力上。美國對它的力量和目標的正義性是如此自信，以至於不惜為它的道義在全球一戰。」[469]在這種思想傾向下，美國很容易對臺灣發生的多黨選舉等「民主化演變」產生認同，並把臺灣作為西方和平演變中國的工具。因為臺灣與大陸血脈相連，它的民主化對大陸更有說服力和促進性。美國為加速臺灣的「民主化」步伐，不斷對臺軍售，以加強臺灣的防禦能力，保護臺灣的安全。

到了80年代，一方面由於臺灣當局在80年代初對美國具有較強的依賴性，另一方面由於中美關係正常化後，臺灣當局在美國的亞洲「反共事業」中重要性降低，同時，也由於經過30多年的建設，國民黨在臺灣島內的統治地位日益穩定，承受外來壓力的能力增強，因此美國政府開始施加強大的壓力，要求臺灣當局進行以「民主化」為標誌的政治改革。美國之所以熱衷於關心臺灣島內政治的發展，是由其價值觀和利益決定的。從美國的價值觀來說，在美利堅民族形成之初，美國人就從其經歷之中，深深體會到人權對

個人的重要性。美國傳統的「天定命運」(Manifest Destiny)的思想，促使他們到處推進人權發展。二戰結束後，美國的國力得到了極大的發展，躍居世界巔峰，更加劇了美國人干涉世界事務、領導世界的野心。然而，進入七十年代以後，由於美國國力的衰落，加之軍事干預往往會帶來難以預料的後果，美國越來越傾向於以「人權」為幌子干涉他中國政。卡特政府提出的「人權外交」便是這種干涉手段登峰造極的發展。再加上如前所述，國民黨在島內實行獨裁統治，壓制民主，踐踏人權，引起島內各階層人民不滿，留下社會動亂的隱患，不僅威脅到國民黨的統治，也危及美國在臺灣的利益。在1982年關於臺灣戒嚴法的聽證會上，索拉茲就表示，如果戒嚴法不廢除，可能引起島內「紛爭和無政府狀態」，從而引起「中共干預」。470美國政府干預臺灣政治的發展，也不乏製造「兩個中國」、「一中一台」的險惡用心。上述美國對臺政治發展各個方面的干預，有著緊密的內在聯繫。美國關注臺灣的「人權狀況」，就是為了鼓勵臺灣「反對運動」的發展。在這些「反對運動」中，又不乏要求「臺灣獨立」、「臺灣人民自決」的勢力。美國鼓勵臺灣的「本土化進程」，更是為了削弱國民黨大陸籍人士的勢力，欲借此割斷臺灣領導層的「大陸情結」，培養「臺灣意識」。至於影響臺灣政治體制的變化，則是為了使臺灣實行與美國認同的資本主義制度，同大陸的社會主義制度對抗。兩地社會制度的差異越大，統一的難度也就越大。美國還要透過這些影響，使臺灣成為做給大陸人民看的「民主的樣板」，從而為美國「和平演變」大陸的戰略服務。471

二、方針

雷根時期，美國向臺灣當局施加強大的壓力，要求臺灣採取措施，促進「政治民主化」的發展。美臺斷交以後，美臺政治上的聯繫，並沒有由於雙方關係的「非官方」性質而終止。相反，進入

80年代，美國開始利用臺灣對其依賴程度的加深，從各個方面不斷施加影響，力圖讓臺灣島內政治發展朝著美國期望的方向變化。在對國民黨當局施壓方面，美國國會議員充當了急先鋒。他們組織「臺灣民主促進會」，在國會發聲，要求臺灣不要拖延民主政治的推行；一些議員還以《臺灣關係法》中的「人權條款」472為依據，以尊重臺灣人人權為藉口，反對國民黨的威權統治，支持「臺灣獨立」，如參議員克萊恩·佩爾（Claiborne DeBorda Pell）曾表示，「臺灣應成為一個由臺人自治的自由和獨立的國家。這雖非美國政府現行政策，但我希望最終會成為美國的官方政策」473，這種言論使國民黨憂心忡忡，擔心若再堅持一黨專政，美國人有可能會考慮「換馬」；1982年，參議員甘迺迪等三十餘位國會議員簽署了聲明，要求國民黨盡快解除「戒嚴令」；1981年「陳文成事件」、1984年「江南事件」，1985年臺灣情治單位拘留美國洛杉磯華文報《國際日報》發行人李亞頻，這些事件引起美國國會的強烈反應，眾議院外交委員會就這些案件舉行聽證會，推動形成決議，並用「停止軍售」做威脅，迫使臺灣當局接受美國的要求。特別是「江南事件」之後，美國眾議院外交委員會亞太問題小委員會召開公聽會，討論是否發動「美國武器輸出統製法修正條項」，使國民黨大為緊張。與此同時，美國媒體指出「江南事件」的幕後與蔣經國的次子蔣孝武有關，這迫使蔣經國不得不在1985年兩次發表聲明，保證蔣家人不會再當總統，並在1986年2月把蔣孝武外放為新加坡商務代表團副代表，以使美國人放心蔣經國不會在臺灣搞「家天下」；1985年9月，美國眾議院以口頭表決通過「223號提案」，要求臺灣取消「戒嚴令」、開放黨禁。美國國會對國民黨的批評，形成了要求臺灣「解除戒嚴」的壓力，令國民黨「極為難堪」。4741986年8月1日，美國眾議院外交委員會以壓倒性多數票通過「233號決議」，其中最重要的一點就是敦促國民黨開放黨禁。1986年9月13日，美國又派官員向國民黨建言：因為恐懼共產

主義威脅而不敢實施民主政治是錯誤的,很多國家都證明實施民主政治才能防止共產主義。475國民黨在政治、軍事或經濟上都必須依賴美國,必須盡力對美國朝野推銷臺灣比中國內地更為「自由」、「進步」的形象,因此,迫於美國壓力,蔣經國不得不多次宣稱要推動臺灣的民主化進程。476

　　綜上所述,進入1980年代後,美國不斷敦促臺灣當局進行政治革新,走向「政治民主化」。對臺灣的「政治革新」,美國最關心的就是廢除「戒嚴法」。「戒嚴法」制定於1934年1月,並於1948和1949年兩次修訂。它壓制了臺灣的民主運動,引起了美國的極大不滿。在80年代,美國國會多次召開聽證會,討論臺灣「戒嚴法」的廢除問題。1982年5月,眾議院外交委員會亞太小組主席索拉茲(Stephen Solarz)召開聽證會,認為實施戒嚴法同臺灣當局宣稱的實行民主不相稱,是臺灣政治發展的障礙,也是臺灣當局騷擾華裔美國人的根源。他同時認為,美國不應支援一個壓制民主的「國家」。戒嚴法的存在,將會嚴重阻礙美臺關係的發展。1984年5月,美國會眾議院又召開了名為「臺灣政治發展」的聽證會。會後,亞太小組通過一項決議稱:國會認為,若臺灣當局繼續並加速全面民主的腳步,那將最好不過;特別希望能借終止戒嚴及其他緊急條款,釋放政治犯,來保障所有臺灣人民的權利。477從行政當局方面來說,美國務院認為「戒嚴法」及其他緊急處分條款是臺灣政治發展的障礙。美國發佈的人權報告認為「戒嚴」使國民黨當局「控制新聞媒體、審查信件、禁止罷工、無拘票搜查、登記財產及禁止集會」。儘管國民黨當局後來採取了一些措施,力圖改善人權記錄以取悅美國,但該報告仍堅持認為,「臺灣政治雖有進展,但趕不上經濟的增長;公開表明尊重人權,實際上施行不徹底。」4781987年臺灣當局宣布解除戒嚴令後,美國政府大加讚賞。在當年的臺灣人權報告中,美國指出,臺灣的政治改革得到廣泛的讚許,解除戒嚴是臺灣走向政治多元化的一大步。479與此相

呼應，當時的臺灣當局認為：「中華民國已在臺灣創造了基於三民主義思想成功的經驗，這種『臺灣經驗』不僅對中共政權構成了嚴重衝擊，也成了大陸邁向民主自由的催化劑。」基於這種認識，臺灣當局提出「政治反攻大陸」，企圖以推廣「臺灣經驗」來達成影響大陸的目的。480

總之，美國對臺灣政治轉型的推動並非是為了臺灣的民主和自由，而是為了用一個「民主」、「自由」的臺灣影響、演變中國大陸，以及透過「自由化」和「民主化」扶助一個臺灣人的「政府」，造成海峽的事實分裂或永久分裂，以牽制和削弱中國的力量。481具體而言，臺灣在美國眼中的戰略價值始終未變，美國從未放棄將臺灣作為其勢力範圍的企圖。「以臺制華」，分裂中國，是美國在兩岸關係問題上的基本利益。除此之外，美國認為「民主」是其在臺灣的又一重要利益。1986年10月15日，蔣經國親自主持下的國民黨中常會宣布將解除國民黨在臺實施38年之久的「戒嚴令」和「黨禁」，並宣稱這是為使持「不同政治立場」的「政治團體」在「政黨體制」下，以「平等地位，理性政見從事政治競賽。」以此為標誌，臺灣逐漸進入了多黨制的政治體制。美國認為臺灣的政治改革符合美國的自由、民主觀念，並且認為臺灣在人權問題上的「進步」堪稱東亞的模範。因而借「臺灣民主化」擴展美國的民主觀念，並影響大陸的政治制度便成為臺灣的又一重要「價值」。482

從以上的討論中，可以看出在中美建交前後，伴隨美國實行「聯華抗蘇」的戰略，臺灣在遏制中國大陸方面的價值有所下降，這使臺灣在反對美國要求其「民主化」的阻力減小，美國對臺政策中「以臺變華」方針得以從付諸實施到逐漸明朗化。例如，美國人毫不諱言臺灣就是中國社會能夠成為政治上以及經濟上的榜樣。「在理想的狀況下，臺灣的民主建設將如同經濟成就一樣，對大陸

產生示範作效果，促成大陸的變革。」「臺灣作為民主的模範將會吸引中共在未來朝著政治改革轉型。只要臺灣存在且不意圖走向獨立，同時海峽兩岸的衝突能透過和平手段來解決，中共在最後必然要面臨民主的挑戰。實則，對中共民主的促進也合乎美國利益。」483

三、結果

進入1970年代至80年代中期後，臺灣政治文化開始進入異化嬗變期。國民黨威權政治文化體系開始無奈地接受西方政治文化的挑戰，政治文化結構出現多元化趨勢，儘管仍勉強地維持著國民黨傳統政治文化的特徵，但美國式自由、民主、公平、正義等價值體系逐漸取得臺灣政治文化的道德制高點。臺灣作為美國宣講民主的「窗口」，從不同渠道接受民主、自由觀念的洗禮。484

首先，臺灣留美學生成為美國政治文化在臺傳播的主要載體。臺灣人面對美國的民主自由，社會多元化，公民參政議政的巨大吸引力，產生了「嚮往美國」的心理，這使得傳統政治信仰在美式民主自由觀的衝擊下失去了競爭力，進而民主自由觀唸成為大部分臺灣人的心理主流。臺灣前《中國論壇》編輯林瑞對這一現像有過深入的分析，他指出：「臺灣在政治經濟等方面長期依賴美、日等工業國家，連帶在學術上亦復如此，留學美國成了臺灣新興知識分子領袖群體必須經過的『通過儀式』」，「重要大學的教授，其碩士、博士階段主要是在美國所養成，更是不爭的事實」，「他們在許多看法及思考方式上，受美國的影響較深」，「美國的帝國主義文化對於戰後臺灣的支配，舉凡政治、軍事、文化、教育等，無不有深刻影響」。485

其次，當代臺灣政治精英唯美國馬首是瞻。當代臺灣崛起的一大批政治精英，如：李登輝、連戰、宋楚瑜、馬英九等大多是1980年代前後返臺的留美學生。80年代中後期，這些人成為臺灣

政界的領導人物，他們對美國的信仰與膜拜推動了美式民主自由制度在臺灣的傳播，久而久之臺灣社會形成了「唯美國是尊」的氛圍。李登輝曾自豪地講：「依據政黨的說法，我們朝向一個更自由，更民主的社會邁進，已經使世人對我們十分讚許，尤其民主先進國家的人士，以他們的標準來衡量，更是如此。」[486]臺灣前行政院長郝柏村也曾毫不掩飾地承認：「我們確實是親美。」[487]最終，臺灣人的政治信仰主體由「三民主義」轉變為美國的自由民主思想。

　　孫中山的「三民主義」以中國傳統政治文化的積澱為基礎，兼收了西方政治思想的精髓，在「政治革新」前成為臺灣人傳統的政治信仰。但國民黨對臺灣的威權統治扭曲了「三民主義」的真諦，選舉權、罷免權、地方自治權等公民權利在臺灣都未得到真正落實，這為美式自由民主思想在臺灣的傳播提供了可操作性空間。1950年代的「自由中國」事件，60和70年代的《文星》、《大學》等雜誌推動了西方民主思想在島內的早期傳播。70年代中後期，「中壢事件」和「美麗島事件」適應了臺灣人日益增強的政治參與的客觀需求，充當了臺灣民主化運動爆發的「導火線」，使西方自由民主思想在臺灣獲得再發展。80年代，臺灣的民主運動進入規模化、組織化、長期化的階段。此時，美式政黨政治的標準成為黨外人士批判國民黨政權最有力的武器。在巨大的社會壓力下，1986年3月國民黨當局不得不宣布「政治革新」，隨後解除「戒嚴」，開放「黨禁、報禁」等。隨後，臺灣當局抓住「臺灣人高度認可民主、自由」的心理，將自己定位為信奉自由民主的西方社會的一員。以多黨競爭、普選制度、言論自由為主要形式的臺灣政治民主一度成為「民主」的楷模，被西方各國盛讚。至今，美國仍把臺灣的經濟發展看作接受美援成功「畢業」的典範，把現在臺灣的政治制度看作是在美國影響下「民主化」的成果。「在經歷了國民黨憑藉軍事管制法進行的40年統治後，自80年代末以來，臺灣演

變成了一個羽翼豐滿的民主制社會。如果沒有大量政治精英在美國接受高度教育（在某種程度上他們在美國吸取了美國的價值觀），這幾乎不可能發生。」488 相應的，美國甚至臺灣的政界和學界均廣泛認為臺灣的民主對大陸會產生一種「燈塔效應」，為中國大陸的民主發展照亮道路。

第四節　小結

　　1970年代以來，美國的國家安全利益受到蘇聯的威脅越來越大，美不得不在臺灣問題上做出讓步，放棄「臺灣地位未定論」，以實現「聯華抗蘇」的戰略需求。於是美在1972年2月28日中美《上海公報》中首次承認了「一個中國」的原則，明確了臺灣是中國的一部分。1978年底，卡特總統決定和中國正式建立外交關係，斷絕了同臺灣的「外交關係」。中美建交以後，美臺關係也有所發展，但是更多地受制於中美之間的三個聯合公報。臺灣問題沒有對這一時期中美關係的發展構成重大影響。儘管如此，中美建交以來，美國一方面聲稱堅持「一個中國」的原則，另一方面又以《臺灣關係法》為依據，以保持臺灣海峽局勢穩定為藉口，向臺灣提供變相的安全保護，實際上就是企圖長久維持海峽兩岸的「和而不統」的局面，即兩岸關係相對緩和，但又繼續維持著分裂的局面。美國認為，這種局面既最符合它的近期利益，又符合它的長遠利益：首先，堅持「一個中國」的政策，能使美國同中國繼續保持符合其國家利益的戰略合作；其次，繼續與臺灣保持各種利益合作，並在戰略上利用臺灣牽制中國。489

　　這一時期，從尼克森訪華到中美達成三個聯合公報，美國政府基本上完成了對臺灣問題的政策調整：一方面是中美之間在三個聯合公報的基礎上發展關係；另一方面是美國在《臺灣關係法》的基

礎上保持與臺灣的關係。這是美國的「雙軌政策」。具體而言，自1979年中美關係正常化以來，歷屆美國政府都實行「雙軌政策」，在海峽兩岸之間保持脆弱的平衡。一方面，美國承認「一個中國」政策，承認中華人民共和國是在國際上代表中國的唯一合法政府，臺灣是中國的一部分，美國無意推行「兩個中國」和「一中一台」，這是中美三個聯合公報的基本立場。另一方面，又以作為中國法的《臺灣關係法》為依據，同臺灣保持實質上的準官方關係，堅持對臺軍售和對臺灣安全承擔義務。美國歷屆政府總是把臺灣問題置於「基於三個聯合公報和《臺灣關係法》」的「一個中國」政策的框架下，利用美國對臺政策的內在矛盾性來達到其對臺政策的兩面性，試圖營造一個更為寬廣的空間以便主導兩岸關係，為美國謀求最大化的利益。總之，美國對臺的政策受美國對華戰略意圖的影響，「雙軌」政策不僅是過去和現在，而且也是將來一段時期內美國對臺政策的基調。美國對臺的「雙軌」政策是由美國的國家利益決定的。一方面，中美兩國具有許多共同利益，美國在許多方面需要中國的合作，客觀上要求兩國進一步穩定和改善關係。另一方面，美國需要利用臺灣制約中國，成為其控制亞太、影響全球的重要戰略基地；而且可以利用臺灣對進口美國先進武器裝備的嚴重依賴獲取巨大的經濟利益。因此，無論從戰略還是經濟利益考慮，美國都要保持與台海兩岸的平行政策。美國既不想使自己失去一張重要的牽制中國的「臺灣牌」，也不願看到「台獨」導致台海戰爭的爆發，美國的如意算盤是「不戰不和」，從中漁利。490

與此同時，美國的民主自由價值觀壓力從外部推動了1970年代以來的臺灣「民主化運動」，除在民主理念上的引導外，在政策方面也給予「臺灣民主化運動」以高度讚賞與肯定。1979年美國的《臺灣關係法》包含兩個原則：美國公開承擔保衛臺灣的安全和繁榮；作為條件，臺灣必須實施「人權」，沿美國式民主前進。美國的要求已為臺灣當局所接受並得到忠實履行。美國負責亞太事務

的前助理國務卿西古爾曾經稱讚蔣經國允諾解除「戒嚴」，開放「黨禁」和允許反對黨成立，代表臺灣政治制度的大幅演進，讚許蔣經國促成這項進展的遠見和決斷。1986年5月，美國少數議員成立了「臺灣民主促進委員會」。同年9月28日，民進黨宣布成立。美國政府要求臺灣當局不得對民進黨成立一事做出過度反應。[491]正是在美國的推動下，臺灣自1980年代開放「黨禁」以來，「政治民主化」進程加快。美國人認為，一方面，「臺灣的政治民主化成績很大」，加強與臺灣的政治合作符合美國的價值觀和意識形態標準；另一方面，臺灣所發生的「奇蹟般」變化使得「臺灣經驗光芒照人」，對中國大陸具有特殊重要意義。也就是說，美國希望透過加強與臺灣的「政治」合作，影響中國大陸，達到推行「和平演變」的政治目的。總之，「民主化」對臺灣當局意義重大，改善了其在國際上形象，有利於其拓展「國際活動空間」的努力。透過建立市場經濟體制、價值多元化的社會文化和代議制民主，臺灣與美國實現了價值的認同。美國認為臺灣目前的政黨政治制度貼近美國的價值觀念和意識形態，維持臺灣的政治制度符合美國的利益。與此同時，這也是使臺灣問題成為美國中國政治中的一個因素的重要原因。對美國來說，「臺灣已成為一個全面的『價值』問題，而非國家安全問題。」[492]對此，有美國學者指出，「美國在臺灣最重要的利益不是貿易、投資和文化交流，而是政治考慮，即臺灣出現的自由民主政治不能被中共所扼殺。」[493]同時，美國視臺灣的民主過程為美國式民主在亞洲的勝利，臺灣已成為自由主義的「櫥窗」和民主的「橋頭堡」，是亞洲民主的榜樣。臺灣可以向大陸展示所謂「西方民主」，成為影響中國大陸變化的重要工具。

　　概括起來，中美建交前後的時期，從推進臺灣政權的本土化、敦促國民黨當局尊重人權到或明或暗地支持主張「獨立」的民進黨，美國的著力點都在於按照美國的標準和模式改造臺灣，使臺灣不僅進一步融入西方社會，成為美國主導的西方社會的一員，而且

企圖透過這種「改造」來證明,「臺灣顯示的自由和民主的價值觀是適合中國文明的」494,以此影響中國大陸的政治發展過程。從這一意義上講,1970至80年代美國的對臺政策是五六十年代美國對臺政策的延續,所不同的是,這一時期美國對臺政策中「以臺變華」方針已經付諸實施,並逐步明朗化了。

第六章　後冷戰時代美國的對臺政策

冷戰結束後,建立新的國際秩序已成為各國共同關心的問題。美國關於世界新秩序構想的基本內容之一,便是「向全世界推廣美國的價值觀念、意識形態和政治經濟模式,推進全球資本主義化」。495為了建立「美國民主治下的世界秩序」,後冷戰時代美國歷屆政府都竭力向全世界輸出「美國式」的民主,宣揚美國的生活方式和價值觀。這一時期,美國的對臺政策一直在調整變化,主要表現在提升美臺實質關係,在高層官員互訪和對臺出售武器問題上逐步突破中美三個公報的界限。只是在不同時期調整的幅度和方向有所不同。從以往的經驗看,美國的政策調整基本上取決於兩個因素:其一是中美關係的狀況和美國政府的對華政策;其二是兩岸關係的狀況和美國對台海局勢的基本估計。496這兩個因素同樣也是分析後冷戰時代美國政府對臺政策的兩個基本參數。

第一節　老布希時期美國的對臺政策

冷戰的結束,使自1972年尼克森訪華以來,美國對華政策的兩大支柱不復存在。其一,「為阻止蘇聯在亞洲和其他地區擴張而結成心照不宣的聯盟,先由於蘇聯在戈巴契夫領導下改變對外政策而遭到破壞,後來又由於東歐共產主義的垮臺及隨之而來的蘇聯解

體而被徹底摧毀」。其二,「美國參與中國的經濟發展與政治改革也由於兩國在雙邊貿易和投資問題上發生爭執而受到削弱,由於中國在『人權』和武器銷售方面的記錄而進一步受到削弱,隨後又由於1989年的『天安門事變』而遭到徹底破壞」。497這種看法,在相當一段時間內是美國政治和學術界具有代表性的看法,今天仍有人樂論此而不疲。就是說,冷戰時期的中、美、蘇「大三角」關係不復存在,中國在美國全球戰略中易位。

一、冷戰的結束與美國對外戰略的變化

後冷戰時代像冷戰時期那樣明確的以一個特定國家為主要敵手、以他國對待這個國家的態度作為劃分敵我友為主要標準、以維護國家軍事安全為最重要戰略目標的時代,已經成為歷史。這使美國不得不對其在冷戰時期制定的、以遏制蘇聯來保證美國安全為中心的「遏制戰略」,進行必要的調整。經過老布希在冷戰後初期提出的「超越遏制戰略」、建立「世界新秩序」的戰略構想,美國的全球戰略最終定名於「參與和擴展戰略」。在蘇聯東歐劇變之際,1990年1月31日,老布希政府在國情咨文中就強調:40多年來,美國和它的盟國一直在遏制共產主義,以確保民主繼續存在。今天,由於共產主義開始崩潰,我們的目標必須是確保民主向前發展,在締造和平與自由的最大希望———一個偉大的並且不斷擴大的自由國家聯邦方面走在前面。4981990年9月11日,老布希正式提出了構建「世界新秩序」的美國全球戰略構想,強調在世界範圍內推行美國的價值觀和思想體系,以期最終建立「一個政治和經濟自由、人權與民主制度盛行」的國際體系,突出了「民主」和「人權」在全球戰略構想中的地位。老布希在《1991年國家安全戰略報告》中指出:「作為一個國家,我們的責任不僅是保護我們的公民與我們的利益,而且還要幫助創建一個新世界,使我們的理想不但能生根,而且還能開花結果。這正是我們的國家安全戰略的根本

所在。」499 1993年1月5日，老布希在西點軍校再次宣稱：「冷戰以後，美國成了世界上唯一的超級大國，美國的職責就是運用自己的道德與物質資源，以促進民主與和平。我們有責任、也有機會進行領導。沒有其他國家能擔當這一職責。」500 在推進民主方面，柯林頓政府完全繼承了前任政府的政策。1994年，新政府更明確地將推進民主同維護安全和經濟利益並列為國家安全戰略的三大目標之一。柯林頓強調，新時代國家安全戰略的主要目標是，「用準備好進行戰鬥的軍事力量，可靠地維護中國的安全。促使美國經濟重新恢復活力。促使國外民主的發展。」501 1998年1月21日柯林頓在《新世紀國家安全戰略》中又強調：「民主的擴大對美國價值觀是一個支持，對我們的安全和繁榮是一個促進」。2000年12月美國公佈的《21世紀的美國安全戰略》提出：「推進民主進程和保護人權仍是美國國家安全戰略的核心」。2002年9月，小布希政府的《國家安全戰略》報告也把在全球範圍內推廣美國的民主價值觀作為維護美國國家利益的三個戰略性任務之一。這份報告還強調美國必須將它的價值觀念傳播到全世界以維護美國的安全。可以看出，冷戰結束後的歷屆美國政府都將「輸出民主」作為美國重要的戰略目標，使意識形態成為國家利益的重要組成部分，從而使冷戰後美國的全球戰略帶上了濃重的意識形態色彩。

美國之所以提升推進民主的地位，是與冷戰結束後美國的實力地位和全球戰略調整密切相關的。蘇聯解體後，美國成為唯一超級大國。美國的一位戰略專家這樣評價美國的實力地位：「冷戰結束使美國處於空前的優勢地位。美國的經濟比僅次於它的競爭對手大40%，並且它的防衛開支等於緊排其後的6個國家的總和。這6個國家中的4個是美國的親密盟友，所以美國的優勢比上述數字所顯示出來的還要大。美國在高等教育、科學研究、先進技術（特別是資訊技術）方面居世界領先地位，這將使其他國家盡快趕上美國更為困難。」502 針對這種新形勢，美國及時調整了其全球戰略，放

棄了以對付蘇聯為核心目標的「遏制戰略」和「超越遏制戰略」，將維護、鞏固、加強美國的「一超獨霸」地位作為總目標。「參與和擴展戰略」就是這種調整的結果，其三大支柱都是圍繞著這個總目標，是為了實現這個總目標而在安全、經濟、政治三個領域的展開。這裡，「推進民主」的地位得到明顯的提升。在冷戰結束前，「推進民主」作為一個戰略目標之所以不是獨立的、直接的，要貫穿於其他目標之中，是因為那時美國還面臨著基本安全問題，即關係到國家生死存亡的安全問題。在面臨現實安全威脅的情況下，像推進民主這樣的意識形態目標只能擺到從屬的位置，甚至有時為了實現總的戰略目標，美國還不得不暫時犧牲在「推進民主」上的利益。比如冷戰期間，為了遏制蘇聯而扶植反蘇親美的獨裁政權。冷戰結束後，美國已無生死存亡性的國家安全之虞，可以將更多的注意力和資源放在推進民主上，在貫徹推進民主戰略時，可以表現得更加堅定，更加無所顧忌。

二、冷戰結束對美國對臺政策的影響

冷戰結束後，特別是1992年以來，美國對臺政策的調整可歸結為以下幾方面：

（一）大幅度增加對臺軍售。繼1992年美臺F-16戰鬥機軍售協議後，美國又接連在1993—1994年間向臺灣出售E2T鷹眼預警飛機、魚叉式導彈，以及M60A3坦克、M48H戰機、改良式愛國者導彈AH-1W、超級「眼鏡蛇」攻擊直升機等大批先進武器和軍事裝備。如此大規模的武器銷售，不僅為中美建交以來所未有，也為中美建交前所罕見，從而全面突破了中美《八·一七公報》中對美對臺武器銷售的限制。2001年4月美國答應的售臺武器（4艘基德級驅逐艦、8艘柴油動力機潛艇和12架P-3C反潛巡邏機等）則是美國歷來答應的售臺武器中最大宗者。據統計，僅小布希任內對臺售武就達近100億美元，內容也從更新換代發展到新式前沿，從防

禦性擴展到進攻性，如F16戰機、反潛機和愛國者反導系統等。503

（二）提升美臺交往的級別和層次。除允許臺駐美機構更名外，1992年11月30日，美國貿易首席代表希爾斯夫人抵臺訪問。這是自1979年美臺斷交後，美國首位部長級官員訪臺。此後，美臺政要來往頻繁、絡繹不絕。臺灣軍政要人參謀總長劉和謙、外交部長錢復，國民黨中央祕書長許水德、新聞局長胡志強等相繼以各種名義往訪美國。同時，美國許多政界人士、高級官員、國會議員也紛紛前往臺灣。1994年12月，美國運輸部長培尼亞訪問臺灣，被臺灣當局稱之為「十餘年中（臺）美高級官員互不官方接觸的禁忌的突破」。2002年3月，臺灣的國防部長湯曜明前往佛羅里達參加美臺「國防峰會」，這是1979年以來訪問美國的臺灣最高級別的國防部官員。這些突破傳統雙邊交往層層禁忌的舉動將美臺交往提高到官方層次，並使之公開化，從而在事實上突破了美國在中美建交公報中只同臺灣保持「非官方接觸」的承諾。

（三）採取立法措施，強化美臺關係。1993年7月16日，美國國會參議院外交委員會通過一項《國務院授權法案》的修正案，聲稱《臺灣關係法》中有關軍備供應條款的效力優於美國1982年與中國簽署的《八·一七公報》有關文句。1994年4月，美國參眾兩院聯席會議又通過穆考斯基修正案。該修正案不僅宣稱《臺灣關係法》優於中美《八·一七公報》，並要求美國總統採取步驟明確表示在雙邊關係和在美國是成員的多邊國際組織中支持臺灣，一年後的1995年4月，美國眾議院又通過一項撥款法案。法案聲稱「《臺灣關係法》的效力優於後繼的行政命令，取消對臺軍售的金額限制。」2000年2月1日，美國國會眾議院通過了所謂《加強臺灣安全法》法案，企圖為美國和臺灣進行和擴大軍事聯繫與往來、美向臺出售各種先進武器裝備及技術提供所謂法律依據。上述這些法案實質上是《臺灣關係法》的擴展和補充，為提升美臺關係提供法律

依據，旨在突破中美三個聯合公報中對美臺關係的限制，特別是突破對美國對臺軍售的限制。

（四）積極支持臺灣當局推行所謂「務實外交」，提高臺灣在國際上的地位。1994年下半年，美國政府成立了一個「特別工作小組」，其任務是專門研究各個國際組織的性質和入會條件，以便幫助臺灣透過各種途徑參與國際組織（包括一些政府間國際組織）。與臺灣當局推行的「務實外交」相呼應，美國一些政治勢力也積極推波助瀾，特別是集中全力為臺灣「重返聯合國」鳴鑼開道。美國國會的一些領導人物——參議院外委會主席赫爾姆斯（Jesse Helms）、眾議院程序委員會主席所羅門（Gerald Solomon）等人紛紛站出來大肆鼓噪。正是由所羅門發起，在眾議院提出一項支持臺灣「加入聯合國」的共同決議案。另外，美國還有16個州的議會通過決議支持臺灣加入聯合國。2001年3月19日，美國參議院通過了支持臺灣成為世界衛生組織觀察員的眾議院2739號法案，該法案的主要內容是授權美國國務卿於5月份世界衛生大會在日內瓦召開之時，提出計劃支持臺灣以觀察員的身分參加為期一週的會議。2002年4月，小布希正式簽署了該法案，並正式成為美國的國內法。這些舉動的目的，無非是要在國際上為臺灣製造一個「獨立政治實體」的形象，為美國推行「兩個中國」、「一中一台」乃至最終為突破「一個中國」的原則準備條件。

（五）進一步加強美臺經濟聯繫。美臺經濟關係一向密切。美國是臺灣最大的出口市場，臺灣則是美國第五大貿易夥伴。在進口美國產品方面，臺灣超過中國大陸、韓國、香港等地，是進口美國產品最多的地區之一。但隨著近年來海峽兩岸經貿關係的發展，臺灣經濟對美國的依存度相對降低，而對大陸的依存度則迅速升高。有鑑於此，美國認為有加強美臺經濟關係的必要。美國在竭力阻撓中國恢復關貿總協定席位的同時，卻積極支持臺灣加入關貿總協定。1993年5月，美國助理貿易代表紐柯克率代表團赴臺，與臺灣

當局進行非正式會談。1994年3月，美臺雙方又在臺北進行了關於臺灣申請加入關貿總協定的第一次雙邊談判。如此等等，不一而足。對於美國來說，加強同臺灣的經濟關係，既可以加強對中國的經濟牽制，又可以撈取更多的經濟實惠，一舉兩得。

如上可見，美國對臺政策的調整涉及政治、經濟、軍事、外交諸方面，是全面的調整。儘管這種調整還是有一定限度的，還未公開突破「一個中國」的框架，但其向臺灣傾斜的趨向已非常明顯。504那麼，冷戰結束後美國對臺政策的調整是基於何種原因呢？前文已經說過，美國的對臺政策是由美國的對華戰略決定的，並且是這個戰略的重要組成部分。因此，美國對臺政策的調整也是根據美國對華戰略的需要而進行的。

首先，冷戰的結束導致中美關係的基礎發生了變化。在1970年代末，中美兩國能夠不計前嫌，建立外交關係，在很大程度上是因為他們有著共同的目標和利益——抵抗蘇聯在全球的霸權主義擴張。80年代，中美關係的基礎進一步擴大到政治、經濟等各個領域。但從美國的角度看，中美關係基礎的核心仍然是中國對美國的戰略價值。當時，美國外交政策的核心目標是與蘇聯爭霸世界，它需要利用中蘇間的矛盾，作為對抗蘇聯的武器。因此，為了維持良好的中美關係，美國不能也不敢在臺灣問題上走得太遠。但是，冷戰結束後中國對美國的戰略價值下降了。而且，由於中國取代前蘇聯，成了世界上最大的社會主義國家，中美兩國成為意識形態領域內的最大的對手。儘管中國多次聲明堅持獨立自主的和平外交政策，願在和平共處五項原則的基礎上與各國發展平等、互利、友好的關係，但是以美國為首的西方國家在看待中國時，總摘不下「意識形態」的有色眼鏡，對中國採取敵視的態度，妄圖「和平演變」中國的社會主義制度。冷戰結束前後，意識形態在世界範圍內的國際關係中的作用，與在中美兩國關係中的作用，恰好呈反向運動。冷戰時期，就世界範圍而言，意識形態在國際關係中的影響是相當

大的;而在中美關係中,則要小得多。冷戰結束後,由於國際共產主義運動遭受到巨大挫折,許多社會主義國家紛紛改旗易幟,倒向資本主義制度,就世界國際關係體系而言,意識形態的地位降低了;而就中美關係而言,兩國間在意識形態領域的衝突卻凸顯出來,制約了兩國關係的順利發展。與之相反,由於80年代臺灣島內政治發展的結果,資本主義制度已經完全在島內穩住了腳跟,所謂的「民主政治」也有所發展,與美國的社會、經濟、政治制度實現了認同。因此,從意識形態角度看,冷戰結束後,美國傾向於採取對抗中國大陸,拉攏臺灣的政策。

其次,美國外交政策重心的調整也影響到其對臺政策。冷戰結束後,由於緩和成為不可逆轉的世界潮流,國家安全不再是美國外交工作的唯一目標,經濟安全成為其外交工作的核心內容之一。尤其是在柯林頓政府上臺以後,更把經濟安全列為美國外交工作的三大中心內容之一。從經濟的角度考慮,美國在臺灣有巨大的經濟利益。第一、經過幾十年的發展,臺灣的經濟實力大大增強,對美國具有不小的誘惑力。臺灣島內的需求,成為引誘美國商品的市場;臺灣龐大的外匯儲備,可以分擔美國的經援任務。第二、在經濟事務的糾紛中,臺灣比中國大陸更容易「控制」。中國大陸對美國也有巨大的經濟利益,但是兩國在經濟上的摩擦也時時存在,諸如在兩國貿易中美方所謂的「巨額貿易逆差」、「知識產權的保護」,等等。在有關談判中,大陸堅決拒絕美方的要求。而臺灣則對美國逆來順受,往往全盤接受美方的條件。因此,兩相比較之後,美國傾向於調整其對臺政策。

三、老布希政府的對臺政策

冷戰後的美國第一屆總統老布希,是歷屆總統中唯一的「中國通」和少數的幾位中國的「老朋友」之一,而恰恰是在老布希執政期間,美國一改建交以來把臺灣問題擱置在「後爐灶」使其不成為

中美關係發展障礙的政策,而使之地位逐漸上升為兩國關係的核心。其間的代表性事件就是1992年美國售臺150架F-16戰鬥機。首先,向臺灣出售F-16戰鬥機符合美國的全球戰略利益。冷戰的結束和中美關係的一些變化導致一些美國人認為美國不需要中國來對抗蘇聯了,中國在戰略上對美國已經不像以前那樣重要了。在作出決策前對中國可能的反應進行了評估,最後的結論是中國不會作出強烈的反應,因為中國在政治風波後在國際上的局面還沒有很大的改善。其次,老布希向臺灣出售F-16戰鬥機的決定是在冷戰結束後,美國的「使命感」復活,臺灣當局接受,而中國政府拒絕美國基於「天定命運」理念所提出的要求之時做出的。根據當時的國務卿貝克的話,美國對華政策一直是在強烈的愛好和對抗之間搖擺的:「當中國人看起來要採取我們的原則——不管是宗教的還是世俗的——我們就熱情歡迎他們加入到我們的行列中。但是,當一些動亂導致失望和流血時,美國人又因為遭到拒絕——改變(中國)的失敗而感到憤怒。」在美國認為全世界都在學習美國模式的時候,中國政府平息政治風波的政策和此後美國認為中國放慢政治體制改革的認識使美國人感到失望。老布希所提出的冷戰結束後的「新世界秩序」,就是不僅要建立「在共同的利益上,而且要建立在共同的理想上。」在美國人眼中,「中國,同亞洲其他仍然存在的共產主義國家一樣,堅持抵抗民主改革。」因此老布希向臺灣出售F-16戰鬥機的決定不僅是對臺灣支持的一個象徵,也是一個對中國政府拒絕美國模式懲罰的一個體現。[505]美國政府的一個智庫曾明言:「透過對臺軍售有可能將中國最後拖向前蘇聯的命運,從而使中國不得不聽命於美國。」[506]

(一)宗旨

冷戰結束後,以美蘇冷戰為背景的美國國家安全戰略的基礎發生了動搖。1990年3月,老布希向國會提交了他的第一個《國家安

全戰略報告》，正式提出「超越遏制」新戰略。507而美國對蘇戰略的調整使得一直作為美國對華政策支柱的中國的戰略地位重要性下降。美國一位參議員曾經說：「冷戰已經結束，當我們翻開中國牌時，卻發現只是一張小二。」5081989年北京「六・四」風波直接誘發中美關係的變化。當然這種變化不是突然而至的，「六・四」風波只是導火線而已。這種變化是中美交往加深而引發的深層次矛盾的表現——隨著交往加深，雙方在價值觀、意識形態、社會制度、歷史文化等方面的碰撞越來越激烈，美國對中國瞭解愈多，愈加使得它對中國的許多狀況不滿，於是美國開始對中國橫加指責。509加上西方媒體的大肆渲染及美國國會通過的大量攻擊中國的法案，使許多美國人對中國產生誤解：「中國依然存在一個『不民主』的政府，有可能『不負責任地』對內對外使用武力；中國也不接受西方的『人權』觀念，是對美國價值觀的挑戰」，「中國政治正處於『過渡時期』，存在諸多『難以預測』的『不確定』因素，可能導致『中國回到典型的共產主義制度』，對亞洲穩定和美國的利益不利。」510中國的形象在美國也一落千丈。作為冷戰結束後唯一的社會主義大國，中國無疑是美國眼中的「異類」國家，是美國推行民主人權的最大障礙。因而中國自然成了美國最主要的意識形態對手，被美國視為其實現全球戰略的主要「障礙」。這使以「民主、人權」為主要內容的意識形態陡然上升為影響中美關係的重要因素。

關於臺灣問題，美國政府認為，打「臺灣牌」是遏制中國、促使中國崩潰最合適不過的手段。透過支持「台獨」挑起台海危機，可以增加東亞國家的對華恐懼心理；透過支持臺灣「務實外交」和加入國際組織，可以消耗中國的精力，削弱中國在國際組織中保護自身利益的能力。將臺灣海峽的緊張局勢控制在一定的水平上，不僅不會給美國帶來任何實際利益的損失，反而可以用來加速中國的崩潰。總之，開始於1989年末、最終導致冷戰結束的東歐劇變和

蘇聯的解體，使一直做為美國對華政策支柱的中國在冷戰中的戰略重要性貶值。曾經被美國看作是共產黨世界最激進的改革者的中國一下子變成了美國人眼中「抗拒」自由市場和「民主」這一趨勢的共產主義的最後堡壘。與此同時，在海峽另一岸的臺灣在經歷經濟的快速發展後，在朝美國式的民主方向也邁出了不小的步子。臺灣推行「政治民主化」的做法，贏得了美國的讚賞，迎合了美在世界促進「民主和人權」的需要，以保持臺灣對大陸的影響及壓力。此外，臺灣經濟的發展，也使臺灣成為美國「西化」中國的理想角色。臺灣當局認為，經濟的發展最終會導致「政治民主化」，因而大力吹噓「臺灣經驗」。李登輝曾經公然鼓吹，「臺灣經驗」就是「自由、民主、均富」，應把這種經驗移植到大陸去。臺灣當局的這種想法正符合美國「西化」中國的目的，因為臺灣在發展中，很大程度上接受的是美國的政經模式和價值觀念，所謂的「臺灣經驗」，可以說是「美式經驗」的翻版。美國一些人支持臺灣向大陸推行「臺灣經驗」，這是美國想利用臺灣向中國進行滲透，使臺灣成為「西化」大陸的跳板與前沿。[511]由此可見，美國對臺對華政策的調整是美國繼續西化、分化中國的戰略圖謀的具體體現。

（二）方針

蘇聯解體後，美國在世界上最主要的戰略對手消失了。相形之下，中國的力量卻在快速發展。1989年中國發生「六·四」事件後，美國和西方一些人曾一度寄希望於中國發生內亂，甚至預言中國會成為第二個蘇聯。但事與願違，中國不僅沒有崩潰，反而迅速實現了中國政局的穩定，經濟高速增長，綜合國力不斷增強，蘇聯解體和中國國力的迅速發展，尤其是後者，使中國在冷戰後的國際地位陡然提高。這種狀況觸動了美國一些霸權主義者的敏感神經。他們在大失所望之餘，對中國國力的增強深懷恐懼，擔心中國有朝一日發展成為同美國「平起平坐的對手」。而1989年北京的政治風波又使美國透過「參與中國的經濟發展和政治改革」而「和平演

變」中國的戰略落空。於是,「美國人對中國的看法從一貫正確變為一貫錯誤。」512庶幾「遏制中國」論一時甚囂塵上。為此而獻策者中,有的提出打「臺灣牌」:「作為反對好戰的蘇聯共產主義敵人籌碼的『中國牌』不再需要了......現在是拿出一張新牌來打的時候了,一張新的中國牌,『另一個中國牌』——『自由中國牌』。」513有的鼓吹武裝臺灣:「美國繼續給予臺灣防衛手段是非常重要的,因為這是(臺灣)海峽的穩定平衡器。」514有的則毫不掩飾地要重新掌控「不沉的航空母艦」:「臺灣對美國具有長久的地緣戰略價值,因為它地處臺灣海峽和巴士海峽之間。這兩個海峽是連接東北亞和東南亞及中東的兩條關鍵海上交通要道(SLOCs)。一個強大友好的臺灣政府如若幫助保持這些SLOCs的暢通將符合美國利益。臺北已經悄悄地向美國表示,在發生重大地區危機時,向美國提供其軍事設施。在失去了菲律賓的克拉克空軍基地和蘇比克灣的海軍基地之後,臺灣作為美國在西太平洋的潛在作戰基地,是美國軍事計劃制定者所不應丟棄的戰略資產。」515

以上種種論調表明,在打「人權牌」和「經貿牌」都未達到目的情況下,臺灣問題就成為美國對中國施壓的一張王牌。美國朝野鼓吹打「臺灣牌」的論調一時甚囂塵上。美國對臺政策的調整就是在這種背景下頒布的。將臺灣海峽的緊張局勢控制在一定的水平上,不僅不會給美國帶來任何實際利益損失,反而可以利用臺灣海峽緊張局勢來遏制中國,從戰略上破壞中國進行現代化建設的國際環境,減緩中國崛起的速度。臺灣問題成了美國推行對華遏制政策的重要工具。

與此同時,臺灣是冷戰後美國對華推行「民主」價值觀念的地緣戰略前沿。冷戰時期,美國推行「民主」價值觀念的主要目標是針對蘇聯和東歐。在1989年春夏之交中國「六·四」事件以後,美國將矛頭主要指向中國。這場政治風波對美國人心目中的中國形象

以及美國對華政策產生了深刻的影響。西方媒體的大肆渲染及美國國會通過的大量攻擊中國的法案，使許多美國人認為中國的政治制度是專制集權的、鎮壓性的政治制度。從國家利益角度出發，美國認為「民主國家不相互進行戰爭」，「民主國家在貿易和外交上能結成更好的夥伴」。而那些不實行「西方民主制」的國家在政治運作方面存在較大的不確定性，其對外政策的制定與實施對美國的全球戰略的威脅更大。中國作為冷戰結束後唯一僅存的社會主義大國，無疑是美國眼中的「異類」國家，是美國推行其「民主」價值觀念的最大障礙。而臺灣自1980年代開放「黨禁」以來，「政治民主化」進程加快。美國希望透過加強與臺灣的「政治」合作，影響中國大陸，達到推行「和平演變」的政治目的。「具有最長遠意義的可能是臺灣在中華人民共和國幫助培養企業家的作用。隨著企業家階級在大陸的成長，其價值觀和影響力將侵蝕共產黨對這個國家的經濟和政治生活的控制......透過加強和『中華民國』的接觸，美國在這一過程中可發揮關鍵性的作用。」[516]臺灣緊靠大陸，在語言、種族、親緣等方面都有許多便利的條件，自然就成了美國實施「西化」中國的理想角色，比遠隔重洋的美國更具有直接影響力。正是出於地緣戰略上的考慮，冷戰後美國在對華關係上更加突出了臺灣的作用，使之成為對華「和平演變」的地緣戰略前沿。[517]總而言之，冷戰結束後，美國認為臺灣作為美國西太平洋潛在的作戰基地，是不能丟掉的戰略資本。美國利用臺灣問題不但可以困擾中國，分散中國現代化建設的注意力，減緩中國崛起的速度，還可使中國的統一問題遲遲不能解決。同時，利用臺灣的「民主」進程影響大陸的政治制度，西化分化中國，向中國施壓。出於以上目的，美國加大了打「臺灣牌」的力度。尤其是為了對社會主義中國進行「和平演變」，美國在對華關係上更加突出臺灣的「民主、人權」經驗，大力推行「以臺變華」方針。

（三）結果

冷戰結束後，兩極格局已瓦解，中美聯手遏制蘇聯擴張的戰略基礎不復存在，中國的崛起和濃厚的「共產主義色彩」使之成為美國西化、分化、弱化的主要對象。一些美國人認為：作為反對蘇聯的中國牌不再需要了，現在是拿出一張新牌來打的時候了，那就是「自由中國牌」。進入1990年代，美國人認為臺灣的意識形態和美國一致，「人權記錄也比大陸好」；臺灣自80年代後期開放「黨禁」和「報禁」以來，「政治民主化成績很大」，加強與臺灣的政治合作符合美國的價值觀和意識形態標準。美國人還認為，臺灣所發生的「奇蹟般」變化使得「臺灣經驗光芒照人」，對中國具有特殊重要意義。美國人希望臺灣經驗能證明一黨制的儒教社會可以轉變為多黨民主，而且也希望透過臺灣來影響中國大陸。他們認為「臺灣最有機會影響中國的現代化，使之沿著符合美國利益的軌道發展」，「如果大陸人民意識到存在有一個繁榮、更開放......的中國人社會，民眾就可能會最終對他們的政府施壓，以向同一方向演進。」[518]簡言之，隨著東歐劇變、蘇聯解體，美國加緊了對中國的「和平演變」，企圖將它的「自由民主」制度推向全世界，而臺灣近年來所進行的「政治革新」頗合美國的心願，「臺灣的民主、富有、人權紀錄與高度的西方化使得臺灣對於美國人更富有極大的吸引力，特別在北京1989年天安門事件之後更甚。」[519]不僅如此，「新臺灣」為和平演變中國提供了一個「成功」的改革模式。「臺灣的『政治發展經驗』可以用來向大陸證明，在儒家文化圈裡的華人社會，發展經濟最終導致政治民主化完全是切實可行的。因此，『臺灣經驗』是美國對中國大陸推行『民主化』的一個最有說服力的樣板。」[520]從這個角度講，臺灣已成為美國對付中國的最大一筆戰略資產。

第二節　柯林頓時期美國的對臺政策

冷戰結束之後美國政壇上的一個特點就是「理想主義」勢力有抬頭的傾向。這在柯林頓政府執政初期尤為明顯。柯林頓政府初期的政策制定中，反映「理想主義」上升有一個「代表作」，這就是美國總統國家安全事務助理安東尼·萊克（Anthony Lake）所發表的一篇題為《從遏制到擴展》的講話。1993年9月21日，萊克在位於華盛頓的約翰斯·霍普金斯大學高級國際研究院發表了該篇講話。鑑於講話發表的時機和萊克本人的身分，講話一經發表立即引起了廣泛的注意。萊克的演說突出強調：冷戰結束後美國對外政策將進行重大的調整。根據改變領導國際格局，美國將要奉行一種全新的國家對外戰略，這種戰略的主旨就是「擴展」（enlargement），即「擴展」市場經濟制度、美國的價值觀念與世界自由民主力量。講話將世界上的國家分為四類：「民主國家」、「基本民主國家」、「轉折過程國家」和「無賴國家」。美國對於不同類別的國家將採取區別對待的政策。據萊克的闡述，美國的「擴展戰略」包括以下四點內容：（1）發展與鞏固同已經實行市場制的民主國家的合作與協調，並以此作為推行美國戰略的基礎；（2）對於包括俄羅斯、中東歐和獨聯體各國等正在建立市場制度的國家；美國將採取大力扶植和支持的政策，促進並鞏固其變化；（3）對於那些「對市場制民主國家持敵對態度的國家」，美國將對其採取從外交、經濟、軍事和技術上孤立的政策；（4）對於那些困難深重的發展中國家，美國將給其提供人道主義援助，同時促使其發展市場民主體制。[521]柯林頓本人則認為，輸出民主是美國力量的源泉，它既反映美國的利益又反映美國的價值觀，「美國的民主理想和價值觀所產生的力量」是支撐美「領導地位」的支柱。「世界之所以期待美國的領導，並不僅因為我們的規模和實力，還因為我們所支持的和勇敢反對的東西」，美國是「自由的燈塔」和「民主的堡壘」，是世界上自由能給人們帶來的前景的活生生的例證。因此，實現美國領導作用，必須借助於輸出民主這一有

用的工具。522

美國意欲在全球推行民主，在亞太地區包括中國在內的社會主義國家，則是美國推行和平演變政策的主要對象。事實正是如此，將演變中國、改變中國提到美國對華戰略和對華外交的根本目的和目標的高度，成為柯林頓政府對華外交的鮮明特徵。對美國對華這一長期根本目標，柯林頓政府時期的美國領導人、政府高級官員等從來沒有掩飾過，反而則一直突出、強調這一根本目標。國務卿沃倫·克里斯托夫曾經宣稱，美國的政策將是「謀求促進中國出現從共產主義到民主制度的廣泛的、和平的演變」。1998年6月奧爾布賴特國務卿在陪同柯林頓訪華期間也對記者說，美國在中國的目標是促使中國不斷開放，朝民主和自由市場制度演變。523

一、宗旨

柯林頓在競選期間沒有過多談及臺灣問題。他表示支持《臺灣關係法》，也對老布希總統決定向臺灣出售F-16戰鬥機也表示贊同。助理國務卿洛德在參議院外交委員會確認對他的任命的聽證會上表示要「繼續以中美之間的三個公報為指導」，大陸和臺灣要「由它們自己來決定未來關係，我們所堅持的僅僅是，這個過程必須是和平的。我們將繼續遵守我們的承諾，不對『一個中國』的原則提出異議，同時繼續在《臺灣關係法》的基礎上建設我們與臺灣的非官方關係」。524這似乎表明，柯林頓政府不準備對臺灣政策做大的改變。改變對臺政策的壓力來自國會。1993年，新一屆國會伊始，一些參議員和眾議員就紛紛提出各種有關臺灣的議案。2月，眾議員克萊因提出一項議案，要求與包括臺灣在內的太平洋圈國家建立自由貿易區。3月，參議員李伯曼提出一項議案，支持在聯合國和其他國際組織中有臺灣的代表。眾議員所羅門、參議員達馬托、西蒙等也提出了類似的議案。9月參議員佩爾提出一項議案，要求與臺灣之間進行高層政府官員互訪。而更有影響的是參議

員穆考斯基提出的《臺灣關係法》的修正案。7月5日，參議院外交委員會以20對0票通過這一議案，議案稱，《臺灣關係法》第三節甲、乙兩款的規定「取代了」（supersede）1982年8月17日中美聯合公報中有關的規定。[525]1994年9月，經過長時間的醞釀準備、內部協調和精心策劃，美國新的對臺政策終於出籠。這是美臺斷交15年來，美國第一次正式調整對臺政策，調整面如此之廣、調整幅度如此之大都是歷屆政府少見的，它使美臺實質關係明顯升級。

美國此次調整對臺政策的考慮主要包括：首先，冷戰的結束使中美之間在冷戰後期的戰略合作基礎不復存在，加之中國由於改革開放，國力日盛，美國政府隱隱感到潛在的威脅。為了遏制這種威脅，美國調整了對華政策，利用種種手段阻滯中國的發展。而打「臺灣牌」被認為是較為有效的手段之一。美國人發現，打「臺灣牌」對付中國正如當年打「中國牌」對付蘇聯一樣有效，美國政府意識到可以用臺灣問題對中國進行長期的戰略牽制。其次，講求「民主」、「人權」是冷戰結束後美國亞太戰略的支柱之一，美國想利用冷戰結束後對美有利的國際形勢，將其「自由民主」制度推向全世界，而臺灣在這方面作了許多努力，自1986年解除「戒嚴」後，開放「黨禁」、「報禁」，臺灣島內「民主化」運動發展迅速。這些作法都順合美國的心意。美國人認為臺灣是在向「西方自由」方向邁進，值得美國繼續扶植與培養。另外，對美國人來說，在推進西方民主的旗號下提升美臺關係，能夠顯示美國在亞太經濟開發中對維護西方民主價值觀的領導作用，從而抬高美國的地位。所以說臺灣在「民主化」方面的努力也是促使美國調整對臺政策的一個原因。最後，臺灣可以作為「西化」大陸的跳板與前沿。蘇東解體後，美國「和平演變」的下一個目標自然是仍走社會主義道路的中國。臺灣緊靠大陸，是美國實施「西化」中國的理想角色。由於冷戰時期臺灣注重經濟的發展，積累了一定的經濟實力，

因而在經濟方面對大陸有一定的吸引力。為此,臺灣當局大力吹噓什麼「臺灣經驗」,鼓吹把「臺灣經驗」移植到大陸。臺灣的這種想法顯然與美國是同出一轍的,因為臺灣在發展中很大程度上接受的是美國的政經模式、價值觀念等,「臺灣經驗」也可說是「美式經驗」,透過臺灣對大陸的「滲透」是實現美國「和平演變」戰略的最佳途徑。從這個角度來看,冷戰結束後的臺灣在美國對華戰略中的價值地位有所提升。526概言之,「美國調整對臺政策,是美對中國推行『西化』和『分化』戰略的具體體現和實際步驟,意在『一石三鳥』:阻撓中國的統一,強化牽制中國的籌碼,並把臺灣作為和平演變中國的樣板。」527

由於存在上述認識,1995年5月美國政府甚至作出了允許李登輝訪美的決定。自門戶開放政策以來,美國人就對中國產生了一種根深蒂固的道德上的優越感,以中國的恩人和保護人自居。因為,門戶開放原則使美國將自己與歐洲列強區分開來,認為自己是唯一一個對中國沒有領土和利益野心的國家。因此,雖然一方面心安理得地分享歐洲國家在中國的一切好處,另一方面卻可以理直氣壯地譴責列強對中國的侵略,而正是這後一點使美國以為自己完全是出於無私的、仁慈的高尚動機來保護中國人民的利益。這種恩人的感覺後來一直支配著美國對中國的政策,在蔣介石統治時期表現得尤其明顯。再加上二戰中,美國出於自身利益的考慮,對日本的侵略行為僅僅進行了道義上的譴責,而沒有給予中國實質上的幫助,為此多多少少有點內疚,似乎為了補償,就將在中國抗戰的蔣介石吹捧為民主的象徵和反法西斯的英雄。因此作為美國在二戰中的盟友,蔣介石與美國之間的感情越發深厚,即使最後蔣介石逃到了臺灣,美國也無論如何不肯違背自己的「道義」和「原則」拋下臺灣不管,不會將臺灣人民的「福祉」棄之不顧。「老朋友論」,「履行義務論」就是由此而來。528而且,以民主和人權為核心的美國價值觀對他們所謂的「極權的」共產黨中國有著本能的恐懼,因

此，一方面，他們認為「絕大多數臺灣人不想成為中華人民共和國的一部分，美國當然不能想當然地把他們推入中國共產黨的懷抱。」529另一方面，以雷根政府為例，據雷根的第一任國務卿海格（Alexander Meigs Haig, Jr.）530回憶說，「臺灣一直象徵著一種希望（而並非一直被人看作是一種幻想），但希望卻絲毫未損。雷根和其他許多人一樣難以領會這一事實……雷根在感情上陷得很深。」531然而，在美國，在感情上陷得很深的遠遠不止雷根一人。1995年4月，參議院以97：1，眾議院以396：0的絕對多數支持李登輝訪美就說明了這一點。而這在另一方面又是作為對李登輝和他在臺灣領導的「民主化進程」的一種人道主義支持。

從1994年開始，美國政府調整、提升與臺灣的實質關係，直至發展到1995年李登輝訪美，導致中美關係受到嚴重損害，出現了自兩國建交以來從未有過的緊張和衝突，最終促使新一輪台海危機的爆發。這次台海危機使美國意識到台海的緊張局勢對美國不利，加上美國的倒退政策遭到中國政府的堅決反對，美國從戰略大局出發，被迫調整對華關係。1995年7月28日，克里斯托夫在華盛頓全國新聞俱樂部發表題為「為實現一個和平與繁榮的亞太地區的美國戰略」的講話。談到中美關係時，他強調了美中關係對美國亞太戰略的重要性，強調了要從長遠利益來考慮對中國的政策。他說：「美國一直沒有，現在也沒有謀求改變長期奉行的『一個中國』的政策。……這是一項我們大家的最大利益的政策……從1972年以來，『一個中國』的政策就是我們接觸的基礎。我們前後一貫地遵循在1972年的《上海公報》、1979年的建交公報和1982年關於轉讓武器的公報中所確立的基本原則，根據這些文件，我們承認中華人民共和國政府是中國的唯一合法政府。我們承認中國的立場，只有一個中國，臺灣是中國的一部分。我們重申，我們無意倡導或支持『兩個中國』或『一中一台』的政策。」他還表示，「一個強大、穩定、開放和繁榮的中國可以成為美國的重要夥伴，並成

為對國際社會負責任的可靠的領導者」。他在談話中也提到了中美之間的分歧問題，如人權問題和不擴散問題，但他認為，兩國之間的分歧「是接觸中的分歧，而不是遏制或孤立。無論美國還是中國，都沒有奢侈到可以捨棄自己處理兩國之間的分歧的責任。」他的這番話是柯林頓執政以來美國政府關於中國的一項最正面、最積極的政策宣示。表明美國政府願意修復受到損害的雙邊關係。532 1996年1月起，由萊克主持、國務院和國防部等部門參加，柯林頓政府進行了一次對華政策檢討，於4月中旬基本形成一致。1996年5月16日，柯林頓總統在對美國亞太裔名人聚會的講話中發出了明確的訊息。他說：「我希望改善與中國的關係。我承認一個中國的政策。我同樣承認，這個政策的一個重要組成部分是有關各方作出的這樣一個承諾：中國與臺灣之間的分歧將以和平的和合法的方式予以解決。」533 1998年6月柯林頓總統訪華時還提出對臺「三不政策」。「我們的臺灣政策......是，不支持臺灣『獨立』，或『兩個中國』，或『一中一台』。另外，我們並不認為臺灣應該加入以國家為主體的國際組織。」534 當1999年7月李登輝拋出「兩國論」時，柯林頓政府明確地予以反對。柯林頓本人甚至一再強調美國對兩岸關係的三個重要支柱，即「一個中國」政策、兩岸對話及以和平方式解決分歧。對於柯林頓親自強調「不支持台獨」，「美國在臺協會」創始人、老牌「中國通」丁大衛認為，這是美國台海政策的一個重大轉變。535

　　然而，儘管美國政府一再重申遵守中美三個《聯合公報》精神，堅持「一個中國」立場，美國並沒有因此而放棄手中的「臺灣牌」。相反，美國竭力扶持和宣揚臺灣的「民主化」進程，企圖以此影響大陸的民主化改革。美國希望透過支持臺灣政權「民主化」、「本土化」的方式來阻礙或延緩中國的統一，尤其寄希望於近年來它一手扶持下的臺灣「民主運動」對中國大陸的影響，促成其「和平演變」，最終實現「改變中國」這一美國對華長期不變的

戰略目標，使中國符合美國的價值標準、利益和戰略需要。

二、方針

從1994年9月的「臺灣政策審議」到1995年的李登輝訪美標誌著冷戰後美對臺政策的第一次重要調整。此次調整以提升美臺關係為主導方向，並導致了李登輝訪美這一嚴重事件，無論在政策內容還是在具體行動上都嚴重違反了美中三個聯合公報的精神，並使中美關係跌入了建交以來的最低點。面對美國政府提升對臺關係的政策調整，中國政府迅速做出了強烈反應：撤回了駐美大使，推遲兩國高級官員的訪問，並在台海舉行了大規模軍事演習。中美關係的惡化和台海局勢的緊張，使美國政府意識到對臺政策調整帶來的巨大負面影響，於是美國政府在對臺政策上又悄然開始了第二次調整。經過1997年下半年以來的調整，美國對臺灣問題政策的新框架已基本明朗。這是1970年代以來最重大的調整，已經並將對中美關係產生重大影響。從1997年下半年到1998年上半年，前國防部長威廉·佩里（William　Perry）、前助理國防部長約瑟夫·奈（Joseph　Nye）、萊克等幾位已離任的第一屆柯林頓政府的重要人士相繼訪臺，並多次在臺灣或美國就美國的對臺灣政策問題公開發表了大量言論，其密集程度和坦率程度都是過去少見的。這些言論清楚地顯示了美國將對臺灣問題政策進行的重要調整。此後，主要是從1998年6月、7月柯林頓訪華期間公開宣布對臺灣「三不支持」，即不支持臺灣「獨立」、不支持搞「兩個中國」或「一中一台」、不支持臺灣加入只有主權國家才能參加的國際組織，直到1999年7月李登輝拋出「兩國論」後美國作出一系列反應，顯示出美國當時和今後較長時期對臺政策大框架的基本輪廓。從美國對臺政策的兩次調整中可以發現，美國在臺灣問題上的根本立場沒有改變，所進行的調整從本質上說都屬於策略性的調整。[536]

臺灣因其地理位置的特殊性和重要性，一直被美國視作其亞太

戰略以至全球戰略中的重要地緣戰略資產。歷屆美國政府都始終認為，臺灣對於美國在東亞乃至世界的利益具有政治、經濟、軍事上的重要戰略價值。在冷戰時期，美國把臺灣當做其反對共產主義、維護西方安全的前哨陣地，利用臺灣遏制中國，防止共產主義擴張，在全球推行美國的霸權主義。冷戰結束以後，國際格局與世界形勢發生了深刻的變化，蘇聯因素的消失使美國在戰略上視中國為潛在競爭對手，欲在政治上和經濟上對其遏制和牽制。因而，在冷戰結束後，臺灣的戰略地位愈發凸顯，美國從其戰略利益出發，更加注重利用臺灣來牽制中國並因此加大了利用臺灣牽制中國大陸的力度，進一步提升美臺關係，以達到「以臺制華」的目的；同時美國為了維護其在亞太地區的霸權地位，日益把臺灣作為美國遏制亞太戰略對手的重要地緣區域，從而進一步主導亞太地區安全格局，進而謀求世界霸權。於是2000年，美國國家利益委員會頒布了關於美國國家利益的報告，其中把「維持臺灣海峽的和平」確定為美國未來10年「極端重要的利益」。[537]

柯林頓政府兩次調整對臺政策，除了從牽制中國的目的出發，還涉及美國不斷強調的臺灣所擁有的「民主價值」。臺灣對中國的未來發展扮演關鍵性的角色，因為臺灣作為第一個中國人社會率先實踐了民主政治，將對中國影響深遠。這也就是美國「以臺變華」的利益所在。冷戰時期，作為美國西太平洋防線上的重要環節，臺灣在50、60年代成為美國從事韓戰和越南戰爭的後勤基地，70、80年代又是美國實施「以臺制華、聯華抗蘇」反共策略的前沿陣地。冷戰結束以後，美國為了推進海外民主，把臺灣標榜成美國在亞太地區推進「美式民主」的「榜樣」。例如1994年5月美國——臺灣政策協商工作組首次會議報告認為：「美國對臺灣的持續經濟增長和政治自由化非常關注，臺灣被視為美國在東亞的重要盟友和全球其他發展中國家的典範。」[538]美國認為臺灣目前的政黨政治制度最貼近美國的價值觀念和意識形態，維持臺灣的政治制度符合

美國的利益。這樣,可以利用臺灣的「民主經驗」、「民主成就」向大陸展示所謂西方「民主」,以影響中國大陸的變化,並進而影響亞太地區的民主化進程。引發了臺灣危機的1996年3月進行的臺灣總統選舉,使李登輝成為了美國所謂的「中國4000年歷史上的第一位直選總統」,使臺灣邁進了「民主國家」的行列。這使臺灣在美國眼裡的地位更加非同一般。「華盛頓應該正視臺灣,這些都是因為臺灣人所取得的成就而應該得到的。在對待臺北時,就像對待北京時一樣,美國應該做美國的利益和榮譽要求做的事情;榮譽要求美國不拋棄符合美國利益的盟友,美國已經毫無怨言地做了30年。」而且,臺灣的民主化又使美國升起了無限的希望,「如果臺灣的榜樣能在中國大陸複製,美國的利益將能得到很好的促進。」539這就是所謂的對美國而言臺灣所擁有的「民主價值」。

　　總之,冷戰結束後,隨著國際戰略格局繼續朝多極化趨勢發展,美國左右全球事務能力不斷下降,而中國政局穩定,經濟發展迅速,在國際上的作用和影響不斷增大,美國試圖透過使用「臺灣牌」對中國進行戰略牽制的緊迫感與日俱增。美國感到,自己要振興經濟離不開中國的巨大市場,在解決重大地區國際問題時又需要中國的合作,因而不得不改善和發展對華關係,但又擔心中國統一和強大後會對美的唯一超級大國地位形成巨大挑戰,並成為與美抗衡的強大對手。所以,美當局和國會的部分人中,在揮舞最惠國待遇、人權、核不擴散大棒失靈後,打「臺灣牌」的要求和呼聲甚囂塵上。與此同時,美認為臺灣「在政治上已邁向民主」,正好迎合美在世界促進「民主和人權」的需要,它可繼續推動臺「民主化進程」,以保持對中國的影響和壓力。540在這種背景下,美國全面推行「以臺變華」的方針,美國寄希望於臺灣的「民主化進程」和「自由經濟的成就」,以期用支持臺灣「民主」來遏制、演變中國。其根本的目標是促進中國大陸的「民主」轉變,以使冷戰結束後這個「有違於美國利益、有悖於美國價值觀的方式行事」541的

最大的社會主義國家也朝向美國式的「民主」方向發展，成為「美國治下」（Pax Americana）的一員。

三、結果

經過美國持續不斷的努力，到1990年代初，臺灣地區初步建立了民主體制，步入「民主社會」的行列。與第三世界其他國家和地區相比，臺灣地區民主化較少流血和暴力，民主化過程中常有戲劇性的或出人意料的變化，因此被有的學者稱為臺灣「政治改革的奇蹟」542。臺灣政治體制實現了西方式的「民主化」，這一變化帶來了兩方面的影響。一方面，擴大了臺灣與大陸在政治制度上的差異，一些反對統一的勢力開始打「民主統一論」這張牌，以阻撓統一。李登輝就持這種主張，他在1999年發表的《理解臺灣：在瞭解的鴻溝上架起橋樑》這篇文章中宣稱：「實際上，共產主義政權的獨裁主義性質是使臺灣人民同中國大陸疏遠的關鍵因素。」543這種「民主統一論」的影響是值得重視的。英國《經濟學家》週刊文章曾分析道：對很多臺灣人來說，「直到中國擁抱民主之前，他們的疑慮是不會消失的，即：民主與專制之間的統一是反常的行為」。544另一方面，臺灣實現「民主化」促使美國對臺政策增加了支持、保衛民主的因素，這是與美國全球戰略目標相符合的。柯林頓政府將「擴展民主」作為外交政策三大支柱之一，重視發揮臺灣「民主制度」對大陸的「示範」作用。在美國的心目中，臺灣成熟的多黨民主制度，及其充分尊重人權和公民自由權利的做法，是中華人民共和國的「榜樣」，為大陸的人們提供了另一種更加民主的政治道路。從獨裁專制轉向西方式的「民主」制度，實行多黨制、進行民主選舉、新聞自由漸趨成熟，這不僅是臺灣的「民主」之路，也是美國希望大陸所能夠發生的轉變。由此推論，美國是絕對不能允許中國大陸透過武力來實現對臺灣這個「民主榜樣」的統治的。545換言之，意識形態上的「親近感」和地緣戰略

上的需求使得美國覺得有某種責任去防衛臺灣，使臺灣作為美國在東亞地區的一個意識形態上的「民主夥伴」或是戰略上「不沉的航空母艦」。美國的這一意圖被美國學者柯慶生（Thomas J.Christensen）精闢地概括為：「無論臺灣或美國都不會願意為了安撫大陸而將民主的臺灣置於大陸日益增強的軍事威脅之下。」546也就是說，任何對臺灣的威脅都將是對民主的威脅，而對民主的威脅就是對美國當前國家利益的威脅，美國絕不會袖手旁觀。比如，在1995—1996年的台海危機中，美國決策者向美國公眾突出強調的是，中國在向他們的「朋友」進行武力示威，這等於是挑戰美國的民主價值觀，因此，美國不能無動於衷，必須有所行動。於是，便有了兩艘美國航空母艦同時出現在臺灣附近海域游弋的情景。總之，為了適應冷戰結束後的國際戰略和對華戰略，美國一方面積極扶持臺灣的「民主化」，企圖將其塑造成亞洲「由獨裁轉為民主政治的樣板」；另一方面為了「和平演變」社會主義中國而推行全面推行「以臺變華」方針，在對華關係上更加突出臺灣的「民主、人權」經驗。

第三節　小布希時期美國的對臺政策

中美關係在演變過程中，有一個週期性現象，就是每當一個美國新總統上臺，在其當政之初，往往對華強硬，向臺靠近，中美關係因而出現波折。經過一段時間之後，白宮當局會認識到保持中美關係的穩定對美國利益的重要性，認識到臺灣問題的複雜性、敏感性和對中美關係的破壞性，都會將對華政策特別是對臺政策做出調整，使中美關係重新回到正確的軌道上。這個週期在小布希時期表現得十分突出。547隨著台海局勢的變化，小布希政府對美國的對臺政策進行了兩次大的調整，雖然這些調整在方向上和程度上都不盡相同，但總的來看在臺灣問題上走得更遠，使美臺關係有了相當

的提升。主要表現在：放寬了對臺灣官員到美國的限制，提高了訪問的層次和級別；大幅度提升對臺軍售，全面加強了美臺的軍事關係等。

一、宗旨

在臺灣問題上，美國政府向來是兩句話：一句話是堅持一個中國的政策，恪守中美兩國政府達成的三個聯合公報，不支持臺灣「獨立」，不支持「兩個中國」和「一中一台」，不支持臺灣加入主權國家組成的國際組織，即所謂的「三不政策」；另一句話是嚴格遵守《臺灣關係法》，反對海峽兩岸任何一方單獨改變現狀。小布希政府上臺以後，繼續反對中國大陸對臺動武，但也明確表示「不支持臺灣獨立」，奉行兩岸「平衡政策」。小布希政府多次強調，台海兩岸必須用和平方法解決爭端，也多次在重要外交場合表示不支持臺灣「獨立」。按照美國政府的設想，臺灣問題應該保持「不統、不獨、不戰」的局面，維持區域穩定，只有這樣，才會最大限度的實現美國的國家利益。然而，民進黨執政以後，臺灣當局大搞所謂的「民主臺灣」，不少人在美國鼓吹臺灣的民主是「中國民主的明燈」。此種論調頗能迷惑一些美國人，他們從臺灣的大選中似是而非地感受到「臺灣的民主和美國的民主類似」，「臺灣在學習美國」等印象。因為他們價值觀的偏見，根深蒂固地認為民主是好東西，民主國家之間不會打仗，應該支持民主國家。比照下來，由於他們對中國不大瞭解，不少美國人還停留在把中國看做是「紅色中國」，或者由於大眾傳媒的不恰當宣傳以及少數人的負面渲染，造成不少美國人認定中國大陸是「共產黨獨裁國家」。綜合上述因素，內心對臺灣的「同情」、「好感」、「關心」等情感性因素更縱容了政府對臺政策的調整，這在美國政治生態中是一個十分重要的變化。[548]在一些美國人看來，臺灣是在美國的經濟援助下實現了經濟起飛，在美國的政治指導下實現了由集權社會向民主社會的成功轉變，而且沒有發生社會動盪，臺灣簡直就是美國的

「寵兒」。臺灣在美國的形象由「過去的戰時盟友和反共基地變成了一個進步的、民主的國家，但由於多數美國人並不真正瞭解的原因而在外交上被忽視了」。……「隨著臺灣的經濟繁榮和民主化進程的推進，臺灣要在美國贏得人心就越來越容易了。它作為一個社會在美國受到的讚賞以及它與美國天然的聯繫越來越增加而不是減少。」549

綜觀小布希時期美國政府歷次對臺政策的調整，呈現出三個基本特點：

首先是加強臺灣對大陸的牽制作用。布希政府明確提出臺灣問題是中美關係的中心，其主要考慮就是要加強臺灣對大陸的牽制作用。美國對華強硬派一直擔心中國的發展最終會對美國在亞太地區的利益形成挑戰。他們認為，如果臺灣像香港一樣順利回歸，中國將可在經濟等方面首先整合中華經濟圈，進而發展成為包括新加坡、越南、馬來西亞，甚至朝鮮、韓國等國在內的大中華經濟圈。維持臺灣現狀便可構成對中國發展的最重要障礙，臺灣問題一日不解決，中國在亞洲發展大中華經濟圈和政治勢力範圍就只能是夾生飯。

其次，展現臺灣的「民主示範」作用。美國近幾屆政府認為，臺灣的現行政治制度對大陸乃至亞洲起著最好的「民主示範」作用。特別是像中國和馬來西亞那樣，一直強調東方文化和政治特色的國家來說，臺灣政治體制的發展無疑是一種示範作用，尤其是臺灣和大陸同種、同文、同根，同氣相連，人員來往頻繁，對大陸有著特殊的影響。因此，維持臺灣在亞洲地區的政治燈塔作用，符合美國的長遠戰略利益。

最後則是提升臺灣在構造對華潛伏性包圍圈中的銜接作用。鞏固臺灣在對華潛伏性遏制圈中的中間連接作用，關係到美國戰略重點從歐洲向亞太轉移的成功與否。美國國防部長拉姆斯菲爾德曾在

接受報界採訪時聲稱,美國在亞洲地區的能力,首先需達到威攝的目的,進而在威攝失敗、戰爭爆發後能處於絕對優勢的地步。更有對華強硬派不斷地鼓吹,美國應該把駐紮在歐洲的美軍撤回,而在亞洲築起以日本、韓國、臺灣、東盟以及澳大利亞為主的抗衡中國的防線。臺灣在其中不但造成連接作用,甚至可充當橋頭堡。550 上述特點清晰地表明,美國的對臺政策一直是以對華政策或戰略為轉移的,或者可以說,美國對華政策或戰略是自變量,對臺政策是因變量。冷戰結束後,美國認為臺灣作為美國西太平洋潛在的作戰基地,是不能丟掉的戰略資本。美國利用臺灣問題不但可以困擾中國,分散中國現代化建設的注意力,減緩中國崛起的速度,還可使中國的統一問題遲遲不能解決。同時,利用臺灣的「民主」進程影響大陸的政治制度,西化分化中國,向中國施壓。出於以上目的,美國加大了打「臺灣牌」的力度。可見,美國對臺政策從屬於對華政策,服務於美國的對華戰略。

總而言之,美國21世紀亞太安全戰略的目標是,透過建立並保持亞太地區的相對穩定,鞏固並擴大美國在亞太地區的領導地位。這一目標是美國1997年夏天以來調整對臺灣問題的政策的基礎和出發點,美國日益明顯地在保持臺灣海峽局勢和亞太地區和平穩定的藉口下,把臺灣問題作為延緩和防止中國成為美國在亞太地區領導地位主要威脅的重要手段之一。21世紀美國的對華政策是「全面接觸加遏制」,具有突出的雙重性,即一方面保持中美關係的相對穩定,發展與中國的交往、合作;另一方面認為中國是美國主要的潛在威脅,必須加強對中國的防範、遏制。這一對華政策決定了美國對臺灣問題的政策表現出日益明顯的兩面性,即一方面美國不願、不會因臺灣問題嚴重損害中美關係;另一方面絕不會「放棄」臺灣,堅持以臺灣問題防範、遏制中國。小布希執政的幾年時間裡,美國親臺反華勢力的活動,以及臺灣島內分裂勢力加緊進行分裂大陸的活動引起的海峽兩岸統獨矛盾激化,對美國調整對臺灣

問題的政策都有重要影響，促使美國的政策向更多地支持臺灣方面傾斜。究其原因，「美國在亞洲的傳統目標是中國沿著民主和自由市場路線的現代化。臺灣是中國的一部分，它是達到了這個目標的，而且它可以為整個中國達到這個目標做出貢獻。臺灣的經濟對大陸發展市場經濟提供了巨大的誘惑。臺灣的民主化是一個集權社會轉變為一個民主社會的榜樣。臺灣這個榜樣的繼續存在對美國在亞洲的目標是重要的。因此臺灣的安全利益實際上與美國使中國朝著西方所希望的民主、自由社會演變的目標聯繫了起來。」551由是觀之，儘管美國將繼續根據實際情況就其對臺對華政策進行調整，但出於西化、分化中國的戰略圖謀，則萬變不離其宗。

二、方針

在美國制衡中國的棋盤中，多年以來，臺灣被看做是一艘「永不沉沒的航空母艦」。他們認為，美國應積極利用臺灣問題將中國拖入軍備競賽的陷阱，像對付當年的蘇聯一樣拖垮中國，至少也要利用臺灣這一「點火道具」，耗散中國的發展資源，儘可能遲滯中國的現代化進程。由於美國至今未能確認應如何與一個崛起的中國相處也不能回答美國到底希望出現一個怎樣的中國，美國戰略界便簡單地將臺灣問題與中美可能的戰略衝突相掛鉤，在這樣的邏輯下，「以臺制華」便成為美國對華遏制戰略的重要內容，臺灣問題也因此成為中美關係中的難解之結。552小布希當政後，組成了以保守著稱的新一屆政府，該政府秉持所謂「進攻性的現實主義」的理念，推行單邊主義的外交政策，在諸多國際問題上，以強硬姿態出擊。在對華政策上，布希政府將中美關係中國內的定位由柯林頓時期的「戰略合作夥伴」改變為「戰略競爭對手」，不斷強調所謂的「中國威脅」，在對華遏制與接觸的兩手中，加強了遏制的一手。正是在這樣的背景下，美國加強了以臺制華的力度，使美臺關係得到了提升，這在小布希執政初期表現得尤其明顯。553美國國

防部2001年10月發表的《四年防務評估報告》中，雖隻字未提中國，但多處暗喻中國為競爭對手。美國發現，在對付中國的各種辦法中，唯有「臺灣牌」最易操縱、也最有效，於是加緊實行「以臺制華」，將臺灣作為牽制中國的一張牌。「9·11」事件後美國對華政策中協調、合作的部分有所增加，但美國政府沒有改變其對華戰略防範和在臺灣問題上的強硬政策。隨著中國繼續走向強大，美國更加擔心中國的強大會引起亞太地區力量對比的變化，動搖美國在本地區的主導權。因此，美國繼續推行以臺制華方針，利用臺灣問題來牽制中國的發展和對外影響的擴大。比如，美國會竭力維持兩岸的分離狀態，推行介入即干涉政策，在對臺軍售、支持臺灣加入某些國際組織（如世界衛生組織）等一些問題上，甚至可能加大力度。

與此同時，「民主」問題繼續成為美國對外政策中一張多用途的牌，影響到小布希時期美國政府的對臺政策。「美國在中國大陸的政治自由化過程中享有長期的安全與道德利益；臺灣作為中國式民主樣板的地位可以成為推動大陸自由化的強大動力。」554因此，支持臺灣「民主」成為小布希政府對臺政策的「一個基柱」，保衛臺灣的「民主」成為美國價值觀念的一個重要組成部分。「臺灣問題已愈來愈成為美國堅持其價值觀的問題，其重要性正在接近美中戰略利益的重要性。由於受制於中國政治因素，美國外交已由過去重視權力平衡的『均勢』轉變為均勢和推廣民主並重。美國把臺灣『民主化』看成是美國式民主在亞洲的勝利，保衛臺灣的『民主』已成為保衛美國價值觀念的一個重要組成部分。美國中國支持臺灣的力量明顯增強，美國國會支持臺灣的勢頭不斷加大，美國政府擴大和提升美臺關係的趨向也在增加。」555在這種背景下，美國將臺灣的「民主制度」作為樣板，迫使中國大陸接受和融入西方的民主價值理念的力度加大。美國要求中國作為「利益相關者」，不僅僅只是要實現兩國共同利益的一致，更重要的是，美國認為共

同利益應該建立在相同或相似的價值理念基礎上。在美國，民主國家不相互進行戰爭的「民主和平論」和「民主國家在貿易和外交上可以結成更好的夥伴」是根深蒂固的觀點。美國並不認為中國在意識形態領域已經成為美國的「利益相關者」，只有將中國融入一個由西方的「民主」、「自由」、「人權」等理念所主導的價值體系，才能夠確保中國成為一個「負責任的」國家。美國向來對臺灣的「民主」讚譽有加，認為臺灣是華人社會實現「民主制度」的典範。2005年11月16日，美國總統布希訪華前夕在日本東京發表演講時，稱讚臺灣是亞洲「成功實現民主化的例子」，認為臺灣是個「實現了自由民主的社會」；布希在演講中還充分表明對包括中國大陸在內的亞洲擴大「自由與民主」的期待。556綜上所述，在小布希執政時期，維持台海現狀，利用臺灣阻撓或延緩中國的崛起，並全面推行「以臺變華」的方針、以臺灣地區的所謂「民主」發展來影響中國大陸，正是美國的戰略企圖所在。

三、結果

冷戰結束以來，「擴展自由與民主」成為美國全球戰略的重要組成部分，並一直在其《國家安全戰略》報告中占有顯著地位。在2006年《美國國家安全戰略》報告中，美國將其中國的「自由」與他國的「自由」緊密地聯繫在一起：「支持自由能夠推進我們的利益，這是因為自由在中國的生存正越來越仰賴於自由在海外的成功擴展。」由於美國不僅將臺灣的政治制度看作是在美國影響下「民主化」的成果，而且將臺灣當做在亞洲移植美國模式的樣板，加上在臺灣有重要的戰略和經濟利益，因此今後美國仍會繼續使用它手中的「臺灣牌」，而且，隨著美國綜合國力的進一步強大，美國在亞洲甚至全球推進「民主」的慾望也會進一步強烈。這就決定了美國今後會較過去更加同情日益「民主化」的臺灣，更加頑固地堅持保障臺灣「民主制度」、干涉中國統一大業的做法。557不僅

如此，在過去的十幾年中，臺灣經過了民主化的洗禮，成為亞洲的一盞「民主明燈」。「臺灣施行民主制和市場經濟，被美國視為其輸出民主最成功的案例之一，是自由、民主在亞太地區的典範。」558因此，在美國心目中，臺灣儼然成為中華文化圈內實行民主的楷模，是中國大陸政治體制改革應當效仿的榜樣。所以，美國是不能允許中國大陸透過武力來實現對臺灣這個「民主榜樣」統治的；但應鼓勵兩岸交流，在交往中，臺灣的「民主經驗」和示範作用將在潛移默化中影響、演化中國大陸的政治進程。換言之，美國支持臺灣「民主」的一個重要目的，就是將其作為對大陸進行「西化」、「和平演變」的工具。為確保臺灣的「民主成就」和經驗能持續對大陸發揮「示範效應」，美不僅高度讚賞和吹捧「臺灣民主」，還以臺灣的「民主體制」向大陸施壓，要求大陸與臺「民選領導人對話」。559與此相對應的是，從1990年代以來，臺灣當局一直以「政治民主」、「經濟繁榮」自傲，並把它包裝成所謂的「臺灣經驗」大力在國際社會兜售，且用「民主、自由、均富」為條件要挾大陸，以此為藉口抗拒海峽兩岸統一。

第四節　小結

　　蘇聯解體、冷戰結束後，作為「民主制度的衛士」560的美國及其代表的資本主義在全球「不戰而勝」，這使美國認為世界已進入了一個「我們可以按照我們自己的價值觀和理念建立一種新的國際體系」561的新時代，美國「作為世界上最強大的民主國家，無可逃避的是領導者，是全球民主國家聯盟中的聯結環節」，在當今千變萬化的世界上，美國要繼續「擔負領導並幫助保衛世界各自由國家的責任」。今後擺在美國面前的任務，就是在全世界「推進和增強民主價值觀」，「促進市場力量」，為推進和平演變社會主義國家戰略提供一個國際條件。562在這一過程中，中國作為唯一的

社會主義大國與美國的戰略目標格格不入。所以，在意識形態方面改造中國，將中國納入美國領導的世界秩序中，以使「每一個大國都是民主國家」，成了美國刻不容緩而又艱巨的任務。為了完成這個任務，美國的政策是「與新興的民主力量合作，幫助它們維持發展自由市場和尊重人權的民主制度」563，並「謀求促進中國出現從共產主義到民主制度的廣泛的、和平的演變，辦法是鼓勵那個偉大的、非常重要的國家內那些實行經濟和政治自由化的勢力」。564而臺灣就是美國所要關注的「新興的民主力量」，是促使這種勢力出現的最重要的力量。要言之，作為美國的「傳統盟友」，臺灣在1980年代後期開啟了「民主化」的進程，日益成為美國在亞太的意識形態「樣板」、推行「民主、人權」的基地，在後冷戰時代美國「擴展民主」戰略中具有重要的戰略價值。可以預料，「在本世紀（21世紀）初的10-20年內......臺灣在美國對外輸出『民主』『自由』等價值觀念和政體模式方面的作用更加突顯。」565

從總體上而言，後冷戰時代美國對臺政策的調整與變化，主要從兩個方面服務於其對華戰略：

一是牽制中國。冷戰結束後，隨著國際形勢和美國全球戰略的變化，美國調整對臺政策、提升對臺關係的趨勢十分明顯，其核心是試圖突破中美三個聯合公報和雙方談判達成的有關協議。美國政府的主要舉措有：制定相關法規，為加強美臺關係提供法律依據；提升美臺實質關係，支持臺灣「拓展國際生存空間」的主張；加強東亞地區的軍事存在，竭力提高臺灣防衛能力，增強對海峽局勢的影響力；不斷發展對臺經貿關係，加深對臺灣經濟滲透等。美國這些舉措，是美國遏制中國政策的延續，其實質是「以臺制華」，即維持兩岸分離的現狀，既不希望中國統一，也不希望臺灣「獨立」。可以預計，在今後相當一段時期內，這將是美國在臺灣問題

上的基本政策。566

　　二則是導引中國大陸「和平演變」為「民主的、友好的國家」。美國雖口頭上不敢像稱呼朝鮮、伊朗那樣稱中國為「獨裁國家」，但其內心卻一直認為中國是一個非民主的專制國家，是一個政治走向不明朗的國家。受「民主和平論」影響頗大的美國認為，只有實行市場經濟和西方式民主政治的國家才不會對其構成威脅。所以，它要透過支持一個「民主」氛圍不斷濃厚的臺灣，來指引、規範中國大陸政治改革進程，以期使其步入「民主國家」陣營。由於存在上述因素，美國一直不願對中國大陸與臺灣的統一做出任何明確的官方讚許。「目前美國的政策是要求臺灣問題由兩岸的中國人以和平方式自行加以解決。美國仍未公開表示中國與臺灣的統一是臺灣未來的唯一選擇，而且也拒絕對臺灣當局施加壓力，使其與北京達成妥協。同時，美國通過《臺灣關係法》間接對臺灣未來安全做出防務承諾。而且在冷戰（結束）後，這種安全承諾似乎有略微增強的趨勢。」567

　　縱觀半個多世紀以來的美國對臺政策，可以清楚地看出，美國對臺政策中「以臺變華」方針經歷了三個階段的演化，1950和60年代「民主改造臺灣」的設想從醞釀到最終確立、70和80年代促進臺灣政權「本土化」和促進臺灣「民主化」的努力從付諸實施到逐漸明朗化，到90年代後從政治和軍事等方面鼓勵和維護臺灣的「民主制度」並發揮臺灣「民主制度」對大陸的樣板作用，「以臺變華」得以全面推行。雖然決定美國對臺政策的因素是多方面的，臺灣的地緣戰略價值也是美國制定對臺政策的基本考慮，但「以臺變華」同樣是貫穿半個多世紀美國對臺政策的一條主線，只不過這條主線需要經歷了一個確立、明朗化到全面推行的過程。它與對臺政策中的「以臺制華」方針並行不悖，彼此交織，相互促進。二者共同服務於美國的對華戰略，也就是要改變中國大陸的政治制度和

政體,向中國大陸輸出美國式民主,最終實現「改造中國」的目標。

第七章 結語

　　在民族與民族主義理論的分析基礎上,本書比較詳細的論述美國民族主義的性質、特徵及其表現,並由此重點地探討美國民族主義與「改造中國」使命的關係及從這一角度解讀美國對臺政策的演化過程。美國民族主義尤其是它的特性使得美國人在國際關係中為自己定位時,總是把自己放在高人一等和居高臨下的位置,認為他們代表了世界上最好的價值觀和政治制度,代表了人類社會的進步方向,美國有使命和責任向世界輸出美國文化和制度,改造落後文明和落後民族,而且這種使命是上帝賦予的,是不可抗拒的。一戰和二戰結束後它曾兩度按照自己的模式構建世界秩序。冷戰結束後,作為「唯一的全面的全球性超級大國」568,美國正在第三次塑造「美國式」的世界政治經濟新秩序:憑藉政治、經濟、軍事、文化和科技等方面優勢構成的強大的綜合國力,力圖主導世界的發展方向,謀求建立並儘可能地保持由其領導的單極世界。美國人似乎認為,作為一個強國,他們有責任幫助構建一個全人類都能安全和尊嚴地生活的世界。「美國是世界天然的、命定的領袖。……對美國有利的東西也有利於世界。」569美國人知道這是一個理想,一個他們不能獨自實現的目標,但這是一個他們認為所必須面對的挑戰。570

第一節　如何認識美國民族主義?

　　從廣義上來看,政治是理解美國生活的基本構架。因為,由於

缺乏共同血統與共同故鄉所形成的神祕凝聚力,把整個美國聯繫在一起的,乃是《獨立宣言》所體現的政治信念。美國作為一個國家,和它的政治原則是不可分離的。571美利堅民族長期以來還形成了強烈的民族優越感,堅信自己是「上帝的選民」,具有「歷史恩賜的結構」,由此與其他民族不同,具有更高的道德和思想境界,生活在自由之鄉和「山巔之城」。例如,「美國人常常自認為是一個獨特的民族,受到上帝的青睞,有著其他民族所沒有的美德。」572或,「我們中大部分人或出於懵懂或出於自負,總是想當然地認為我們的文明是獨特的。」573因此,「使命觀無疑是解讀美國的基本線索,這一觀念如同一道金色的陽光穿過美國歷史的進程。美國人比世界上其他人更加認定自己的國家和民族被上帝以某種特殊的方式授命在全世界成就最偉大的事業。對美國領導人來說,這項使命既是倫理也是信仰。」574概言之,在美國的政治文化體系中,美國人自認為受到全能的上帝的特殊恩寵,美國身負著向世界傳播美國的自由民主價值觀、按照美國模式改造世界的「天定命運」,即注定不僅在西半球而且在世界其他角落扮演一個既行使支配又樂施好善的角色。

　　上述情況有著明顯的宗教原由,「美國在很大程度上就是由於宗教的原因而創建的……宗教一直是而且至今仍然是美國特性和國民身分的主要因素之一,也許還是最主要的因素。」575正因如此,法國人托克維爾(Alexis de Tocqueville)很早就認定,「在美國,基督教對人的靈魂影響之大,世界上沒有一個國家能比得上。」576這種影響產生了「美國例外論」即美國人自我形象的核心,它認為美國是世界上特殊的「道義之邦」,美國的政治制度在世界上「獨一無二」、「完美無缺」,是其他國家效仿的榜樣。「在美國的自我形象裡,存在一個根深蒂固的信仰:這個民族象徵和代表著整個世界的追求和願望,在管理自己內部事務的時候,美

國實際上是在進行一種活生生的試驗,這一試驗直接關聯著其他民族的希望和恐懼。美國社會中大部分人一直接受這樣一種常識性觀點:美國的歷史,特別是其政治民主的成功,物質的繁榮以及在解決社會矛盾方面的成就,為解決世界上的矛盾和衝突提供了榜樣。擁有超乎人們想像的經濟生產,仍然令人羨慕的生活標準和世界上最古老的民主憲政體制,美國人一直相信他們的制度具有普世的有效性。」577這一信念導致外交領域中出現如下的常見現象,即美國企業研究所高級研究員克里斯托爾(IVring Kristol)曾經談到過的:「歐洲民主國家無一認為在世界範圍內『促進民主』是其外交政策的重要組成部分。這些民主國家無一認為自己是『山巔之城』,而我們習慣上這樣認為和這樣行動。」578

何以至此?本書認為應該到美國的民族主義去找答案。「美國做什麼以及如何對別國行為作出反應,是由美國的政治文化所決定的。其中不同種類(strand)的民族主義構成了至關重要的部分。」579與其他國家的民族主義相比,美國民族主義的獨特性在於它與自由民主價值觀緊密相連,「美國的民族主義的『有機』基礎,既不是土地,也不是人民」,相反,「美國的民族主義……是一種平民的民族主義,體現著一系列含義很廣的核心價值觀念:與集團權利相對立的內在的個人,人人機會平等,反對中央集權、法治以及一種革命的遺產,即可以透過人類深思熟慮的行為來改造人類,尤其在符合這些基本的價值觀的情況下。」580也就是說,這種民族主義的獨特性在於美利堅的民族認同感來自於其成員對於美國的制度和價值觀優於世界上其他國家的強烈共識。或者說,宣揚美國價值觀高於世界上其他民族的價值觀成為維繫美利堅民族團結與統一的必要條件。這種價值觀伴隨著美國歷史的發展而發展,並不斷得以強化。回顧美國的歷史可以看到,從一開始,美國人對此類價值觀就矢志不已,而且堅信它們同樣適宜於世界上所有其他的民族,因為對美國人來說,「對美國有益的就一定對其他人有益,

又有什麼其他的模式能勝過這一不言自明的格言呢？」所以，「毫不令人感到奇怪，美國人總是將他們自己裹在本體善良的大旗下。既然美國的旗幟代表著所有善良的事情，那麼在美國人的眼中，這面旗幟就應當得到全世界每個角落的敬意。」581總之，美國民族主義使得美國人認為，美利堅民族作為「上帝的選民」，負有在全球傳播和推行自由、民主等價值觀和理念的特殊使命。當美國人民和其他民族交往時，這種信仰對美國的外交（政策）產生了深刻而重大的影響：「美國是整個人類未來的政治體現……美國有理由追求自身的國家安全，其基礎不僅是保存一個獨特的國家，而且還是保護整個人類未來的福祉和權利。」582從二戰結束後杜魯門時期到小布希時期的外交政策裡，這種影響是一以貫之或根深蒂固的，如柯林頓所言：「儘管我們隨著時代的節奏前行，我們的使命卻是無限的（timeless）。」583

　　一般來說，民族主義通常有助於促使社會成員在支持一種共同信念方面具有強烈的集體感，這種共同信念無論是在戰時還是平時都是必不可少的。例如，「美國普世性的民族主義是一種非常強大的力量……美國的價值觀和制度反映在美國獨特的自我形象、特有的生活方式和美國例外論的信仰之中——這些都是美國帝權（impeirum）發展和持久的重要原因。」584但是，伴隨著強烈的民族主義情感而來的重要問題之一是愛國主義常常變成了偏狹的和「超級的愛國主義」。585具體而言，由於美國人偏執於相信美國的優越和進步，他們難以理解不同於美國模式的發展道路，甚至把與美國的不同看作是對美國的威脅和挑戰。這就導致美國的民族主義不時以趨於極端的形式出現於美國的外交政策之中。究其原因，宗教的緣由使得美國人過分自戀於美國是「山巔之城」這一地位，使得美國在如何對待世界上其他國家和民族的問題上缺乏客觀的判斷，以至美國民族主義太缺乏自我反省精神，這是美國民族主義存在的最大問題。儘管如美國著名心理學家埃裡希·弗羅姆

（Erich Fromm）所分析的，「就看待外國而言，缺少客觀性是人人皆知的。長期以來，一國總是把自己說得盡善盡美，而把別國說成十足的腐敗和殘忍。評判敵人的一舉一動用一個標準，而評價自己的一言一行則用另一個標準。甚至敵人的善行也被視為窮凶極惡的徵兆，意在欺騙我們和全世界，而我們的醜行則是必要的，是為我們的崇高目標服務的，因而也是正當的。的確，如果像研究人與人之間的關係一樣來研究國與國之間的關係，就會得出這樣的結論：客觀性是極為少見的，而不同程度的自我陶醉的歪曲，則是司空見慣的。」586但這種現像在美國的身上表現得尤為明顯，這是因為，對美國人民來說最難做到的事就是「承認他們自己並不比其他的民族更優秀」。

綜上所述，如果說美國民族主義對美國人的思想和行為的影響是無法抹去的話，那麼美國人必須對美國民族主義中的精華和糟粕有所區隔。其中關鍵的是，美國人民「必須放棄自己對國際事務的過於簡單的看法」，放棄「美國的使命就是以美國的形象來改造世界的理論」。587唯有如此，美國人民才能對他們生活於其中的星球做出更多、更大的貢獻。

第二節　如何認識美國民族主義與「改造中國」使命的關係？

無論是早期清教徒的「使命觀」和「山巔之城」的神話，還是其後來被世俗化的、某種程度上與之一脈相傳的「美國例外論」，其本質都是宣揚一種「美國優越」。作為美國最基本的國家意識形態，「美國優越」的神話反覆強調：美國是一個被上帝選中的國家，是「山巔之城」，是一個榜樣和一個「救世主的國家」，美國人是上帝的「選民」和被上帝「選中的種族」。在「美國優越」的

神話中，美國是「新世界」，美國向來就是一個自由和民主的國家。美國在世界上負有特殊的使命，它代表著上帝的旨意。美國從國家產生的那一天起，就獻身於自由民主的傳播和真正的人權捍衛事業。它還是世界和平締造者，它理應成為世界憲兵。美國是全人類的代表，是世界的「燈塔」，只有它代表著人類前進的方向，是世界發展的最後歸宿和最美好所在，因此，美國的擴張是給這個世界帶來恩澤。[588]從「合眾國之父」喬治·華盛頓起，美國政府就致力於「鞏固自由人的權利而令其堅不可摧」；第二任總統約翰·亞當斯則明確主張要維護「美國人民強烈的榮譽感和誠實正直之心，以及他們有關自己的權力和力量的內在情感」。[589]因此，從立國之初就形成「美國偉大」的觀念，這種觀念一直影響著美國的外交政策。隨著經濟的發展和綜合國力的不斷提高，美國又出現了所謂的白人「種族優越論」、「天定命運論」、「美國例外論」等價值觀和意識形態，並很快融進了美國的外交政策。長期以來，美國人一直有一種「天賦使命」感，作為「上帝的選民」，「應當有按照上帝所規定的信條改變和復興世界的責任和義務」。[590]建立「山巔之城」的使命如同「上帝的選民」的使命一樣，都使美國人承擔了一種道德責任，以他們自己作為楷模來示範全世界。因為「既然這種價值觀不僅適用於各種不同文化的美國人，而且還吸引著世界各地的人向美國移居，那麼從邏輯上說，它必定具有國際感召力。……因此，美國不能將這種價值觀的追求僅限於自己的國土範圍。」[591]美國不僅有權利有義務推廣他們的價值觀，而且責無旁貸。這使美國人認為，「應該主動地像傳教士那樣的去發揮他們的救世主作用，而不是被動地、僅僅用榜樣示範的力量去影響別人」。這種「普世文明的概念有助於西方對其他社會的文化統治和那些社會模仿西方的實踐和體制的需要作辯護。普世主義是西方對付非西方的意識形態。」[592]可見，美國的意識形態具有強烈的道義感和對異教文化的征服欲。而在歷史上，美國也一直採用了「維

護自由同主動推進國家強盛緊密聯繫在一起的政策」。593

　　時至今日，美國人依然認為，世界的發展注定要選擇美國的道路。用一切手段擴張他們的文化和利益，以美國理想改造世界是這個民族神聖的使命（American mission）。美國人對中國的認識也緣於美國這種唯我獨尊的歷史傳統。「大多數美國人認為，美國人到中國不是為了掠奪，而是為了給予，不是為了占領，而是為了改造。與其他國家同中國的關係不同，中美關係是以雙方深厚的友誼為標誌的，美國人在中國的善行，美國對中國的『保護』和中國人對美國的『感激』和信賴構成中美之間的特殊關係。」事實果真如此嗎？歷史已經戳穿這種偽善的「神話」，其荒謬之處路人皆知。不幸的是，「儘管所謂美國對中國的無私幫助在相當程度上不過是無稽之談，其提出者完全忽視了華人在美國所遭受的不人道的待遇、美國在中國享有的種種特權以及屢次口惠而實不至的對華政策對中國民族主義情感的傷害，但美國人卻對此深信不疑。」594 究其原因，這是由美國獨特的民族主義意識形態所決定的：本來，民族主義一般是以追求本民族實際利益作為自己的目標，但是美國的民族主義卻把「改造」世界和「拯救」人類作為自己的重要目標。也就是說，美國民族主義比其他國家的民族主義更願意承擔所謂的「世界責任」，以讓其他國家效仿美國來表現其民族主義。對中國而言，美國人長期以來更是持有一種「傳教士心理」，而往往把中國人看作一個不成熟的民族，自認為是中國人的先生，並把中國當做實現美國民族抱負、推廣美式價值觀的巨大試驗場。

　　上述美國自我形象即所謂的美國例外主義，突出的是美國的民主價值觀的巨大優勢及其全球普適性。美國公眾具有一種傳教士情結，希望並相信美國模式能夠推行到世界各個地區。一旦某個國家的行為不符合美國公眾所認為的美國式價值標準，這個國家就會在美國公眾心目中形成負面的印象。這種解釋強調的是美國公眾中國

觀的基礎，認為美國公眾的中國觀很大程度上是「美國文化的產物」，美國人所看到的不是一個真實的中國，而是一個「美國的中國」（America's China）。[595]例如，1911年中國革命和清王朝的垮臺經常被描繪成美國革命的翻版。美國人認為「新理想」代表的美國特徵的民主、人權、公平和機會均等等精神已在中國扎根。一位編輯評論說中國「正把她的手伸過太平洋抓住我們」，請求美國「教她如何自由、幸福和強大」。[596]但是社會主義中國成立後不但拒絕了美國模式，而且和蘇聯站在了一條線上，這使「美國人覺得被背叛了，十分憤怒，認為他們的價值和制度遭受了貶損，他們的好意被辜負了」，這導致美國公眾形成了對中國的兩個印象，即中國是「莫斯科的爪牙」和中國是一個「狂熱」的國家。[597]再如，自1970年代末中國實行改革開放，在理論上和實踐上都否定了過去許多極左的說法、做法，確實在思想領域內也發生了空前的變化。美國朝野對中國的變化一片歡欣鼓舞，按照美國的理想來影響和改造中國的想法重又升起，有些人還對此表現出很大的熱情。這使「自由中國的神話」（the Liberal China Myth）從80年代開始在美國盛行，這個神話認為，中國雖然還步履蹣跚，但已經走上了現代化和自由市場化的道路，「1989年6月之前，美國主流媒體對中國較為友好，有關中國的報導絕大多數是正面和積極的。」「中國被美國媒體塑造成一個改革的先鋒，一個『正在偏離共產主義而靠向市場經濟並向開放社會發展的典範』。儘管對中國政治體制和經濟體制的改革有不同的看法，但對中國發生的事，美國媒體大多數從正面的角度加以解釋和理解，認為進步是中國發展的主流，中國走在正確的道路上。」[598]總之，「對很多美國人來說，中國的正在開放是整個共產主義世界自由化的預兆：最終，『他們』將會變得與『我們』一樣。」[599]然而，一旦按自己的想法「改造」中國的希望落空，那些看來應「放之四海而皆準」的價值觀念受到了挑戰，美國人心理上就不願接受。如果中國是一個民族

主義至上的、意識形態上對立的、經濟上日益強大的國家，與美國的現實利益也發生了衝突，美國人覺得中國是一個對手也就出於自然。一個既與自己的價值觀念又和自己的現實利益衝突的中國是美國最不願意看到的。600這裡就涉及一個美國「是否真正瞭解中國」的問題，「華盛頓能否準確把握變化中的中國和中國的歷史走向，對制定出有效而務實的對華政策十分關鍵。錯誤地認識中國，過高地估計中國對美國的威脅，或過低估計中國在現代化過程中的複雜性和捍衛自身利益的決心，都會導致雙邊關係的惡化甚至危機。」601

縱觀百年來的歷史，美國最難調整的是它的「救世主」心態，即用自己那套價值觀去評價其他國家，進行「道德討伐」。自命名為「世界法官」，以「親美」還是「反美」、「民主」還是「專制」劃線，「自以為是」仍將是美國外交的主要特色。602比如，美國人「習慣於聽人家講美國人的特點在於他們對世界秩序所承擔的責任，如果轉向謹慎、克制的政策，他們便會感到自己降低了身分。他們也許不希望被告知他們應該放棄神氣十足的抱負而像其他國家那樣過平常的生活」。603如此一來，過度的自大以及不可避免的由此所孳生的外交思想和決策上的僵化和偏狹也難保不給美國自身的利益帶來損害。「清教的十字軍東征精神給美國歷史帶來了許多遺憾和悲劇性的事件。它帶給我們不必要的和代價高昂的冒險以及毀於我們自己手中的勝利。」604而對於「改造中國」這個流傳已久的說法，美國著名學者漢斯·摩根索曾經有過一段精彩的評述：「在生活中，每個民族都離不開神話。神話所描述的過去總是適應現實的需要，但往往不顧歷史事實。有些神話是有益的，它們加強了民族信念，使人們堅信他們在過去和現在都能夠肩負時代的重任，諸如對豐功偉業、大難浩劫和重大成就誇張的回顧均屬此類。但另一些神話卻是有害的。人們從被歪曲了的事實中瞭解過去，並以此籌劃未來的行動。這樣做雖然取悅了人們集體情感，卻

使人們的判斷和行動進入迷途。這類神話是過去對未來施展的魔法，是死人壓制活人的咒符。」605美國人有關其同中國的關係的看法屬於後者，是一種有害的神話。因為這樣的神話不僅與歷史事實相差甚遠，「更重要的是，這種建立在幻覺上的迷思（myth）會對中美關係造成極大的危害：其一，它嚴重遮蔽了美國對中國局勢的認識。既然中國人信賴美國，熱愛美國的價值觀和民主制度，願意接受美國的指導，從這一信念自然引申出來的就是共產主義並不適合中國，共產主義對中國的統治並不是中國人民自願接受的，而是外來力量強加的，因此他們相信中國人民遲早會擺脫共產主義的羈絆，重新擁抱美國的民主制度。其二，由中國共產化而導致的中美關係神話的破滅在美國激起強烈的負面情感反應，使美國人完全不能接受這一現實。面對中國拋棄美國的制度與文化，拒絕美國的『監護』與『指導』，並選擇社會主義，美國在中國一個多世紀的心血付諸東流，美國對自己文化和意識形態的自信心遭受沉重的打擊。」606歷史已經並將進一步證明，「改造中國」的企圖不利於中美關係的改善以及兩國人民之間的往來。這是因為，美國想不加區分地在全球推行它的理想是行不通的。「中國畢竟不同於美國，無論從歷史傳統或文化內涵上，它們都是並行的，各具特徵的，代表了兩種不同的文明歷程。美國的夢想是不會為中國人民接受的。這不僅出於文化傳統的差異，也出於現實政治的需要。」607正是從上述認識出發，美國學者哈里·哈丁（Harry Harding）說：在美國，「沒有人認識到真正的問題在於美國看中國是以美國式的眼光來看，它又立足於一種對我們本身影響中國事務能力的過高估計，而且基於對中國的政治與社會缺乏準確性的概念。」所以，美國人在對華問題上「可能還需要對自己所熟悉的思維方式作一番費力的調整」。608

第三節　如何從美國民族主義與「改造中國」使

命的關係視角解讀美國的對臺政策？

　　縱觀半個多世紀的演化過程，美國對臺政策從屬於美國對華戰略，它是由美國的對華戰略決定的，並且是這個戰略的重要組成部分。「對於美國來說，對華政策的根本目標在於將整體中國納入美國的利益和價值體系中，美臺關係必須為美中關係服務，為了美國在整體中國的利益，美臺間的局部利益是可以被忽視的。」609因此，美國對臺政策的調整也是根據美國對華戰略的需要而進行的。但不論如何調整，美國的對臺政策難以超越「以臺制華」的冷戰思維。冷戰時期，美國在政治、經濟、軍事和安全等方面全力扶植臺灣當局，「華盛頓想要把臺灣變成抵禦對抗人民共和國的強有力的堡壘和前哨陣地。臺灣的價值，不僅限於是遠東的一個重要戰略據點和一艘『不沉的航空母艦』，更因為國民黨當局的反共意識形態。維持一個反共的臺灣政權，可以作為新生人民共和國合法性的一個經常性挑戰，用以向社會主義中國施加政治壓力。而且作為前中國的合法政府，國民黨當局在東南亞地區的華人中尚有勢力，也可以用來抵消中國對該地區的影響。……總之，出於國家利益的考慮，美國決心阻撓中國統一臺灣。」6101960年代中期，國際政治格局發生了重大變化。美國以國家利益為重，在調整其全球戰略中，選擇了「聯華抗蘇」，開始著手進行與中國大陸的接觸與聯繫，但其在謀求改善中美關係的同時，對臺灣卻作出種種承諾與保證，70年代初還曾在聯合國提出了「雙重代表」等，企圖在國際上推行「兩個中國」或「一個中國，兩個政府」。中美建交後，美國沒有放棄打「臺灣牌」，繼續依靠對臺軍售武裝臺灣，牽制大陸。1979年3月，美國國會通過了《臺灣關係法》，以中國法的形式來規範美國與臺灣的關係。《臺灣關係法》實際上是把臺灣視為一個「獨立的政治實體」，將臺灣與主權國家相提並論。1982年8月雷根政府向臺灣當局作出「六點保證」，強調《臺灣關係法》的

義務和保護臺灣的安全。這一切充分證明了美國政府干涉臺灣問題的頑固立場。但是，這一時期美國需要借助中國的力量抗蘇，不願因臺灣問題而影響中美關係大局，因此，《臺灣關係法》基本上被淡化處理。

　　冷戰結束後，中美政治聯姻破裂，美臺關係不斷升溫，美國再次調整其對臺政策，鼓吹要強化對臺灣的「安全保障」，擴大對臺軍售。1992年後，臺灣高層領導人開始絡繹不絕地「過境」美國，1995年5月，美國甚至允許李登輝訪問美國康乃爾大學，提升美臺實質關係，加大對臺支持力度，「以臺制華」的企圖更加顯著。臺灣《聯合報》曾經指出：現階段最能體現美國利益的對臺政策就是「一個中國，和平解決」，其最高綱領是「一個中國，但不統一」，最低綱領是「和平解決，不談獨立」。對美國而言，其在臺灣問題上的政策，是以「中國」為中心，以「臺灣」為棋子，中美關係不能親密到使「棋子」的牽制作用無所發揮，而「棋子」的作用亦不能大到擾亂「中心」。換言之，美國對臺政策如果出現調整，其目的也只在著眼於穩定地區局勢，或防範可能出現危及其戰略利益的風險。鑑於此，美國對臺政策的調整注定是有限度的，其「以臺制華」的戰略核心不會改變。611總體而言，今後一段時期內，由於美國對臺的基本利益和戰略目標不會發生根本改變，從「以臺制華」的考慮出發，美國發展美臺實質關係，尤其是大幅度強化美臺軍事關係，阻礙中國統一的做法也不會改變。

　　按很多美國人的想法，美國對1949年以來幫助臺灣與大陸分開的做法並不感到內疚，相反，他們認為是他們幫助臺灣人民實現目前的繁榮、安全和政治發展並為此感到自豪。612就像美國著名的中國問題專家麥克·奧克森伯格曾經（Michel Oksenberg）一直認為的那樣，半個多世紀以來，「臺灣在美國的保護、支持和扶持下，逐漸取得了經濟上的繁榮和政治上的民主，美國人對此深感驕

傲和自豪，作為美臺關係密切的結果，美國人對臺灣人民有著一種道義上的責任感。」613 正是根據這種「道義上的責任」，美國國會在政府發表建交公報不久即制定通過《臺灣關係法》來保證美國有足夠的權力介入臺灣問題，使之在與中國建交的同時又不至於「拋棄臺灣」，一直與臺灣保持密切的非官方關係；為了「維持兩岸軍力的平衡」，使「臺灣人民在同大陸的交往中有必要的信心」，而不惜多次違反《八·一七公報》的規定，持續向臺灣出售先進武器；以及後來以多種理由頂著中國的壓力，同意臺灣領導人「訪問母校」、「過境」等。這樣做並不完全是為了在臺灣的現實利益，而在很大程度上是出於美國價值觀方面的考慮，尤其是美國國會和輿論界，經常打著美國價值觀的旗號，在臺灣問題上不斷製造麻煩，給中美關係和中國人民的感情造成了極大的傷害。追根溯源，「自以為無所不能和要以自己的面貌改造世界的強烈慾望。這是貫穿於美國外交思想始終的主線，是意識形態和戰略利益的高度結合，外加強大的物質基礎和對自己力量的自信，造成了美國『以天下為己任』，肆無忌憚地干涉別中國政的對外行為特點。當初捲入中國內戰，今天在臺灣、人權問題上與中國的摩擦都出此根源。」614

美國是最早實行西方式憲政民主體制的國家，以自由、民主為基本價值觀的自由主義是其主流意識形態。美國一直將維護民主制度、在世界推進民主看成是重要的國家利益，並將之貫徹到對外政策中去。不過，在冷戰結束前，美國只是將推進民主的目標貫穿於其他對外政策中，並未作為一個獨立的政策目標。按美國人自己的說法，美國在兩次世界大戰中站在民主陣營一邊不是偶然的。可以說，在第一次世界大戰時期，推進民主貫穿於反專制之中，所以美國站在英法民主國家一邊，同德奧專制國家作戰；第二次世界大戰時期，推進民主貫穿於反法西斯之中，所以美國又站在「民主陣營」一邊；冷戰時期，推進民主貫穿於反共產主義之中，這一次美

國成了「民主陣營」的主帥。冷戰結束後，美國人認為，自由主義意識形態已經戰勝其他各種意識形態，成為人類社會的主流意識形態，按照美國學者福山（Francis Fukuyama）615的說法，就是意識形態鬥爭的歷史終結了，將來沒有哪一種意識形態能夠挑戰自由主義了。不過，美國並未陶醉於勝利之中，而是要乘勝前進，在世界進一步推進民主，實現全球「一片藍」。與冷戰結束前不同的是，冷戰結束之後美國將推進民主直接作為一個獨立的戰略目標，而不再貫穿於其他戰略目標之中。柯林頓政府制定的「參與和擴展安全戰略」，就將推進民主與維護安全及擴展經濟並列為美國國家安全戰略的三大目標或三大支柱。616在國外傳播「民主」和「自由」符合美國老百姓認同的文化價值觀。這樣在國外促進「民主」和捍衛「自由」就具有了實際的含義，不僅植根於美國獨特的歷史文化傳統和國家理想，而且美國人為了實現這一目標願意做出任何犧牲。「在經濟、安全和民主這三大支柱中，輸出民主最能激發美國民族傳統中的使命意識，擴大民眾對美國持久捲入國際事務的認同。」也就是說，輸出民主可以把內政和外交聯繫在一起，最符合美國的國家利益，「以支持民主和自由市場來取代反共」，才能動員並保持中國對於美國在新時代發揮全球領導作用的有力支持。617正因如此，在全球範圍內促進「民主」和捍衛「自由」常常掛在美國政府決策者的嘴上，使美國外交政策追求的根本目標明顯具有了很濃厚的「理想」色彩。世界上很少有國家像美國那樣從來都把本國的利益等同於全人類的利益，至少表面上使美國外交政策的目標具有了「普世性」的特性，似乎美國的外交活動不是主要出於本國的私利考慮，而是有著更為「崇高」的目標。618

對美國而言，標榜臺灣是「政治改革的櫥窗」，在推進西方民主的旗號下提升美臺關係，符合美國全球戰略「三大支柱」之一的「全球民主化」。在美國持續不斷的努力和推動下，臺灣的「民主改造」經歷了一個緩慢的和漸進的過程之後，終於如美國所願，完

成了所謂「政治變革」。「民主臺灣的出現是過去幾十年里美國實力與影響力持續作用的結果。」619臺灣的「民主化」進程大致經歷了四個發展階段：第一階段從1949年到1972年。這一時期，島內政治以維持國民黨集團的獨裁統治主要特徵。但是，臺灣當局此間也在島內推行了一定的「有限度的民主」，主要表現為推行「有限的選舉」，例如對市、縣議員和部分市、縣長的選舉，以及臺灣省議會的選舉，以及立法院、國民代表大會的補選等。第二階段從1972年到1988年。自臺灣當局推行所謂「革新保臺」之後，尤其是蔣經國出任行政院長之後，「本土化」進程開始啟動。在此階段，透過「本土化」運動和蔣經國晚年推出的解除「戒嚴」、開放報禁、黨禁等一系列措施，臺灣社會實際上進入了「半民主」階段。第三階段從1988年李登輝執政開始及隨後推行憲政改革時期，屬於臺灣「民主」的轉型期。在此階段，臺灣執政當局歷經五次「憲政改革」，廢除了「動員戡亂體制」，全面改選了中央民意代表機構，修訂了憲法，確定了總統選舉方式並加強了總統的職權。第四階段從1996年開始至今，屬於臺灣「民主」的鞏固時期。「民主」得到鞏固的最集中體現就是臺灣島內在1996年實現了首次總統直接選舉，並在2000年順利實現了執政黨的輪替。620對於臺灣地區的「民主化」進程，美國大加讚賞，稱臺灣「已經建立了真正的多黨民主體制，其政治體制完全分離於並不同於中華人民共和國的政治體制」，並把臺灣看做是「民主的」臺灣。2000年，民進黨上臺執政，美國領導層立刻表示這是「民主」的勝利。621臺灣在美國的扶持下，作為一個從獨裁專制走向「民主」的地區，無疑是美國推廣其民主的成功示範。

在臺灣「民主化」的發展進程中，美國對臺政策中「以臺變華」方針也經歷了從醞釀到確立、從付諸實施到明朗化直至全面推行三個不同的階段，其宗旨在於利用臺灣作為「民主的樣板」，來影響中國大陸的政治發展過程。尤其是在後冷戰時代，如何應對中

國大陸的崛起，除安全與戰略考慮（以臺制華）之外，與中國直接接觸意圖把中國納入民主國家體系的同時，「以臺變華」明顯提升。概言之，「為了改變中國，將中國融入全球資本主義體系，美國必須設法改變中國的政治、經濟、法律制度，使中國『資本主義化』、『民主化』。」622全面推行「以臺變華」是其中極為重要的一環。

綜上所述，經過近二十年的敵視與對抗之後，從1969年起中美關係開始改善，1972年尼克森總統訪華使兩國關係達到一個高峰，及至1979年中美關係實現正常化。兩國建交之後，在臺灣問題上，儘管美國政府口頭上表示不介入，不當調停人，不提方案，一再聲稱它無意侵犯中國的主權和領土完整，無意干涉中國的內政，也無意執行「兩個中國」或「一中一台」政策，強調臺灣問題「應由海峽兩岸中國人自己解決」，並對中共和平「統一方針」表示「理解並欣賞」。但事實上，美國的根本意圖是爭取時間，加速臺灣當局「本土化」，把臺灣變成美國控制下的「政治實體」。換句話說，美國不贊成兩岸統一的一個重要原因，是因為這不符合美國「推廣民主」的對外戰略。因此，美國在很長時期內，以臺灣已經實現「民主化」為藉口，向中國施壓，促使中國向「西化」方向發展的政策不會改變。以此觀之，由於美國民族主義意識形態的作用，「改造中國」的幽靈一直在美國人的腦海裡徘徊，遲遲不肯離去：改變中國政治制度的願望是美國朝野普遍存在的心態。美國認為臺灣是民主力量，大陸是共產黨政權，所以美國要支持臺灣作為和平演變中國的基地，利用臺灣來促進大陸的「民主化」，亦即透過政治、經濟、文化等各個領域的接觸，滲透自由、民主的價值觀和生活方式，促使大陸發生「內變」。與此同時，美國還需要透過借助「台獨」來遏制中國。例如，美國政府對臺政策在杜魯門政府期間幾經變化，從「分離臺灣」、「託管臺灣」、到短暫的「等待塵埃落定」、再到「臺灣地位未定論」。但無論如何變化，其核心

一直是「阻止福爾摩沙落入共產黨手中」，這一點在中美建交前沒變，中美建交後也沒變，將來也很難改變。1971年4月，季辛吉對尼克森總統說：「中國人不可能從我們手中騙走臺灣。他們必須從根本上認識到這一點。」623即便當初，美國願意改善同中華人民共和國的關係，其前提仍是「兩個中國」或「一中一台」。624

總而言之，美國對臺灣政治轉型的推動並非真正是為了臺灣的民主和自由，而是為了用一個「民主」、「自由」的臺灣來影響、演變中國大陸，以及透過「自由化」和「民主化」扶助一個臺灣人的「政府」，造成海峽的事實分裂或永久分裂，以牽制和削弱中國的力量。625在這種背景下，美國將會持續設法阻撓中國的統一進程，由此造成中國的統一大業依然任重而道遠。對此，兩岸中國人要有清醒認識。美國對臺政策的根本目的仍是維持台海兩岸不統不獨的現狀，使臺灣始終成為服從、服務於美國對華戰略的一顆重要棋子。因此，中美在臺灣問題上的較量將是長期的。

第四節　小結

史海鉤沉，中華民族要復興，臺灣問題必須解決。從長遠來看，大陸和平統一的實現必須立足於大陸自身的發展和全面進步，同時必須堅持依靠臺灣人民，還需要有利的國際形勢。因此，我們要團結海內外一切可以團結的力量，寄希望於臺灣人民，更寄希望於我們自己。一切「操之在我」、「求其在我」，努力發展自己，完善自己，壯大自己。

「青山一道同風雨，明月何曾是兩鄉。」海峽兩岸的中國人都是炎黃子孫，兩岸同胞長存民族大義於心，在兩岸關係和平發展的新時代中應該攜手共創「一個偉大國家的尊嚴與榮耀」。「求統一，圖富強，中華民族偉大復興，定將舒天昭輝，磅礡東

方。」626

「螞蟻緣槐之誇大國，蚍蜉撼樹談何事。」但願一些朋友丟掉幻想，面對現實，重寫新歷史，為海峽兩岸中國人的大和解、大團結、大發展，為整個中華民族的偉大復興而共同奮鬥！627

「春風終解千層雪，海水猶連兩岸心。」大陸統一大業，正如孫中山先生所說的「適乎世界之潮流，合乎人群之需要」，就「斷無不成之理」。盼金甌628早全！

附錄　美國對臺政策大事記

1949年8月5日　美國國務院發表《中國白皮書》，列舉國民黨在大陸失敗的諸多原因。

1949年12月7日　國民黨當局失敗遷臺，美國停止對國民黨當局的軍援。

1950年1月5日　杜魯門專門就臺灣問題發表聲明，表示「美國對臺灣或中國其他領土從無掠奪的野心。目前美國無意在臺灣獲得特別權利或建立軍事基地。亦不擬使用武裝部隊干預其現在的局勢。美國政府不擬遵循任何足以把美國捲入中國內爭中的途徑」。

1950年6月27日　韓戰爆發後，杜魯門公開聲稱「（如果）共產黨部隊占領臺灣，將直接威脅太平洋地區的安全，及在該地區執行合法而必要任務的美國部隊。因此，我已命令第七艦隊阻止對臺灣的任何攻擊」。「臺灣未來地位的決定必須等待太平洋安全的恢復，對日和約的簽訂或經由聯合國的考慮。」

1951年2月9日　美國正式開始向臺灣提供經濟援助起，到1965年經濟援助結束止，以各種方式向臺灣提供的經濟援助達14.82億美元，平均每年近1億美元。

1953年2月2日　艾森豪威爾總統宣布解除杜魯門制定的臺灣「中立化」限制，臺灣軍隊可以對大陸採取「自由行動」。

1953年11月2日　副總統尼克森「訪問」臺灣，具體談及條約問題。

1954年12月3日　美臺正式簽訂「共同防禦條約」，正式確立起美臺間的「軍事同盟」關係。

1955年1月19日　艾森豪威爾總統表示要研究「兩個中國」的可能性。

　　1957年5月24日　臺灣爆發「劉自然事件」，群眾搗打美國「大使館」。

　　1958年8月23日　中國大陸獲悉美國欲迫使蔣介石搞臺灣「獨立」，派國務卿杜勒斯赴臺，要國民黨撤出金門、馬祖後，以猛烈炮火攻擊金門，牽制美國，挫敗其計劃。

　　1959年11月1日《康隆報告》建議「取消」「中華民國」，另建「臺灣共和國」。

　　1962年6月26日　中美華沙會談，美國保證不支持國民黨軍隊反攻大陸。

　　1969年11月7日　美國第七艦隊停止在臺灣海峽的巡邏。

　　1970年4月20日　臺灣行政院副院長蔣經國訪問美國。

　　1972年2月28日　中美聯合發表《上海公報》，美國第一次公開表示接受「一個中國」的原則。

　　1979年1月16日　美國宣布成立「美國在臺協會」，負責處理美臺之間非官方的往來事宜。2月15日，臺灣當局宣布設立「北美事務協調委員會」，負責處理臺美之間的非官方事務。

　　1979年4月10日　美國總統卡特簽署參、眾兩院分別於3月28日和29日通過的《臺灣關係法》，以立法形式繼續向臺灣做出安全承諾，其後向臺灣出售武器成為美臺軍事關係的重要內容。

　　1982年8月17日　中美聯合發表《八‧一七公報》。美國政府聲明，它不尋求執行一項長期向臺灣出售武器的政策，它向臺灣出售的武器在性能和數量上將不超過中美建交後近幾年供應的水平，它準備逐步減少它對臺灣的武器出售，並經過一段時間導致最後的

解決。

1987年3月15日　美國國務卿舒茲訪問大陸時，表達美國對中國臺灣海峽關係的立場。

1987年8月16日　中國駐美國大使館新聞處發表聲明，澄清合眾國際社失實報導，重申中國不承擔不使用武力解決臺灣問題的義務。

1991年6月和7月　美國眾議院和參議院先後通過《臺灣前途修正案》，使該案成為1992年度美國援外法案的一部分。

1994年4月29日　美國國會通過《1994和1995年對外關係授權法》，首次公開以法律形式將《臺灣關係法》凌駕於《八·一七公報》之上。

1994年9月7日　美國國務院正式公佈了包括允許臺灣高層領導人過境、支持臺灣加入一些國際組織以及對臺軍售等多項具體內容的對臺新政策。

1995年6月7—11日　美國政府允許李登輝訪美。

1996年3月　中國人民解放軍分別在東海、南海、臺灣海峽等地區進行了海陸空聯合軍事演習和導彈演習。美國作出強烈反應，派兩個航母編隊駛往臺灣附近海域。

1997年10月26日-11月3日　江澤民主席對美國進行國事訪問。兩國發表《中美聯合聲明》，美方重申，美國堅持一個中國的政策，遵守中美三個聯合公報的原則。

1998年6月30日　柯林頓在上海會晤各界人士時表示，美國不支持「兩個中國」或「一中一台」、不支持臺灣「獨立」、不支持臺灣加入由主權國家組成的國際組織。

1999年7月9日　李登輝在接受「德國之聲」記者採訪時突然

宣稱：臺灣當局「自1991年定憲以來，已將兩岸關係定位為『國家與國家』，至少是特殊的『國與國』的關係」。柯林頓政府對臺灣單方面拋棄美國的既定政策原則和兩岸穩定的框架、進行政治挑釁的行為毫不客氣地迅速作出了反應。12日，白宮副發言人福利表示，美國政府長期以來堅持的「一個中國」的政策沒有改變。13日，國務院發言人魯賓在例行記者會上一再強調美國堅持「一個中國」政策，兩次重申柯林頓的「三不政策」。

　　1999年7月23—25日　美國在臺協會理事主席卜睿哲前往臺灣，要求李登輝做出解釋，對他事先未與美國商量突然發表「兩國論」表示不滿和深切關注。卜睿哲重申，20年來，美國對臺政策的四個要素是：一個中國政策；承諾履行《臺灣關係法》；支持兩岸對話；以和平方式解決臺灣問題。

　　2000年2月1日　美國眾議院通過《加強臺灣安全法案》，宣稱美國有義務保衛臺灣，總統有權根據臺灣海峽形勢的發展情況來決定向臺灣出售武器的數量和質量。但因被參議院擱置起來，未能付諸表決而無效。

　　2001年4月24日　在小布希當政百日接受美國廣播公司節目主持人採訪時，當問到如果臺灣遭受攻擊，美國是否有責任去保衛臺灣時，小布希回答說「盡其所能協防臺灣」。

　　2002年8月3日　陳水扁拋出了大陸與臺灣是「一邊一國」的論調。這一說法直接挑戰了美國的「一個中國」政策。於是美國國家安全委員會發言人麥科馬克、國務院副發言人裡克一再表示，「美國對中國和臺灣的政策眾所周知，是長期的，沒有發生變化。我們的政策是一個中國政策，我們不支持臺灣獨立」。

　　2003年6月1日　小布希總統與胡錦濤主席在法國埃維昂會晤時，強調了美國支持「一個中國」、不支持「台獨」政策。

2003年11月27日「公民投票法」在臺灣「立法院」三讀通過。12月1日，美國國務院發言人鮑徹在記者會上表示，美國反對任何一方片面改變台海現狀的意圖；美國也促請台海兩岸克制言行，避免升高緊張態勢或使對話更難進行，「反對任何改變臺灣地位或走向臺灣『獨立』的公民投票」。鮑徹並拿出陳水扁「四不一沒有」的承諾再唸一次：陳「在2000年就職演說中承諾：不宣布臺灣獨立，不變更臺灣政府的名稱，不把兩國論入憲，以及不推動改變現狀的統獨公投......我們很嚴肅地看待它。」這是美國在臺灣當局操弄「公投」後，首次公開使用「反對」來表達立場。

　　2003年12月9日　小布希總統在溫家寶總理訪美記者招待會上公開表態：「臺灣領導人的言行表明，他有可能作出決定單方面改變現狀，對此我們是反對的。」

　　2004年3月2日　美國國務卿鮑威爾在傳統基金會的亞洲政策演說中表示：「我們堅守由三項公報和臺灣關係法所界定的一個中國政策，我們不支持臺灣『獨立』，我們反對任何一方單方面改變現狀的舉動。」同年10月，鮑威爾在訪華期間，更是直指臺灣「不是獨立的，它並不享有一個國家擁有的主權」，甚至刻意兩度將過去美國希望兩岸未來走向「和平解決」的制式說法改為「和平統一」。

　　2005年3月20日　美國國務卿賴斯會見國務院總理溫家寶時重申，美國堅持「一個中國」政策，遵守美中三個聯合公報，希望臺灣問題得到和平解決。

　　2006年2月27日　陳水扁宣布終止「國統會」及「國統綱領」。美國國務院發言人麥克萊倫針對陳水扁的「廢統論」，公開重申「一中」政策、《臺灣關係法》和中美三個聯合公報。他還指出，美國鼓勵兩岸對話，因為對話有助於和平解決歧見———「以兩岸人民都能接受的方式」。此外，美國主管東亞事務的助理國務

卿希爾也建議臺方，仔細閱讀美國的台海政策聲明。

2007年8月底至9月中旬　針對陳水扁當局不顧美方勸阻執意推動「以臺灣名義加入聯合國公投」的行為，美國副國務卿內格羅蓬特、國家安全會議亞洲部門資深主任韋德寧等相繼透過媒體發表重要談話，其中不僅警告與反對的語氣越來越嚴厲，而且還暗示美方欲切斷與陳水扁當局的溝通管道，公開向臺灣民眾發出呼籲，要他們認清「入聯公投」背後「居心不良」的動機與「潛在危害極大」的可能後果，希望他們能採取抵制措施。同年年底，美國在臺協會理事主席薄瑞光專程赴臺北會見陳水扁，在逐字逐句讀完小布希總統要他傳達的訊息後，當著臺灣媒體的面又把內容複述一遍，以讓臺灣民眾瞭解。此後，美國政府還拉高層級，由國務卿賴斯在年終記者會上公開批評臺灣「入聯公投是挑釁政策」，並持續向島內各界明確發出上述訊息，甚至在2008年3月投票前也不避諱。

參考文獻

一、中文

（一）著作

1.【英】埃裡·凱杜裡著，張明明譯：《民族主義》，北京：中央編譯出版社，2002年版。

2.【英】厄內斯特·蓋爾納著，韓紅譯：《民族與民族主義》，北京：中央編譯出版社，2002年版。

3.【英】埃裡克·霍布斯鮑姆著，李金梅譯：《民族與民族主義》，上海：上海人民出版社，2000年版。

4.【美】本尼迪克特·安德森著，吳睿人譯：《想像的共同體》，上海：上海人民出版社，2003年版。

5.【法】吉爾·德拉諾瓦著，鄭文彬等譯：《民族與民族主義》，北京：三聯書店，2005年版。

6.【英】安東尼·史密斯著，龔維斌等譯：《全球化時代的民族與民族主義》，北京：中央編譯出版社，2002年版。

7.【英】安東尼·史密斯著，葉江譯：《民族主義：理論，意識形態，歷史》，上海：上海人民出版社，2006年版。

8.【美】里亞·格林菲爾德著，張京生等譯：《資本主義精神：民族主義與經濟增長》，上海：上海人民出版社，2004年版。

9.【美】海斯著，帕米爾譯：《現代民族主義演進史》，上海：華東師範大學出版社，2005年版。

10.【印度】帕爾塔·查特吉著，範慕尤等譯：《民族主義思想

與殖民地世界：一種衍生的話語？》，南京：譯林出版社，2007年版。

11.【美】詹姆士·羅伯遜著，賈秀東等譯：《美國神話美國現實》，北京：中國社會科學出版社，1990年版。

12.【美】盧瑟·S.路德克主編，王波等譯：《構建美國：美國的社會和文化》，南京：江蘇人民出版社，2006年版。

13.【美】邁克爾·卡門著，王晶譯：《自相矛盾的民族：美國文化的起源》，南京：江蘇人民出版社，2006年版。

14.【美】加里·納什等編著，劉德斌主譯：《美國人民：創建一個國家和一種社會》（第6版），上、下卷，北京：北京大學出版社，2008年版。

15.【美】薩克凡·伯克維奇著，錢滿素譯：《慣於贊同：美國象徵建構的轉化》，上海：上海譯文出版社，2006年版。

16.【美】路易斯·哈茨著，張敏謙譯：《美國的自由主義傳統》，北京：中國社會科學出版社，2003年版。

17.【美】塞繆爾·亨廷頓著，周端譯：《失衡的承諾》，北京：東方出版社，2005年版。

18.【美】塞繆爾·亨廷頓著，程克雄譯：《我們是誰：美國國家特性面臨的挑戰》，北京：新華出版社，2005年版。

19.【美】邁克爾·H.亨特著，褚律元譯：《意識形態與美國外交政策》，北京：世界知識出版社，1999年版。

20.【美】杰里爾·羅賽蒂著，周啟朋等譯：《美國對外政策的政治學》，北京：世界知識出版社，2005年版。

21.【美】托馬斯·帕特森等著，李慶余譯：《美國外交政策》（上、下），北京：中國社會科學出版社，1989年版。

22.【美】孔華潤主編，周桂銀等譯：《劍橋美國對外關係史》（上），北京：新華出版社，2004年版。

23.【美】孔華潤主編，張振西等譯：《劍橋美國對外關係史》（下），北京：新華出版社，2004年版。

24.【美】孔華潤著，張靜爾譯：《美國對中國的反應——中美關係的歷史剖析》，上海：復旦大學出版社，1989年版。

25.【美】韓德著，項立嶺、林勇軍譯：《中美特殊關係的形成——1914年前的美國與中國》，上海：復旦大學出版社，1993年版。

26.【美】唐耐心著：《不確定的友情：臺灣、香港與美國，1945至1992）》，新新聞編譯小組，臺北縣：新新聞文化事業股份有限公司，1995年版。

27.【美】唐耐心著，朱立人等譯：《艱難的抉擇——美國在承認社會主義中國問題上的爭論（1949—1950年）》，上海：復旦大學出版社，2000年版。

28.【美】柯喬治著，陳榮成譯：《被出賣的臺灣》，臺北：前衛出版社，2002年版。

29.王聯主編：《世界民族主義論》，北京：北京大學出版社，2002年版。

30.於歌著：《美國的本質：基督新教支配的國家和外交》，北京：當代中國出版社，2006年版。

31.張爽著：《美國民族主義——影響國家安全戰略的思想根源》，北京：世界知識出版社，2006年版。

32.王曉德著：《美國文化與外交》，北京：世界知識出版社，2000年版。

33. 周琪主編：《意識形態與美國外交》，上海：上海人民出版社，2006年版。

34. 王立新著：《意識形態與美國外交政策——以20世紀美國對華政策為個案的研究》，北京：北京大學出版社，2007年版。

35. 王瑋、戴超武著：《美國外交思想史：1775—2005年》，北京：人民出版社，2007年版。

36. 李慶余著：《美國外交史：從獨立戰爭至2004年》，濟南：山東畫報出版社，2008年版。

37. 【美】龍伯格（容安瀾）著，賈宗誼、武文巧譯：《懸崖勒馬——美國對臺政策與中美關係》，北京：新華出版社，2007年。

38. 資中筠、何迪編：《美臺關係四十年（1949—1989）》，北京：人民出版社，1991年版。

39. 蘇格著：《美國對華政策與臺灣問題》，北京：世界知識出版社，1998年版。

40. 唐正瑞著：《中美棋局中的臺灣問題：1969.1—1999.12》，上海：上海人民出版社，2000年版。

41. 資中筠著：《追根溯源——戰後美國對華政策的緣起與發展（1945—1950）》，上海：上海人民出版社，2000年版。

42. 肖元愷著：《百年之結——美國與中國臺灣地區關係的歷史透視》，北京：人民出版社，2001年版。

43. 楚樹龍著：《冷戰後中美關係的走向》，北京：中國社會科學出版社，2001年版。

44. 郝雨凡著：《白宮決策：從杜魯門到柯林頓的對華政策內幕》，北京：東方出版社，2002年版。

45.呂桂霞著：《遏制與對抗：越南戰爭期間的中美關係（1961—1973）》，北京：社會科學文獻出版社，2007年版。

46.陶文釗主編：《冷戰後的美國對華政策》，重慶：重慶出版社，2006年版。

47.忻華著：《羈絆與扶持的困境：論甘迺迪與詹森時期的美國對臺政策（1961—1968）》，上海：上海人民出版社，2008年版。

48.朱明權主編：《詹森時期的美國對華政策：1964—1968》，上海：上海人民出版社，2009年版。

49.田弘茂著，李晴暉等譯：《大轉型——「中華民國」的政治和社會變遷》，臺北：時報文化出版企業有限公司，1989年版。

50.姜南揚著：《臺灣政治轉型之迷》，北京：文津出版社，1993年版。

51.胡佛編譯：《政治變遷與民主化》，臺北：三民書局，1998年版。

52.陳鴻瑜著：《臺灣的政治民主化》，臺北：翰蘆圖書出版有限公司，2000年版。

53.孫代堯著：《臺灣威權體制及其轉型研究》，北京：中國社會科學出版社，2003年版。

（二）論文

1.【英】以賽亞·伯林，秋風譯：《論民族主義》，《戰略與管理》，2001年第4期。

2.【美】裴敏欣，門洪華譯：《美國民族主義的悖論》，《戰略與管理》，2003年第3期。

3.葉江：《當代西方的兩種民族理論》，《中國社會科學》，2002年第1期。

4.葉江：《西方民族主義研究形狀及歷史刍議》，《國際觀察》，2006年第4期。

5.葉江、甘鋒：《民族主義與近代歐洲的崛起》，《學習與探索》，2006年第2期。

6.葉江、沈惠平：《西方民族主義興起的思想背景探析》，《上海交通大學學報》（哲學社會科學版），2006年第2期。

7.葉江：《略論當前民族主義研究中幾個值得注意的問題——兼談民族主義與建設和諧世界之間的關係》，《世界民族》，2007年第4期。

8.時殷弘、崔建樹：《美國極端民族主義》，《國際經濟評論》，2000年第1-2月期。

9.王緝思：《美國霸權的邏輯》，《美國研究》，2003年第3期。

10.曹瑞臣：《現代化進程中的民族主義——美國民族主義的歷史軌跡》，《世界民族》，2004年第3期。

11.吳嘉蓉：《淺論美國的宗教與民族主義意識形態的政治作用》，《四川行政學院學報》，2006年第5期。

12.鄭飛：《民族主義的陷阱——民族主義與對外政策》，環球時報編：《2005年環球時報獎學金獲獎論文集》。

13.劉建飛：《民族主義與美國對外政策》，《世界經濟與政治》，2002年第9期。

14.潘小松：《美國對華關係的文化因素》，《國家論壇》，2001年第1期。

15. 林艷芝：《美國的「和平演變」戰略與中國》，《廣西社會科學》，2001年第3期。

16. 王立新：《意識形態與美國對華政策——以艾奇遜和「承認問題」為中心的再研究》，《中國社會科學》，2005年第3期。

17. 溫強：《甘迺迪政府對華和平演變政策及中國的反應》，《中山大學學報》（社會科學版），2007年第4期。

18. 陳毓鈞：《美國與臺灣的歷史關係》，《太平洋學報》，1995年第3期。

19. 範躍江：《美國「以臺制華」政策的制約因素及前景》，《臺灣研究》，1997年第3期。

20. 範來忠：《冷戰後美臺關係的演變、原因分析及未來走向》，《世界經濟與政治論壇》，1999年第1期。

21. 潘銳：《美國的對臺政策：歷史與現實》，《國際商務研究》，1999年第6期。

22. 申華：《二十一世紀美國對臺灣海峽兩岸政策探析》，《解放軍外國語學院學報》，2000年第1期。

23. 王公龍：《理想主義與美國的對臺政策》，《當代亞太》，2000年第10期。

24. 楊永斌：《冷戰後美國在臺灣的意識形態戰略利益》，《當代亞太》，2001年第9期。

25. 胡禮忠：《一份圖謀使臺灣和大陸永久分離的美國檔案》，《世紀》，2002年第2期。

26. 夏建平：《臺灣問題中的中美價值觀因素及其影響》，《雲南行政學院學報》，2002年第4期。

27.辛旗：《近四十年臺灣社會結構變遷與文化價值體系的調適》,《臺灣研究》,1990年第4期。

28.林震：《試論臺灣民主化的動因》,《河海大學學報》(哲學社會科學版),2005年第2期。

29.劉國深、李炜：《影響臺灣地區政治文化變遷的外部因素分析》,《臺灣研究集刊》,2007年第3期。

30.李洪波：《美臺矛盾研究（1949—2000）》,解放軍外國語學院博士論文,2006年。

二、英文

（一）著作

1.Carlton J.Hayes, Essays on Nationalism.N.Y.:The Macmilian Compan-cy,1928.

2.Boyd C, Shafer, Nationalism:Myth and Reality, N.Y.:Harcourt, Brace and Company,1955.

3.Umut Ozkirimli, Theories of Nationalism-A Critical Introduction, Houndm-ills, Basingtoke, Hampshire and London:Macmillan Press Ltd.,2000.

4.Umut Ozkirimli, ed.,Nationalism and its Future, N.Y.:Palgrave Mac-millan Ltd.,2003.

5.Anthony D.Smith, Nationalism in the Twentieth Century, N.Y.:New York University Press,1979.

6.Anthony D.Smith, Theories of Nationalism, N.Y.:Harper&Row,1983.

7.Philip Spencer and Howard Wollman, ed.,Nations and

Nationalism:A Reader, New Brunswick:Edinburgh University Press,2005.

8.Hans Kohn, American Nationalism:An Interpretative Essay, New York:The Macmillan Company,1957.

9.David Waldstericher, In the Midst of Perpetual Fetes:The Making of Ameri-can Nationalism 1776—1820,Chapel Hill:The University of North Carolina Press,1997.

10.John Fousek, To Lead the Free World:American Nationalism and the Cul-tural Roots of the Cold War, Chapel Hill and London:The University North Caro-lina Press,2000.

11.Anatol Lieven, America Right or Wrong:An Anatomy of American Nation-alism, N.Y.:Oxford University Press,2004.

12.Prizel Ilya, National Identity and Foreign Policy, N.Y.:Cambridge Uni-versity Press,1998.

13.Siobhan McEvoy-Levy, American Exceptionalism and U.S.Foreign Poli-cy:Public Diplomacy at the End of the Cold War, New York:Palgrave,2001.

14.Trevor B.McCrisken, American Exceptionalism and the Legacy of Viet-nam, N.Y.:Palgrave Macmillan,2003.

15.Elisabeth Glaser and Hermann Wellenreuther ed.,Bridging the Atlantic:The Question of American Exceptionalism in Perspective, Cambridge:Cambridge University Press,2002.

16.Arthur M.Schlesinger, Jr.,The Cycles of American History, Boston:Houghton Mifflin Company,1986.

17.David Ryan, US Foreign Policy in World History, London and New York:Routledge,2000.

18.Thomas J.McCormick, America's Half-Century:United States Foreign Policy in the Cold War, MD:The Johns Hopkins University Press,1989.

19.Steven W.Hook and John Spanier, American Foreign Policy since World War II (16th ed.),Washington, D.C.:CQ Press,2004.

20.Richard A.Melanson, American Foreign Policy since the Vietnam War:the Search for Consensus from Richard Nixon to George W.Bush(4th ed.),N.Y.:M.E.Sharpe, Inc.,2005.

21.Charles A.Bread, The Idea of National Interest, New York:The Macmil-lan Company,1934.

22.David Callahan, Between Two Worlds:Realism, Idealism and American Foreign Policy after the Cold War, New York:Harper Collins Publisher,1994.

23.Patrick Callahan, Logics of American Foreign Policy:Theories of America's World Role, N.Y.:Pearson Education, Inc.,2004.

24.George Weigel, American Interest, American Purpose:Moral Reasoning and U.S.Foreign Policy, New York:Praeger Publishers,1989.

25.Cecil V.Crabb, Jr.,The Doctrines of American Foreign Policy, Baton Rouge:Louisiana State University Press,1982.

26.Neil H.Jacoby, U.S.Aid to Taiwan:A Study of Foreign

Aid, Self-Help, and Development, New York, Washington and London:Frederick A.Praeger, Publisher,1966.

27.Jerome Alan Cohen, Edward Friedman, and Harold C.Hinton, et al, Taiwan and American Policy, N.Y.:Praeger Publishers,1971.

28.Ralph N.Clough, Island China, Cambridge, Mass.:Harvard University Press,1978.

29.Michel Oksenberg and Robert B.Oxnam, eds.,Dragon and Eagle-Unit-ed States-China Relations:Past and Future, N.Y.:Basic Books, Inc.,Publish-er,1978.

30.Tien Hung-mao, eds.Mainland China, Taiwan, and U.S.Policy, Cam-bridge, Massachusetts:Oelgeschlager, Gunn&Hain, Publishers, Inc.,1983.

31.Department of State, United States Foreign Relations of the United States,1955—1957,Vol.II.Washington, D.C.:United States Government Printing Of-fice,1986.

32.Department of State, United States Foreign Relations of the United States,1955—1957,Vol.III.Washington, D.C.:United States Government Printing Office,1986.

33.Department of State, United States Foreign Relations of the United States,1961—1963,Vol.XXII, China;Korea;Japan.Washington, D.C.:United States Government Printing Office,(Internet version).

34.Department of State, United States Foreign Relations of the United States,1964—1968,Vol.XXX, China.Washington, D.C.:United States Government Printing Office,1998.

35.Warren I.Cohen, America's Response to China, N.Y.:Columbia Univer-sity Press,1990.

36.James Mann, About Face:A History of America's Curious Relationship with China, from Nixon to Clinton, N.Y.:Alfred A.Knopf, Inc.,1998.

37.Alan D.Rein Romberg, In at the Brink of the Precipice:American Policy toward Taiwan and U.S.-PRC Relations, Washington, D.C.:The Henry L Stimson Center,2003.

38.Nancy Bernkopf Tucker, Strait Talk:United States-Taiwan Relations And The Crisis With China, Cambridge and London:Harvard University Press,2009.

39.Tien Tung-Mao, The Great Transition:Political And Social Change in the Republic of China, Stanford California:Hoover Institution Press,1989.

40.John W.Garver, Face Off:China, the United States, and Taiwan's Democratization, Seattle and London:University of Washington Press,1997.

41.Steven J.Hood, The Kuomingtang and the Democratization of Taiwan, Westview Press:A Division of Harper Collins Publishers,1997.

42.Linda Chao and Ramon H.Myers, The First Chinese Democracy:Political Life in the Republic of China on Taiwan, Baltimore and London:The Johns Hop-kins University Press,1998.

43.Robert G.Sutter and William R.Johnson, eds.,Taiwan in World Affairs, Boulder and Oxford:Westview Press, Inc.,1994.

44.Xiaobing Li and Zuohong Pan, eds.Taiwan in the Twenty-First Century, New York and Oxford:University Press of America, Inc.,2003.

（二）論文

1.Isaiah Berlin, "The Bent Twig:A Note on Nationalism," Foreign Affairs,51,1972,pp.17-24.

2.E.B.Hass, "What is Nationalism and why should We Study it?" Inter-national Organization, Vo140,No.3,1986,pp.707-744.

3.Samuel P Huntington, "Robust Nationalism," The National Interest, Win-ter 1999/2000;58;pp.31-40.

4.Stanley Hoffmann, "More Perfect Union," Harvard International Review,1998,Winter, Vol.20,Issue 1,pp.72-75.

5.Minxin Pei, "The Paradoxes of American Nationalism," Foreign Policy 136,May/June,2003,pp.31-37.

6.Paul McCartney, "The Bush Doctrine and American Nationalism," Annu-al Meeting of the American Political Science Association, August 28-September 1,2002,pp.1-42.

7.Aryeh Neier, "America's New Nationalism," Social Research, Winter 2004;71,4,pp.1015-1022.

8.Paul T.McCartney, "American Nationalism and U.S.Foreign Policy from September 11 to the Iraq War," Political Science Quarterly, Volume 119,Number3,2004,pp.399-423.

9.Anatol Lieven, "In the Mirror of Europe:The Perils of

American National-ism," Current History, March 2004;103,671,pp.99-106.

10.David C.Hendrickson, "IN Our Own Image:the Source of American Conduct in World Affairs," The National Interest, Winter 1997/1998;50,pp.9-21.

11.Arthur M.Schlesinger, Jr., "America:Experiment or Destiny?" The American Historical Review,82,June 1977,pp.505-530.

12.Ian Tyrrell, "American Exceptionalism in an Age of International Histo-ry," The American Historical Review,96,October 1991,pp.1031-1055.

13.James Chace, "The Dilemmas of the City upon a Hill," World Policy Journal, Spring 1997,pp.105-107.

14.Burton I.Kaufman, "John F.Kennedy as World Leader:A Perspective on the Literature," Diplomatic History,19(2),Spring 1994,pp.447-469.

15.William F.Buckley, Jr., "Human Rights and Foreign Policy:A Propos-al," Foreign Policy,58(Spring 1980),pp.775-796.

16.Robert W.Tucher, "Reagan's Foreign Policy," Foreign Affairs:America and the World,1988/1989,pp.1-27.

17.William Kristol and Robert Kagan, "Toward a Neo-Reaganite Foreign Pol-icy," Foreign Affairs, Volume 75,No.4,July/August,1996,pp.18-32.

18.Michael Mandelbanm, "The Bush Foreign

Policy," Foreign Affairs,1990/1991,pp.5-22.

19.Douglas Brinkley," Democratic Enlargement:The Clinton Doctrine," Foreign Policy,106,Spring 1997,pp.111-127.

20.L.Diamond, "Promoting Democracy," ?Foreign Policy,87,Summer 1992,pp.25-46.

21.Morton H.Halperin, "Guaranteeing Democracy," Foreign Policy,91,Summer 1993,pp.105-122.

22.Condoleezza Rice, "Promoting the National Interest," Foreign Affairs, Volume 79,No.1,January/February 2000,pp.45-62.

23.Martin L.Lasater, "U.S.Interests in the New Taiwan" ,Orbis, Vol.37,No.2,1993.

24.Ross H.Munro, "Taiwan:What China Really Wants" National Review, October 11,1999,pp.45-49.

25.Aaron L.Friedberg, "Will We Abandon Taiwan?" Commentary, May,2000,pp.26-31.

26.Linda Chao and Ramon H.Myers, "The First Chinese Democracy:Politi-cal Development of the Republic of China on Taiwan,1986—1994" Asian Sur-vey, Vol.XXXIV, No.3,March 1994.

27.Tien Hung-Mao, "Transformation of an Authoritarian Party State:Taiwan's Development Experience" ,Political Change in Taiwan, ed by Tun-jen Cheng, Colorado:Lynne Rienner Publisher, Inc.,1992.

28.David Shambauch, "The United States and China:Cooperation or Con-frontation?" Current History, Sep.1997,Vol.96,No.611,pp.241-245.

後記

　　學術研究，備嘗艱辛。撇開那些冥思苦想、搜索枯腸不談，倒是領悟到「書到用時方恨少」的滋味。任何容器都有裝滿的時候，只有知識這個容器是永遠盛不滿的。美國民族主義及從美國民族主義與「改造中國」使命的關係視角來研究、解讀美國的對臺政策，對我而言是一種不知深淺的探索與歷練，不敢說本書完成之後我就恍然大悟了，也不敢說找到了開門的鑰匙，太多的問題仍需要更深入的研究。不過，眼下正是一個很好的機會，感謝那些幫助、指導過我的人們。

　　首先，我要衷心感謝葉江教授，作為他的博士研究生，沒有他細膩的指導，便沒有今天呈現在讀者面前的這本小書。「迷時靠師度，悟時要自度」，葉老師治學嚴謹、學識淵博、敏於思考，他的睿智和清醒時常影響著我對問題的看法。從當初博士論文的總體框架到每一個細節，甚至標點符號，葉老師都仔細推敲，耐心匡正，為此付出了極大的辛勞和寶貴的時間。回想起這一切時，總是令人感動不已，我謹在此向葉老師表示我最崇高的敬意和最誠摯的感謝！

　　其次，非常感謝臺灣問題研究資深專家、廈門大學臺灣研究院院長劉國深教授的指導與幫助。劉院長業務精湛、平易近人，雖平時教學、公務繁忙，但一有機會就給以我們年輕教師無微不至的關心、指導與幫助，使我們深感廈大臺研院這個「大家庭」的溫暖。與此同時，我也必須感謝臺研院的鄧孔昭、鄧利娟兩位副院長，以及陳孔立、林勁、張文生、李鵬、孫雲、張敦財、陳先才、唐樺、王勇、黃俊凌等老師在工作與生活上的關心與指導。

除此之外，我還應該感謝好友楊洪欽博士、林漢敬、林麗光等人多年來的關心和幫助。

　　最後，我要感謝我的父母、姐姐和哥哥。沒有他們多年來的支持，很難想像我能夠順利完成學業。在此把這本小書獻給他們，祝他們身體健康、萬事如意！我還必須感謝我的另一半董于雯，謝謝她在生活上的照顧與工作上的支持。

　　綜上所述，在上述各位專家的不吝指正下，儘管本人盡了最大的努力，但書中難免還存在判斷不周和細節錯誤之處。我衷心感謝上述各位領導、老師、家人的建議和幫助，但這並不意味著他們贊同書中的所有觀點。我個人對本書的定稿負完全的責任。總而言之，誰都不敢說自己的論文或著述一定是完美的，這本小書更是如此，因此敬請各位專家、讀者予以批評指正。

　　沈惠平

[1]迪安·艾奇遜（1893—1971），曾任美國國務卿（1949—1953）。

[2]The White Paper of the Department of State, United States Relations with China, with Special Refer-ence to the Period 1944—1949,Washington, D.C.: Government Printing Office, 1949, p.16.

[3]王緝思：《1945—1955年美國對華政策及其後果》，載袁明、[美]哈里·哈丁主編：《中美關係史上沉重的一頁》，北京大學出版社，1989年版，第461頁。

[4]David McLean, American Nationalism, the China Myth, and the Truman Doctrine: The Question of Accommodation with Peking, 1949-1950, Diplomatic History, Vol.10, No.1, Winter 1986, p.42.

[5]1949 1989 1991年版；梅孜主編：《美臺關係重要資料選編》，時事出版社，1997年版；蘇格著：《美國對華政策與臺灣問題》，世界知識出版社，1998年版；唐正瑞著：《中美棋局中的臺灣問題：1969.1～1999.12》，上海人民出版社，2000年版；肖元愷著：《百年之結——美國與中國臺灣地區關係的歷史透視》，人民出版社，2001年版；忻華著：《羈絆與扶持的困境：論肯尼迪與約翰遜時期的美國對臺政策（1961—1968）》，上海人民出版社，2008年版；范希周：《試析1948—1968年美國對臺灣的政策》，《臺灣研究集刊》1987年第1期；王緝思：《論美國"兩個中國"政策的起源》，《世界歷史》1987年第3期；范躍江：《半個世紀來美國對臺政策的歷史進程及規律》，《臺灣研究》1999年第4期；孫岩：《析小布希政府關於兩岸關係的政策》，《國際政治研究》2003年第4期；牛軍：《美國對臺政策的

演變：一個歷史的思考》，《太平洋學報》2005年第2期；雙驚華：《詹森時期的美國對臺政策》，華東師範大學博士論文，2006年；李洪波：《美臺矛盾研究（1949—2000）》，解放軍外國語學院博士論文，2006年；林岡：《美國對解決臺灣問題的政策取向》，《美國研究》2008年第3期等。

[6]1981的《美國對華「一個中國」政策之演變》，臺灣商務印書館股份有限公司，2001年版。一書對尼克森政府以來的「一個中國」政策進行詳細的考察。

[7]西方學者的代表性論著主要包括：Jerome Cohen, etc., Taiwan and Ameriacn Policy: The Di-lemma in U.S.-China Relations(NewYork: Praeger, 1971); James C.Thompson Jr., "On the Making of U.S.China Policy, 1961-9: A Study in Bureaucratic Politics", The China Quarterly, Vol.50, (April-June, 1972), pp.220-243; Ralph Clough, IsIalnd China(Cambridge: Havrard University Press, 1978); William R.Kintner & John F.Copper, A Matter of Two Chinas: the China-Taiwan Issue in U.S.Foreign Policy(Philadelphia: Foreign Policy Research Institute, 1979); A.Doak Barnett, US Arms Sales: The China-Tai-wan Tangle (Washington, D.C.: The Brookings Institution, 1982); Stephen P.Gibert & William M.Carpenter, ed., America and Island China(Lanham MD: University Press of America, Inc., 1989); Gordon H.Chang, Friends and Enemies: The United States, China, and the Soviet Union, 1948-1972(Stanford: Stanford University Press, 1990); Danny Shiu-Lam Paau, "Territorial Integrity and Sino-American Relations: the Case of Taiwan", Sino-American Relations since 1900, ed.Priscilla Roberts (Centre of A-sian Studies

University of HongKong, 1991); John F.Copper, China Diplomacy: The Washington-Taipei-Beijing Triangle(Boulder: Westview Press, Inc., 1992); Dennis Van Vranken Hickey, United States-Taiwan Security Ties: from Cold War to beyond Containment(Westpoint, Conn.: Praeger Publishers, 1994); Mar-tin L.Lasater, The Taiwan Conundrum in U.S.China Policy(Boulder, Colo.: Westview Press, 2000). Richard Bush, Untying the Knot: Making Peace in the Taiwan Strait(Washington D.C.: The Brookings In-stitution Press, 2005); James R.Lilley and Chuck Downs, ed., Crisis in the Taiwan Strait (Washington, D.C.: National Defense Press, 1997)，中譯本：《台海危機：過去、現在、未來》，新華出版社，2000年版；Alan D.Romberg, Rein in at the Brink of the Precipice: American Policy toward Taiwan and U.S.-PRC Relations(Washington, D.C: The Henry Stimson Center, 2003)，中譯本：《懸崖勒馬：美國對臺政策與中美關係》，新華出版社，2007年版。

[8] [美] 唐耐心著：《不確定的友情：臺灣、香港與美國，1945至1992》，新新聞編譯小組，（臺北縣）新新聞文化事業股份有限公司，1995年版。

[9]Nancy Bernkopf Tucker, Strait Talk: United States-Taiwan Relations and the Crisis With China, Cambridge and London: Harvard University Press, 2009；《美學者新書：臺美好友60年來卻互不信任》，查閱：
http://www.gogotaiwan.cn/Default.aspx?TabId=1092&ArticleID=25089。

[10]霍特、江山：《布希的臺灣政策與美國的亞太戰略和長期

利益》,《世界經濟與政治論壇》2003年第5期,第89頁。

[11]時殷弘、崔建樹:《美國極端民族主義》,《國際經濟評論》2000年第1期;劉建飛:《民族主義與美國對外政策》,《世界經濟與政治》2002年第9期;王緝思:《美國霸權的邏輯》,《美國研究》2003年第3期;吳嘉蓉:《淺論美國的宗教與民族主義意識形態的政治作用》,《四川行政學院學報》2006年第5期等。

[12]曹瑞臣:《現代化進程中的民族主義——美國民族主義的歷史軌跡》,《世界民族》2004年第3期,第14-22頁。

[13]劉建飛著:《美國與反共主義——論美國對社會主義國家的意識形態外交》,中國社會科學出版社,2001年版,第222-225頁;周琪主編:《意識形態與美國外交》,上海人民出版社,2006年版,第121-171頁。

[14]王曉德著:《美國文化與外交》,世界知識出版社,2000年版。

[15]王立新著:《意識形態與美國外交政策——以20世紀美國對華政策為個案的研究》,北京大學出版社,2007年版,第68-151頁。

[16]潘亞玲著:《美國愛國主義與對外政策》,上海人民出版社,2008年版。

[17]塞繆爾·亨廷頓(1927—2008),又譯作賽繆爾·杭廷頓,當代頗有爭議的美國政治學家。他以《文明衝突論》聞名於世,認為21世紀核心的政治角力是在不同文明之間而非國家之間。

[18][美]塞繆爾·亨廷頓著,周端譯:《失衡的承諾》,東方出版社,2005年版,第11頁。

[19][美]塞繆爾·亨廷頓著,程克雄譯:《我們是誰:美國國家特性面臨的挑戰》,新華出版社,2005年版,第44-45頁。

[20]Benedict Anderson, Imagined Communities:Reflections on the Origin and Spread of Nationalism(Revised Edition),London:Verso,1991,p.2.

[21]Morrell Held and Lawrence S.Kaplan, Culture and Diplomacy:The American Experience, West-port, Connecticut:Greenwood Press,1977,p.4.

[22]American Nationalism:An Interpretative Essay(Hans Kohn,1957)、To Lead the Free World:A-merican Nationalism and the Cultural Roots of the Cold War(John Fousek,2000)、America Right Or Wrong:An Anatomy of American Nationalism(Anatol Lieven,2004).

[23]Hans Kohn, American Nationalism:An Interpretative Essay, New York:The Macmillan Company,1957,p.110.

[24]John Fousek, To Lead the Free World:American Nationalism and the Cultural Roots of the Cold War, Chapel Hill and London:The University North Carolina Press,2000.

[25]Anatol Lieven, America Right or Wrong:An Anatomy of American Nationalism, New York:Oxford University Press,2004,pp.4-6,222.

[26][美]邁克爾·亨特著,褚律元譯:《意識形態與美國外交政策》,世界知識出版社,1999年版,第頁。

[27]To Lead the Free World:American Nationalism and the Ideological Origins of the Cold War,1945—1950(Fousek,

John Howard, Ph.D.,Cornell University,1994).

[28]The Bush Doctrine and American Nationalism(Paul McCartney,2002)、The Paradoxes of American Nationalism(Minxin Pei,2003)、America's New Nationalism(Aryeh Neier,2004)、American Nationalism and U.S.Foreign Policy from September 11 to the Iraq War(Paul T.McCartney,2004)、In the Mirror of Europe:The Perils of American Nationalism(Anatol Lieven,2004).

[29]Paul McCartney, "The Bush Doctrine and American Nationalism", Annual Meeting of the American Political Science Association, August 28-September 1,2002,pp.1-42.

[30] [美] 裴敏欣，門洪華譯：《美國民族主義的悖論》，《戰略與管理》2003年第3期，第51-54頁。See also, Minxin Pei, "The Paradoxes of American Nationalism", Foreign Policy 136, May/June, 2003, pp.30-37.

[31] [美] 邁克爾·亨特著，褚律元譯：《意識形態與美國外交政策》，世界知識出版社，1999年版，第頁。

[32]「中國神話」（the China Myth）的說法，參閱David McLean, American Nationalism, the China Myth, and the Truman Doctrine: The Question of Accommodation with Peking, 1949-1950, Diplomatic History, Vol.10, No.1, Winter 1986, pp.25-42。也可詳見本書第二章的相關內容。

[33]王立新：《意識形態與美國對華政策——以艾奇遜和「承認問題」為中心的再研究》，《中國社會科學》2005年第3期，第182—183頁。

[34]The China White Papers, Dean Acheson, Letters of Trausmittal, July 30, 1949, p.1051.

[35]約翰·福斯特·杜勒斯（1888—1959），曾任美國國務卿（1953—1959）。

[36]FRUS 1952—1954, 1015, China and Japan, pt.1, pp.515-518.

[37][美]赫伯特·菲普斯著，林海等譯：《中國的糾葛》，北京大學出版社，1989年版，第2頁。

[38]1995 334頁。

[39]資中筠著：《追根溯源——戰後美國對華政策的緣起與發展（1945—1950）》，上海人民出版社。

[40]FRUS, 1961—1963, Vol.1012: China, Japan, Korea, Document 76。參閱忻華著：《羈絆與扶持的困境：論肯尼迪與約翰遜時期的美國對臺政策（1961—1968）》，上海人民出版社，2008年版，第508頁。

[41]柳靜編著：《西方對外戰略策略資料》（第一輯），當代中國出版社，1992年版，第5頁。

[42]吳健主編：《美國政府的和平演變戰略》，福建教育出版社，1990年版，第315頁。

[43]柳靜編著：《西方對外戰略策略資料》（第一輯），當代中國出版社，1992年版，第12頁。

[44]《西方國家的和平演變戰略》，高等教育出版社，1990年版，第53頁。

[45]李慶余主編：《11個美國人與現代中國》，安徽大學出版

社，1998年版，第282頁。

[46]黎文森等主編：《論西方國家和平戰略》，浙江大學出版社，1992年版，第81頁。

[47]劉連第編著：《中美關係重要文獻資料選編》，時事出版社，1996年版，第328、340頁。

[48]呂有生著：《稱霸亞太：新世紀美國亞太戰略大調整》，大眾文藝出版社，2002年版，第291頁。

[49]Business Week, December 6, 1961, p.103.

[50]麥克阿瑟著名的把臺灣比作「不沉的航空母艦」的講話，與在中國廣為流傳的理解略有出入，即他不是直接把臺灣比作美國的「不沉的航空母艦」，而是說臺灣如落入中共之手，就會變成蘇聯的「不沉的航空母艦」，其前提是一旦有事，中國一定會把臺灣給蘇聯做空軍基地。不論這一前提是否成立，由此可見美國對臺政策的考慮最終是針對蘇聯的，這是冷戰思維的產物。參閱資中筠、何迪編：《美臺關係四十年：1949—1989）》，人民出版社，1991年版，第6頁。

[51]請參閱本書第四章第一節的相關內容。

[52]David Shambauch, "The United States and China: Cooperation or Confrontation?" Current History, Sep.1997, Vol.96, No.611, p.242.

[53]冉亮：《費正清談中國問題》，（臺灣）《中國時報》，1990年12月12日，第7版。

[54]楚樹龍著：《接觸與防範——美國對華戰略》，鷺江出版社，2000年版，第146頁。

[55]張爽著：《美國民族主義——影響國家安全戰略的思想根源》，世界知識出版社，2006年版，第294頁。

[56]Nancy Bernkopf Tucker, Strait Talk: United States-Taiwan Relations and the Crisis With China, Cambridge and London: Harvard University Press, 2009；《臺美好友60年來卻互不信任》，http://www.gogotaiwan.cn/Default.aspx?TabId=1092&ArticleID=25089。

[57]劉佳雁、潘飛：《淺析美國對臺政策的"民主困境"》，《臺灣研究》2007年第5期，第50頁。

[58]2004 1 17-18頁。

[59]楊潔勉等著：《世界格局中的臺灣問題：變化和挑戰》，上海人民出版社，2002年版，第131頁。

[60]葉江：《略論當前民族主義研究中幾個值得注意的問題》，《世界民族》2007年第4期，第5頁。

[61][英]埃裡克·霍布斯鮑姆著，李金梅譯：《民族與民族主義》，上海人民出版社，2000年版，導論第1頁。

[62]《史達林全集》（第2卷），人民出版社，1953年版，第294頁。

[63]Hugh Seton-Watson, Nation and State: An Enquiry into Origins of Nation and the Politics of Nation-alism, London: Methuen and Co.Ltd., 1977, p.4.

[64]王緝思：《民族與民族主義》，《歐洲》1993年第5期，第14頁。

[65]Ernest Renan, "What is a Nation?" in Nationalism,

John Hutchinson and Anthony D.Smith ed., Oxford: Oxford University Press, 1994, pp.17-18.

[66]Hugh Seton-Watson, Nation and State: An Enquiry into Origins of Nation and the Politics of Nation-alism, London: Methuen and Co.Ltd., 1977, p.5.

[67][美]愛·麥·伯恩斯著，曾炳鈞譯：《當代世界政治理論》，商務印書館，1983年版，第426頁。

[68]王聯主編：《世界民族主義論》，北京大學出版社，2002年版，第11—12頁。

[69]參閱葉江：《當代西方的兩種民族理論》，《中國社會科學》2002年第1期，第146—157頁。

[70]參閱余建華著：《民族主義：歷史遺產與時代風雲的交匯》，學林出版社，1999年版，第6頁。

[71]參閱李少軍著：《國際政治學概論》，上海人民出版社，2002年版，第425頁。

[72]2005 48-49頁。

[73]轉引自時殷弘：《民族主義與國家增生及倫理道德思考》，載資中筠主編：《國際政治理論探索在中國》，上海人民出版社，1998年版，第32頁。

[74]參閱寧騷著：《民族與國家》，北京大學出版社，1995年版，第21—26頁。

[75]王緝思：《民族與民族主義》，《歐洲》1993年第5期，第15頁。

[76][英]安德魯·海伍德著，張立鵬譯：《政治學》（第二

版），中國人民大學出版社，2006年版，第頁。

[77]劉中民等著：《民族主義與當代國際政治》，世界知識出版社，2006年版，第40頁。

[78]Ernst B.Haas, "What is Nationalism and Why should we Study it?" International Organization, 40, 3, Summer1986, p.707.

[79]轉引自[英]埃裡克·霍布斯鮑姆著，李金梅譯：《民族與民族主義》，上海人民出版社，2000年版，導論第1頁。

[80][英]安東尼·史密斯著，葉江譯：《民族主義：理論，意識形態，歷史》，上海人民出版社，2006年版，第10頁。

[81]寧騷著：《民族與國家》，北京大學出版社，1995年版，第89頁。

[82]轉引自王聯主編：《世界民族主義論》，北京大學出版社，2002年版，第18-19頁。

[83]劉中民等著：《民族主義與當代國際政治》，世界知識出版社，2006年版，第64頁。

[84]Benedict Anderson, Imagined Communities: Reflections on the Origin and Spread of Nationalism, London: Verso, 1983.

[85][英]以賽亞·伯林，秋風譯：《論民族主義》，《戰略與管理》2001年第4期，第48—49頁。

[86][印度]帕爾塔·查特吉著，范羨尤等譯：《民族主義思想與殖民地世界：一種衍生的話語？》，譯林出版社，2007年版，第3頁。

[87]2007 4 5-6頁。

[88]寧騷著：《民族與國家》，北京大學出版社，1995年版，第93頁。

[89]劉中民等著：《民族主義與當代國際政治》，世界知識出版社，2006年版，第65-81頁。

[90]郭洪紀：《文化民族主義的緣起及主要特徵》，《青海師範大學學報》（社科版）1997年第3期，第42頁。

[91]李興：《論國家民族主義概念》，《北京大學學報》（哲學社會科學版）1995年第4期，第75頁。

[92]張曉慧：《新民族主義》，《國際政治》（人大複印資料）2004年第11期，第125頁。

[93][美]里亞·格林菲爾德著，張京生等譯：《資本主義精神：民族主義與經濟增長》，上海人民出版社，2004年版，第2—4頁。

[94]Ilya Prize, National Identity and Foreign Policy, Cambridge: Cambridge University Press, 1998, pp.21-37.

[95]對於美利堅民族的形成，存在各種不同的觀點，比如「熔爐」說、拼圖說或馬賽克說，但不管哪一種觀點，其關鍵之處在於美利堅民族是奠基於政治價值觀基礎之上的特殊民族。

[96][美]陶美心、趙梅主編：《中美長期對話（1986—2001）》，中國社會科學出版社，2001年版，第75頁。

[97]Hans Kohn, American Nationalism: An Interpretative Essay, New York: The Macmillan Company, 1957, pp.135-137.

[98]Yehoshua Arieli, Individualism and Nationalism in

American Ideology, Cambridge, Massachusetts: Harvard Universiry Press, 1964, pp.39, 23-24。轉引自王聯主編：《世界民族主義論》，北京大學出版社，2002年版，第57頁。

[99]王緝思：《民族與民族主義》，《歐洲》1993年第5期，第19頁。

[100][英]安東尼·史密斯，葉江譯：《民族主義：理論，意識形態，歷史》，上海人民出版社，2006年版，第43頁。

[101][美]塞繆爾·亨廷頓著，周端譯：《失衡的承諾》，東方出版社，2005年版，第27頁。

[102]Michael Barone, "The Triumph of American Nationalism", Public Interest, Spring 1993, p.41.

[103]魏光明：《當代民族主義的類型學分析》，《中南民族學院學報》（人文社會科學版）2001年第2期，第48頁。

[104]參閱沈惠平：《美國民族主義的形成及其發展》，《貴州民族研究》2009年第1期，第18-24頁。

[105][美]威廉·富布賴特著，簡新芽等譯：《帝國的代價》，世界知識出版社，1991年版，第11頁。

[106][美]裴敏欣，門洪華譯：《美國民族主義的悖論》，《戰略與管理》2003年第3期，第52頁。

[107][美]布爾斯廷·丹尼爾著：《美國人：民主歷程》，中國對外翻譯出版公司譯，美國駐華大使館新聞文化處，1988年版，第629頁。

[108]這一觀點來源於葉江教授的指導（請參閱本書的後記）。一般認為，「上帝的選民意識」是一種宗教信念，是非理性

的。但美國的「上帝選民意識」卻具有理性主義的色彩。這是因為，雖然理性主義在歐洲大陸是作為神學的對立面而發展起來的，但一傳到美國就有了「美國特色」，不是作為宗教的對立面，而是與宗教信仰巧妙地結合起來，相輔相成。「這在一定程度上與英國傳統有關。加爾文教和聖公會教徒都不排斥理性。他們維護信仰自由，認為上帝既然賜給人以理性，就應用來追求真理，每一個凡人都有權對《聖經》作理性的詮釋，也都有能力理解其中真諦，宇宙是有規律可循的，是可以被人認識的。」參閱資中筠著：《20世紀的美國》，三聯書店，2007年版，第32頁。

[109]王曉德著：《美國文化與外交》，世界知識出版社，2000年版，第21頁。

[110][美]詹姆士·羅伯遜著，賈秀東等譯：《美國神話美國現實》，中國社會科學出版社，1990年版，第32頁。See also, James Oliver Robertson, American Myth American Reality, New York: Hill&Wang, 1980, p.26.

[111][美]愛·麥·伯恩斯著，曾炳鈞譯：《當代世界政治理論》，商務印書館，1983年版，第423-424頁。

[112]Hans Kohn, American Nationalism: An Interpretative Essay, New York: The Macmillan Company, 1957, p.15.

[113]John Fousek, To Lead the Free World: American Nationalism and the Cultural Roots of the Cold War, Chapel Hill and London: The University North Carolina Press, 2000, p.5.

[114][美]邁克爾·亨特著，褚律元譯：《意識形態與美國外交政策》，世界知識出版社，1999年版，第207頁。See also, Michael Hunt, Ideology and U.S.Foreign Policy, New Haven:

Yale University Press,1987, p.191.

[115] [法]德維爾潘著，馬勝利譯：《鯊魚與海鷗：法國與美國的天下爭鋒》，廣西師範大學出版社，2006年版，譯者序第1頁。

[116]參閱周琪主編：《意識形態與美國外交》，上海人民出版社，2006年版，第122-123頁。

[117] [英]巴里·布讚著，劉永濤譯：《美國和諸大國：21世紀的世界政治》，上海人民出版社，2007年版，第161頁。

[118] [美]H.S.康馬傑著，楊靜予譯：《美國精神》，光明日報出版社，1988年版，第13—14頁。

[119]1743 1826 1801 1809宣言》（1776）主要起草人，及美國開國元勳中最具有影響者之一。其任期中之重大事件包括路易斯安娜購地案（1803）、1807年禁運法案（Embargo Act of 1807）、以及路易斯與克拉克探勘（Lewis）。

[120]Albert K.Weinberg, Manifest Destiny: A Study of Nationalist Expasionism in American History, Chicago: Quadrangle Books, 1963, p.40.

[121]亞歷山大·漢密爾頓（1757—1804）是美國的開國元勳之一，憲法的起草人之一，財經專家，是美國的第一任財政部長。

[122]Edward M.Burns, The American Idea of Mission: Concepts of National Purpose and Destiny, New Jersey: Rutgers University Press, 1957, p.17.

[123]1999年版，第207頁。

[124]Seymour M.Lipset, American Exceptionalism: A

Double-Edged Sword, New York: W.W.Norton, 1996, p.31.

[125]Richard Crockatt, America Embattled: September 11, Anti-Americanism, and the Global Order, New York: Routledge, 2003, p.49.

[126] [美] 詹姆士·羅伯遜著，賈秀東等譯：《美國神話美國現實》，中國社會科學出版社，1990年版，第4頁。See also, James Oliver Robertson, American Myth American Reality, New York: Hill & Wang, 1980, p.4.

[127]Anatol Lieven, America Right or Wrong: An Anatomy of American Nationalism, New York: Oxford University Press, 2004, p.50.

[128]周琪著：《美國人權外交政策》，上海人民出版社，2001年版，第27頁。

[129] [美] 杰里爾·羅賽蒂著，周啟朋等譯：《美國對外政策的政治學》，世界知識出版社，2005年版，第376頁。

[130]葉江：《略論當前民族主義研究中幾個值得注意的問題》，《世界民族》2007年第4期，第5頁。

[131]組：《美中關係未來十年——美國大西洋理事會對華政策論文集》（1983—1993），中國社會科學出版社，1984年版，第228頁。

[132]參閱王立新著：《意識形態與美國外交政策——以20世紀美國對華政策為個案的研究》，北京大學出版社，2007年版，第191—196頁。

[133] [美] 羅伯特·阿特著，郭樹勇譯：《美國大戰略》，北京大學出版社，2005年版，第57頁。

[134]陳向陽：《美國對臺政策演變及其特點》，《和平與發展》2005年第2期，第25頁。

[135]《臺灣軍購全球第二八年花二百億美元》，http://www.phoenixtv.com/phoenixtv/726249 42037860352/20050711/584586.shtml。

[136]Nancy Bernkopf Tucker, Strait Talk: United States-Taiwan Relations and the Crisis With China, Cambridge and London: Harvard University Press, 2009, p.280.

[137]Paul Seabury, "Realsim and Idealism", Encyclopedia of American Foreign Policy: Studies of the Principle Movements and Ideas, ed. by Alexander DeConde, New York: Charles Scribner's Sons, 1978, Vol.2, p.856.

[138]David Callahan, Between Two Worlds: Realism, Idealism and American Foreign Policy after the Cold War, New York: Harper Collins Publisher, 1994, p.271.

[139] [美] 弗西格爾著，劉緒貽等譯：《多難的旅程——40年代至80年代初美國政治社會史》，商務印書館，年版，譯者序。

[140]資中筠著：《20世紀的美國》，北京三聯書店，2007年版，第281頁。

[141]Arthur M.Schlesinger, Jr., The Cycles of American History, Boston: Houghton Mifflin Co., 1986, pp.51-52.

[142] [美] 孔華潤主編，周桂銀等譯：《劍橋美國對外關係史》（上），新華出版社，2004年版，第423頁。

[143]Norman A.Graebner, ed., Ideas and Diplomacy: Readings the Intellectual Tradition of American Foreign Policy, N Y: Oxford University Press, 1964, p.77.

[144][美]羅伯特·A.帕斯特編，胡利平等譯：《世紀之旅：世界七個大國百年外交風雲》，上海人民出版社，2001年版，第212、254頁。

[145]Arthur Link, Woodrow Wilson and Progressive Era 1910—1917, New York : Harper and Brothers, 1954, p.83.

[146]Ross Gregory, The Origins of American Intervention in the First World War, New York: W.W.Nor-ton, 1971, p.16.

[147]轉引自王曉德著：《美國文化與外交》，世界知識出版社，2000年版，第98—99頁。

[148][美]孔華潤主編，周桂銀等譯：《劍橋美國對外關係史》（上），新華出版社，2004年版，第7、13頁。

[149][美]朱迪斯·戈爾茨坦等主編，劉東國等譯：《觀念與外交政策》，北京大學出版社，2005年版，第55頁。

[150][美]邁克爾·亨特著，褚律元譯：《意識形態與美國外交政策》，世界知識出版社，1999年版，第206、208頁。

[151][美]孔華潤主編，周桂銀等譯：《劍橋美國對外關係史》（上），新華出版社，2004年版，第16頁。

[152]Michael H.Hunt, Ideology and U.S.Foreign Policy, New Haven: Yale University Press，1987，p.191.

[153][美]杰里爾·羅賽蒂著，周啟朋等譯：《美國對外政策的政治學》，世界知識出版社，2005年版，第275頁。

[154]Ilya Prizel, National Identity and Foreign Policy, Cambridge: Cambridge University Press, 1998, pp.8-19.

[155]William Pfaff, The Wrath of Nations: Civilization and the Furies of Nationalism, New York: Simonk and Schuster, 1993, p.163.

[156]Anthony D.Smith, National Identity, London: The University of Nevada Press, 1991, p.16.

[157]王立新：《美國國家認同的形成及其對美國外交的影響》，《歷史研究》2003年第4期，第125頁。

[158]George Weigel, American Interests, American Purpose: Moral Reasoning and U.S.Foreign Policy, Washington, D.C.: The Center for Strategic and International Studies, 1989, Foreword 101.

[159]中國現代國際關係研究所選編：《冷戰後的美國與世界》，時事出版社，1991年版，第97頁。

[160][加]莎蒂亞·德魯里著，劉華譯：《列奧·施特勞斯與美國右派》，華東師範大學出版社，2006年版，第183頁。

[161]1999年版，第207頁。

[162]托馬斯·伍德羅·威爾遜（1856—1924），美國第28任總統。作為進步主義時代的一個領袖級知識分子，他曾先後任普林斯頓大學校長，新澤西州州長等職。1912年總統大選中，由於西奧多·羅斯福和威廉·塔夫脫的競爭分散了共和黨選票，以民主黨人身分當選總統。迄今為止，他是唯一一名擁有哲學博士頭銜的美國總統（法學博士銜除外），也是唯一一名任總統以前曾在新澤西州擔任公職的美國總統。

[163]Donald Brandon, American Foreign Policy: Beyond Utopianism and Realism, New York: Appleton-Century-Crofts, Division of Meredith Publishing Company, 1966, p.19.

[164][英]巴裡·布讚著，劉永濤譯：《美國和諸大國：21世紀的世界政治》，上海人民出版社，2007年版，第171頁。

[165]按照美國學者塞繆爾·亨廷頓的說法，國家利益通常包括兩方面的內容，一方面是安全和物質的考慮，另一方面，是道德和種族的考慮。See Samuel P.Huntington, "The Erosion of American National Interests," Foreign Affairs, vol.76, 5, Sept./Oct.1997, pp.28-49.

[166]劉建飛：《民族主義與美國對外政策》，《世界經濟與政治》2002年第9期，第52頁。

[167]王瑋：《關於美國外交的一些思考》，《歷史教學問題》2005年第1期，第52頁。

[168]美國的國家利益包括了自由和民主等價值觀和理念，如美國的決策者深信：「成為一個偉大的國家必須首先捍衛全世界的自由。」參閱[美]邁克爾·亨特著，褚律元譯：《意識形態與美國外交政策》，世界知識出版社，1999年版，第184頁。

[169]劉建飛：《意識形態在美國外交中的作用》，《美國研究》2001年第2期，第83頁。

[170]轉引自趙來文著：《西方霸主夢——步履維艱的美利堅》，吉林人民出版社，1998年版，第176頁。

[171]董艷：《從民族主義的視角來看美國對伊拉克戰爭》，《焦作師範高等專科學校學報》2005年第1期，第18頁。

[172]Steven W.Hook and John Spanier, American Foreign Policy since World WarⅡ(16th ed.), Wash-ington, D.C.：CQ Press, 2004, p.12.

[173]Akira Iriye, "Intercultural Relations,"in Alexander Decond ed., Encyclopedia of American For-eign Policy, New York：Brosse Press, 1978, pp.429-430.

[174]Arthur M.Schlesinger, Jr., The Cycles of American History, Boston：Houghton Mifflin Company, 1986, p.15.

[175]Arthur M.Schlesinger, Jr., The Cycles of American History, Boston：Houghton Mifflin Company, 1986, p.90.

[176]郭武雄著：《美國傳統外交政策原則與對華政策》，（臺北）臺灣商務印書館，1978年版，第10頁。

[177][美]韓德著，項立嶺、林勇軍譯：《中美特殊關係的形成——1914年前的美國與中國》，復旦大學出版社，1993年版，第2-3頁。

[178]陳毓鈞：《美國與臺灣的歷史關係》，《太平洋學報》1995年第3期，第20頁。

[179][美]孔華潤著，張靜爾譯：《美國對中國的反應——中美關係的歷史剖析》，復旦大學出版社，1989年版，第2、4-5頁。

[180]陶文釗著：《中美關係史（1911—1949）》（上卷），上海人民出版社，2004年版，第5頁。

[181][美]孔華潤著，張靜爾譯：《美國對中國的反應——中美關係的歷史剖析》，復旦大學出版社，年版，第頁。

[182]1911 1949 2004 20頁。

[183][美]韓德著，項立嶺、林勇軍譯：《中美特殊關係的形成——1914年前的美國與中國》，復旦大學出版社，1993年版，第34—35頁。

[184][美]孔華潤著，張靜爾譯：《美國對中國的反應——中美關係的歷史剖析》，復旦大學出版社，1989年版，第44頁。

[185]《中美關係史論文集》（第一輯），重慶出版社，1985年版，第25頁。

[186]郝平著：《無奈的結局——司徒雷登與中國》，北京大學出版社，2002年版，第30頁。

[187]李慶余主編：《11個美國人與現代中國》，安徽大學出版社，1998年版，第37頁。

[188]1985版，第29頁。

[189]李慶余主編：《11個美國人與現代中國》，安徽大學出版社，1998年版，第45頁。

[190][美]孔華潤著，張靜爾譯：《美國對中國的反應——中美關係的歷史剖析》，復旦大學出版社，1989年版，第85頁。

[191][美]孔華潤著，張靜爾譯：《美國對中國的反應——中美關係的歷史剖析》，復旦大學出版社，1989年版，第139頁。

[192][美]孔華潤著，張靜爾譯：《美國對中國的反應——中美關係的歷史剖析》，復旦大學出版社，1989年版，第140頁。

[193][美]斯蒂芬·萊文：《災難的邊緣：1945年的美中關係》，載袁明、[美]哈里·哈丁主編：《中美關係史上沉重的一頁》，北京大學出版社，1989年版，第42頁。

[194]李慶余主編：《11個美國人與現代中國》，安徽大學出版社，1998年版，第128、157頁。

[195] [美] 邁克爾·謝勒著，徐澤榮譯：《二十世紀的美國與中國》，北京三聯書店，1985年版，第2頁。

[196] [美] 邁克爾·沙勒著，郭濟祖譯：《美國十字軍在中國》，商務印書館，1982年版，第6頁。

[197] [美] 孔華潤著，張靜爾譯：《美國對中國的反應——中美關係的歷史剖析》，復旦大學出版社，1989年版，第49頁。

[198] [美] 邁克爾·謝勒著，徐澤榮譯：《二十世紀的美國與中國》，北京三聯書店，1985年版，第22頁。

[199]袁明、[美] 哈里·哈丁主編：《中美關係史上沉重的一頁》，北京大學出版社，1989年版，第216、251頁。

[200]熊志勇著：《中國與美國——邁向新世紀的回顧》，河南人民出版社，1995年版，第189頁。

[201]資中筠、何迪編：《美臺關係四十年（1949—1989）》，人民出版社，1991年版，第52頁。

[202]沃爾特·李普曼（1889—1974）是美國最負盛名的專欄作家。他從24歲參加創辦美國自由派刊物《新共和》到85歲逝世為止，寫作活動延續了60餘年，一生寫了總數1000萬字的上萬篇時政文章，發表了30多本著作。他發表在紐約《先驅論壇報》以及後來在《新聞週刊》上的「今日與明日」專欄持續了36年（1931—1967），是20世紀美國報刊史上歷時最久、內容最廣、影響最大的專欄。美國著名專欄作家詹姆斯·賴斯頓（James Reston）稱他為「我們時代最偉大的新聞記者」。

[203]費正清（1907—1991），哈佛大學終身教授，著名歷史學家，美國最負盛名的中國問題觀察家，美國中國近現代史研究領域的泰，「頭號中國通」，哈佛東亞研究中心創始人。生前歷任美國遠東協會副主席、亞洲協會主席、歷史學會主席、東亞研究理事會主席等重要職務，還曾是美國政府僱員、社會活動家、政策顧問。

[204]資中筠著：《追根溯源——戰後美國對華政策的緣起與發展（1945—1950）》，上海人民出版社，2000年版，第211、216頁。

[205]Doak Barnett, China and the Great Powers in East Asia, Washington, D.C.: Brooking Institution, 1977, p.178.

[206][美]邁克爾·謝勒著，徐澤榮譯：《二十世紀的美國與中國》，北京三聯書店，1985年版，第199頁。

[207]戴維·迪安·魯斯克（1909—1994），美國政治家，曾任美國國務卿（1961—1969）。

[208][美]邁克爾·謝勒著，徐澤榮譯：《二十世紀的美國與中國》，北京三聯書店，1985年版，第214頁。

[209]參閱趙學功著：《巨大的轉變：戰後美國對東亞的政策（1945—2000）》，天津人民出版社，2002年版，第175頁。

[210]呂桂霞著：《遏制與對抗：越南戰爭期間的中美關係（1961—1973）》，社會科學文獻出版社，2007年版，第257頁。

[211]金勇著：《客觀與偏見：美國主流報紙台海問題報導研究》，中國傳媒大學出版社，2008年版，第169頁。

[212]Harry Harding, A Fragile Relationship: The United States and China since 1972, Washington, D.C.: Brookings Institution, 1992, p.189.

[213]Bill Clinton, "Opening Statementata News Conference, " May 26, 1994, U.S.Department of State Dispatch, May 30, 1994, p.345.

[214][美]陶美心、趙梅主編：《中美長期對話（1986—2001）》，中國社會科學出版社，2001年版，第138頁。

[215]柯林·盧瑟·鮑威爾（1937-），第65任美國國務卿，乃美國歷史上官位最高的非裔美國人。

[216]2001年1月17日，鮑威爾在參議院對外關係委員會會議上的證詞。參閱[美]陶美心、趙梅主編：《中美長期對話（1986—2001）》，中國社會科學出版社，2001年版，第137頁。

[217][美]邁克爾·謝勒著，徐澤榮譯：《二十世紀的美國與中國》，三聯書店，1985年版，第1頁；參閱胡永佳：《論美國對中國的文化誤讀及其對中美關係的影響》，《北京社會科學》1999年第期，第頁。

[218]蘇格著：《美國對華政策與臺灣問題》，世界知識出版社，1998年版，第786頁。

[219][美]邁克爾·沙勒著，郭濟祖譯：《美國十字軍在中國》，商務印書館，1982年版，第5頁。

[220]熊志勇著：《百年中美關係》，世界知識出版社，2006年版，第158-159頁。

[221]Warren Cohen, American Response to China : An Intepretative History of Sino-American Relations, New York: Columbia University Press, 1990, p.6.

[222][美]邁克爾·沙勒著,郭濟祖譯:《美國十字軍在中國》,商務印書館,1982年版,第1頁。

[223]金先宏著:《影響白宮對華政策的「中國通」》,時事出版社,2003年版,第209頁。

[224][美]博克、丁伯成著:《大洋彼岸的中國幻夢:美國「精英」的中國觀》,外文出版社,2000年版,第29頁。

[225][美]韓德著,項立嶺、林勇軍譯:《中美特殊關係的形成——1914年前的美國與中國》,復旦大學出版社,1993年版,前言第1頁、第2頁。

[226]Michael Hunt, The Making of a Special Relationship: The United States and China to 1914, New York: Columbia University Press, 1983, p.303.

[227]李慶余主編:《11個美國人與現代中國》,安徽大學出版社,1998年版,第114頁。

[228][美]韓德著,項立嶺、林勇軍譯:《中美特殊關係的形成——1914年前的美國與中國》,復旦大學出版社,1993年版,第315-316頁。

[229]金勇著:《客觀與偏見:美國主流報紙台海問題報導研究》,中國傳媒大學出版社,2008年版,第173頁。

[230][美]唐耐心著:《不確定的友情:臺灣、香港與美國,1945至1992)》,新新聞編譯小組,(臺北縣)新新聞文化

事業股份有限公司，1995年版，第24頁。

[231]James Mann, About Face: A History of America's Curious Relationship with China, from Nixon to Clinton, N.Y.: Alfred A.Knopf, Inc., 1998, p.367.

[232]John K.Fairbank, "American China Policy to 1898: A Misconception," Pacific Historical Review, Vol.39, 1970, p.415.

[233]吳嘉靜：《「門戶開放」：美國對華政策史一頁》，《中美關係史論文集》（第一輯），重慶出版社，1985年版，第166頁。

[234][美]鄒讜著，王寧等譯：《美國在中國的失敗，1941—1950》，上海人民出版社，1997年版，第3、8頁。

[235][美]孔華潤著，張靜爾譯：《美國對中國的反應——中美關係的歷史剖析》，復旦大學出版社，1989年版，第45、190頁。

[236][美]鄒讜著，王寧等譯：《美國在中國的失敗，1941—1950》，上海人民出版社，1997年版，第3頁。

[237][美]唐耐心著，朱立人等譯：《艱難的抉擇：美國在承認社會主義中國問題上的爭論（1949—1950）》，復旦大學出版社，2000年版，第6頁。

[238][美]吉姆·赫爾姆斯、詹姆斯·普里斯特主編，張林宏等譯：《外交與威攝：美國對華戰略》，新華出版社，1998年版，第143頁。

[239][美]鄒讜著，王寧等譯：《美國在中國的失敗，1941—1950》，上海人民出版社，1997年版，第4頁。

[240]陶文釗：《中美關係史（1972—2000）》，上海人民出版社，2004年版，第189頁。

[241]王緝思：《1945—1955年美國對華政策及其後果》，載袁明、[美]哈里·哈丁主編：《中美關係史上沉重的一頁》，北京大學出版社，1989年版，第461-462頁。

[242]楚樹龍著：《接觸與防範——美國對華戰略》，鷺江出版社，2000年版，第2頁。

[243][美]吉姆·赫爾姆斯、詹姆斯·普里斯特主編，張林宏等譯：《外交與威攝：美國對華戰略》，新華出版社，1998年版，第143頁。

[244]郝雨凡著：《白宮決策：從杜魯門到克林頓的對華政策内幕》，東方出版社，2002年版，第726頁。

[245]王立新著：《意識形態與美國外交政策——以20世紀美國對華政策為個案的研究》，北京大學出版社，年版，第頁。

[246]David McLean, "American Nationalism, the China Myth, and the Truman Doctrine: The Question of Accommodation with Peking, 1949—1950," Diplomatic History, Vol.10, No.1, Winter 1986, p.26.

[247]相藍欣著：《傳統與對外關係：兼評中美關係的意識形態背景》，北京三聯書店，2007年版，第81頁。

[248][美]韓德著，項立嶺、林勇軍譯：《中美特殊關係的形成——1914年前的美國與中國》，復旦大學出版社，1993年版，第5頁。

[249]王緝思：《1945—1955年美國對華政策及其後果》，

載袁明、[美]哈里·哈丁主編：《中美關係史上沉重的一頁》，北京大學出版社，1989年版，第461頁。

[250] [美]唐耐心著，朱立人等譯：《艱難的抉擇——美國在承認社會主義中國問題上的爭論（1949—1950年）》，復旦大學出版社，2000年版，第88頁。

[251] [美]韓德著，項立嶺、林勇軍譯：《中美特殊關係的形成——1914年前的美國與中國》，復旦大學出版社，1993年版，第329-330頁。

[252] [美]博克、丁伯成著：《大洋彼岸的中國幻夢：美國「精英」的中國觀》，外文出版社，2000年版，第135頁。

[253]王緝思：《1945—1955年美國對華政策及其後果》，載袁明、[美]哈里·哈丁主編：《中美關係史上沉重的一頁》，北京大學出版社，1989年版，第462頁。

[254] [美]博克、丁伯成著：《大洋彼岸的中國幻夢：美國「精英」的中國觀》，外文出版社，2000年版，第221頁。

[255]時殷弘著：《新趨勢、新格局、新規範》，法律出版社，2000年版，第121-122頁。

[256] [美]理查德·尼克森著，楊魯軍等譯：《1999：不戰而勝》，上海三聯書店，1989年版，第300頁。

[257] [美]韓德著，項立嶺、林勇軍譯：《中美特殊關係的形成——1914年前的美國與中國》，復旦大學出版社，1993年版，前言第2頁。

[258]熊志勇著：《中國與美國——邁向新世紀的回顧》，河南人民出版社，1995年版，第5、20頁。

[259]王立新：《意識形態與美國對華政策——以艾奇遜和「承認問題」為中心的再研究》，《中國社會科學》2005年第3期，第183、185頁。

[260][美]鄒讜著，王寧等譯：《美國在中國的失敗，1941—1950》，上海人民出版社，1997年版，第510頁。

[261]歐文·拉鐵摩爾（1900—1989）美國著名漢學家、蒙古學家，曾任美國約翰·霍普金斯大學教授、英國利茲大學教授。其幼年、青年時居中國，曾到中國北方、蒙古、中亞地區考察，對這些地區的歷史、社會有獨到研究。著述甚豐，《中國的亞洲內陸邊疆》一書為其影響最大的著作。1930年代，拉鐵摩爾訪問過延安，50年代，在美國遭受麥卡錫主義迫害，後移居歐洲，1989年5月在美國逝世。

[262][日]磯野富士子整理，吳心伯譯：《蔣介石的顧問——歐文·拉鐵摩爾回憶錄》，復旦大學出版社，1996年版，第4頁。

[263]Michael Hunt, The Making of a Special Relationship:The United States and China to 1914, New York: Columbia University Press, 1983, p.300.

[264]王瑋主編：《美國對亞太政策的演變（1776—1995）》，山東人民出版社，1995年版，第137頁。

[265]中國社會科學院美國研究所編譯組：《美中關係未來十年——美國大西洋理事會對華政策論文集》（1983—1993），中國社會科學出版社，1984年版，第511頁。

[266]何英著：《美國媒體與中國形象》，南方日報出版社，2005年版，第130-131頁。

[267] [美]費正清著,張理京譯:《美國與中國》,世界知識出版社,1999年版,第434、459頁。

[268] [美]韓德著,項立嶺、林勇軍譯:《中美特殊關係的形成——1914年前的美國與中國》,復旦大學出版社,1993年版,第330頁。

[269]《鄧小平文選》(第三卷),人民出版社,1993年版,第169頁。

[270]參閱唐正瑞著:《中美棋局中的臺灣問題:1969.1—1999.12》,上海人民出版社,2000年版,第2-3頁。

[271]才家瑞、劉婷等:《美國對臺灣政策的歷史演變與「台獨」問題》,《世界歷史》1998年第1期,第29頁。

[272]Foster John Watson, American Diplomacy in the Orient, Boston: Houghton Mifflin Company, 1903, p.230.

[273]黃嘉謨著:《美國與臺灣(1784—1895)》,(臺北)「中央研究院」近代史研究所,1966年版,序言第1頁。

[274]Sophia Su-Fei Yen, Taiwan in China's Foreign Relation, 1836—1874, Hamden, C.N.: Shoe String Press, Inc., 1965, pp.59-73; 資中筠:《歷史的考驗》,《國際問題研究》1982年第3期,第34頁。

[275]陳毓鈞:《美國與臺灣的歷史關係》,《太平洋學報》1995年第3期,第21頁。

[276]1991 2頁。

[277]馮啟人著:《美國對華政策與臺灣問題》,(臺北)海峽學術出版社,2002年版,第232頁。

[278]張雁深著：《美國侵略臺灣史》，人民出版社，1956年版，第50頁。

[279]陳碧笙著：《臺灣地方史》，中國社會科學出版社，1982年版，第148頁。

[280]Warren I.Cohen, America's Response to China: An Intepretative History of Sino-American Relations, New York：John Willy Press, 1980, pp.66-69.

[281]哈里·勞埃德·霍普金斯（Harry Lloyd Hopkins，1890年8月17日—1946年1月29日），美國政治家，美國民主黨人，曾任美國商務部長（1938年—1940年）。霍普金斯是美國總統富蘭克林·D.羅斯福的重要顧問之一，也是新政的主要設計者之一，參與組建並領導了公共事業振興署。在第二次世界大戰期間，霍普金斯是羅斯福的首席外交顧問並在《租借法案》的制定和實施中扮演了重要角色。

[282]陳毓鈞：《美國與臺灣的歷史關係》，《太平洋學報》1995年第3期，第25-26頁。

[283]王國賢、方燕旗：《美臺關係的歷史演變及發展趨勢》，《臺灣研究》1988年第4期，第17頁。

[284]蘇格著：《「臺灣地位未定論」溯源》，《臺灣研究》1997年第2期，第48頁。

[285]FRUS, 1949, Vol.9, pp.571-572.

[286][美]柯喬治著，陳榮成譯：《被出賣的臺灣》，（臺北）前衛出版社，2002年版，第19-21頁。

[287]溫強著：《肯尼迪政府與中國：美國對華「遏制但不孤

立」政策緣起》，天津古籍出版社，2005年版，第111頁。

[288]張其昌、王國鈞主編：《中美關係演化》，東北工學院出版社，1990年版，第206—207頁。

[289]朱明權主編：《約翰遜時期的美國對華政策：1964—1968》，上海人民出版社，2009年版，第129頁。

[290]Martin L.Lasater, "U.S.Interests in the New Taiwan", Orbis, Vol.37, No.2, 1993, p.248.

[291]1997 3 36頁。

[292]參閱范來忠：《冷戰後美臺關係的演變、原因分析及未來走向》，《世界經濟與政治論壇》1999年第1期，第51-55頁。

[293]唐正瑞著：《中美棋局中的臺灣問題：1969.1—1999.12》，上海人民出版社，2000年版，第577頁。

[294]張亞中、孫國祥著：《美國的中國政策：圍堵、交往、戰略夥伴》，（臺北）生智文化事業有限公司，1999年版，第349頁。

[295]劉洪潮著：《冷觀世界風雲》，北京廣播學院出版社，2004年版，第57-58頁。

[296]蘇格著：《美國對華政策與臺灣問題》，世界知識出版社，1998年版，第24頁。《開羅宣言》1943年11月26日定稿，1943年12月1日由白宮向新聞界公佈，刊登在美國《國務院公報》（Department of State Bulletin），第9卷，1943年12月4日，第393頁。

[297]國務院臺灣事務辦公室編：《臺灣問題文獻資料選編》，人民出版社，1994年版，第851-852頁。

[298]蘇格著：《美國對華政策與臺灣問題》，世界知識出版社，1998年版，第27頁。

[299]信強、倪世雄：《行為體「身分」與對外政策：美臺關係的建構主義分析》，《世界經濟與政治》2006年第1期，第27頁。

[300]中國社會科學院科學研究局組織編選：《中國社會科學院學者文選——資中筠集》，中國社會科學出版社，2002年版，第390頁。

[301]劉宏：《臺灣問題的地緣政治思考》，《揚州教育學院學報》2003年第4期，第48頁。

[302]潘國華主編：《香港模式與臺灣前途》，中國國際廣播出版社，2004年版，第9頁。

[303]國務院臺灣事務辦公室、國務院新聞辦公室：《臺灣問題與中國的統一》白皮書，1993年8月31日。

[304]潘國華主編：《香港模式與臺灣前途》，中國國際廣播出版社，2004年版，第10頁。

[305]馮啟人著：《美國對華政策與臺灣問題》，（臺北）海峽學術出版社，2002年版，第9頁。

[306]肖元愷著：《百年之結：美國和中國臺灣地區關係的歷史透視》，人民出版社，2001年版，第28頁。

[307]申華：《二十一世紀美國對臺灣海峽兩岸政策探析》，《解放軍外國語學院學報》2000年第1期，第111頁。

[308]李慎之：《中美關係與臺灣問題》，《美國研究參考資料》1985年第2期，第2頁。

[309]國務院臺灣事務辦公室、新聞辦公室：《臺灣問題與中國的統一》，1993年8月31日。

[310]參閱楚樹龍著：《接觸與防範——美國對華戰略》，鷺江出版社，2000年版，第160-161頁。

[311]郝雨凡、張燕冬著：《無形的手——與美國中國問題專家點評中美關係》，新華出版社，2000年版，第31頁。

[312]楚樹龍著：《冷戰後中美關係的走向》，中國社會科學出版社，2001年版，第329頁。

[313]See David M.Lampton, "Paradigm Lost：The Demise of 'Weak China'," The National Interest, No.81, Fall 2005.

[314]美國國防部2006年2月6日發表的《四年防務評估報告》，http://www.defenselink.mil/qdr/report/Report20060203.pdf。

[315]陳毓鈞：《美國與臺灣的歷史關係》，《太平洋學報》1995年第3期，第28-29頁。

[316]參閱趙學功著：《巨大的轉變：戰後美國對東亞的政策（1945—2000）》，天津人民出版社，2002年版，第107-108頁。

[317]FRUS, 1952—1954, Vol.XIV, China and Japan, pp.279-282.

[318]Warren Cohen et, al, Symposium: Rethinking the Lost China in China, Diplomatic History, Winter 1997, pp.71-75.

[319]沃爾特·迪士尼（1901—1966），美國著名導演、製片人、編劇、配音演員和卡通設計者，並且和其兄洛伊·迪士尼（Roy O.Disney）一同創辦了世界著名的華特迪士尼公司。華特·迪士尼是一個成功的故事講述者，一個實踐能力很強的製片和一個很普通的藝人。他和他的職員一起創造了許許多多世界上最有名的最受歡迎的角色，包括那經常被提及的稱得上是華特好友的米老鼠。

[320]呂桂霞著：《遏制與對抗：越南戰爭期間的中美關係（1961—1973）》，社會科學文獻出版社，2007年版，第21頁。

[321]Roger Hilsman, To Move a Nation: the Politics of Foreign Policy in the Administration of John F.Kennedy, New York: Delta Book edition, 1967, p.301.參閱溫強著：《肯尼迪政府與中國：美國對華「遏制但不孤立」政策緣起》，天津古籍出版社，2005年版，第2頁。

[322]《美國對亞洲的外交政策——美國康侖公司研究報告》，世界知識出版社，1960年版，第233、248頁。

[323]FRUS, 1961—1963, Vol.22, Doc 157.

[324]王緯主編：《美國對亞太政策的演變（1776—1995）》，山東人民出版社，1995年版，第317頁。

[325]余堅著：《中美外交關係之研究》，（臺北）正中書局，1973年版，第163頁。

[326]唐小松：《論20世紀60年代肯尼迪政府對中國的「微開門」政策》，《學術探索》2002年第5期，第95頁。

[327]呂桂霞著：《遏制與對抗：越南戰爭期間的中美關係（1961—1973）》，社會科學文獻出版社，2007年版，第167

頁。

[328]朱明權主編：《約翰遜時期的美國對華政策：1964—1968》，上海人民出版社，2009年版，第53頁。

[329]郝雨凡著：《白宮決策：從杜魯門到克林頓的對華政策內幕》，東方出版社，2002年版，第185頁。

[330]倪世雄、盧義民著：《當代西方戰略理論》，四川人民出版社，1989年版，第107頁。

[331]《冷戰前期美國對臺政策的意識形態因素分析》，http://blog.sina.com.cn/s/blog_4d 15635d01008tik.html。

[332]《「藍軍」陰影下的布希對華政策》，http://www.100paper.com/100paper/zhengzhi/zheng-zhixiangguan/20070623/27471_4.html。

[333]參閱楚樹龍著：《接觸與防範——美國對華戰略》，鷺江出版社，2000年版，第29-30頁。

[334]郝雨凡著：《白宮決策：從杜魯門到克林頓的對華政策內幕》，東方出版社，2002年版，第732頁。

[335]劉建飛：《後冷戰時代的中美關係與臺灣問題》，《戰略與管理》2002年第6期，第105頁。

[336][美]威廉·奧弗雷爾特著，達洲譯：《中國的崛起：經濟改革正在如何造就一個新的超級強國》，中央編譯出版社，1996年版，第291頁。

[337][美]陶美心、趙梅主編：《中美長期對話（1986—2001）》，中國社會科學出版社，2001年版，第113頁。

[338]楚樹龍著：《冷戰後中美關係的走向》，中國社會科學

出版社，2001年版，第65頁。

[339]李慶余主編：《11個美國人與現代中國》，安徽大學出版社，1998年版，第284頁。

[340]梁雲彤、辛仲勤等著：《美國和平演變戰略》，吉林人民出版社，1992年版，第150頁。

[341]劉連第編：《中美關係的軌跡——1993年-2000年大事縱覽》，時事出版社，2001年版，第3頁。

[342]楚樹龍著：《接觸與防範——美國對華戰略》，鷺江出版社，2000年版，第25頁。

[343]萬明：《人權問題：本質上的邊緣化和形式化》，載郝雨凡、張燕冬主編：《限制性接觸——布希政府對華政策走向》，新華出版社，2001年版，第399頁。

[344]張苾蕪：《維繫美臺關係基本因素分析》，《臺灣研究集刊》1991年第4期，第26頁。

[345]Managing the Taiwan Issue: Key is Better Relations with China, Report of an Independent Task Force, New York：Council on Foreign Relations, 1995, p.11.

[346]周忠菲：《中美關係正常化與美國對臺政策的演變》，《臺灣研究集刊》1995年第3/4期，第121頁。

[347]「可能是一個冷戰結束了，另外兩個冷戰又已經開始。」這種「新冷戰」與正式的「冷戰」意義是不同的。參閱《鄧小平文選》（第三卷），人民出版社，1993年版，第344頁。

[348]參閱《溫家寶出席美國九團體歡迎晚宴發表演講》，《解放軍報》2003年12月11日，第5版。

[349]陶文釗主編:《冷戰後的美國對華政策》,重慶出版社,2006年版,第414頁。

[350]袁成毅:《杜魯門時期的美國對臺政策》,《杭州師範學院學報》1991年第2期,第39頁。

[351]楊潔勉等著:《世界格局中的臺灣問題:變化和挑戰》,上海人民出版社,2002年版,第118頁。

[352]Brett Lippeneott, "Taiwan should be Allowed to Join the World Community," Heritage Foundation Reports, August 24, 1994, Background No.132.

[353] [美] 布熱津斯基,韓紅譯:《如何與中國共處》,《戰略與管理》2000年第3期,第71頁。See also Zbigniew Brzezinski,"Living with China", The National Interest, Spring 2000,p.13.

[354]韋弦:《臺灣的價值何在?》,參閱:http://www.southcn.com/news/hktwma/taiwan/zhenta-ntt/200210300674.htm。

[355]王曰癢、黃仁偉等著:《中美關係向何處去——克林頓對華政策趨勢》,四川人民出版社,1993年版,第139頁。

[356]《鄧小平文選》(第三卷),人民出版社,1993年版,第86頁。

[357]趙大興:《美國對臺政策與中美關係》,《海峽評論》1997年2月號,第74期。http://www.taihaicenter.com/production/lw/waijiao/wd/0035

[358]劉麗華、劉愛華:《論70年代以來美國對臺灣政策的變

動性與穩定性》，《內蒙古師大學報（哲學社會科學版）》1999年第6期，第8頁。

[359]參閱[美]吉姆·赫爾姆斯、詹姆斯·普里斯特主編，張林宏等譯：《外交與威攝：美國對華戰略》，新華出版社，1998年版，第107—123頁。

[360]這裡所說的「西化」，就是指西方國家企圖用他們的社會制度、意識形態和價值觀念來改造中國、和平演變中國；「分化」，就是指透過培植、鼓動與支持政治的、民族的、宗教的各類分裂勢力，企圖將中國分而治之。在中國學術界，不少人認為，「西化」和「分化」相互聯繫、互為表裡，自鴉片戰爭以來就是美國對華政策的本質，只是在不同時期、不同環境、不同條件下，交替使用或綜合使用政治、軍事、外交、經濟和文化手段。參閱張林宏：《21世紀的中美關係：對抗還是合作？》，《戰略與管理》1997年第3期，第25頁。

[361]劉佳雁、潘飛：《淺析美國對臺政策的"民主困境"》，《臺灣研究》2007年第5期，第50頁。

[362]戚興元：《中美在臺利益博弈對中美關係的影響》，《山西社會主義學院學報》2007年第4期，第27頁。

[363]王勇：《淺析美國的臺灣政策》，《世界經濟與政治》1989年第6期，第28頁。

[364]雙驚華：《詹森時期美國對臺政策的轉變》，《史林》2005年第2期，第117頁。

[365]US Policy Toward Taiwan and The Government of the Republic of China(NSC5723), Statement of Policy by National Security Council, Issue Date: October 4th, 1957,

CK3100246217, Declassified Documents Reference System, Gale Group Inc., 2006, pp.1-4。忻華著：《羈絆與扶持的困境：論肯尼迪與約翰遜時期的美國對臺政策（1961—1968）》，上海人民出版社，2008年版，第489頁。

[366]FRUS, 1961—1963, Vol.XXII China, Japan, Korea, Document 76。忻華著：《羈絆與扶持的困境：論肯尼迪與約翰遜時期的美國對臺政策（1961—1968）》，上海人民出版社，2008年版，第508頁。

[367]FRUS, 1964—1968, Vol.XXX: China, Document 48, pp.86-94。忻華著：《羈絆與扶持的困境：論肯尼迪與約翰遜時期的美國對臺政策（1961—1968）》，上海人民出版社，2008年版，第508-510頁。

[368]美國政府在公報簽訂之前，於1982年7月14日向臺灣當局進行了通報，並作了六點「保證」：（1）美方未同意對臺軍售上，設定結束期限；（2）美方未接受在武器售臺前與中國政府相商的要求；（3）美方無意扮演任何在大陸與臺灣間進行調解的角色；（4）美方不擬修改《臺灣關係法》；（5）美方未改變其對臺灣「主權」的一貫立場；（6）美方無意施加壓力，促使臺灣與大陸進行談判。

[369]陳毓鈞著：《一個中國與北京──華府──臺北》，（臺北）環宇出版社，1996年版，第96頁。

[370]姜南揚著：《臺灣政治轉型之迷》，文津出版社，1993年版，第195頁。

[371]楊永斌：《冷戰後美國在臺灣的意識形態戰略利益》，《當代亞太》2001年第9期，第15-16頁。

[372]肖元愷著：《百年之結：美國和中國臺灣地區關係的歷史透視》，人民出版社，2001年版，第237頁。

[373]Richard Bush, Untying the Knot: Making Peace in the Taiwan Strait, Washington D.C.: The Brookings Institution Press, 2005, p.2.

[374]任晶晶：《美國的外交與中國的對策》，http://www.zaobao.com/yl/yl100212_001.shtml。

[375]楊紅：《從冷戰後美臺關係演變看美對臺政策實質》，《國際關係學院學報》2003年第5期，第23頁。

[376]劉力、邱偉：《布希政府臺灣政策變化軌跡》，《學習月刊》2006年第6期（上），第44頁。

[377]信強、倪世雄：《行為體「身分」與對外政策：美臺關係的建構主義分析》，《世界經濟與政治》2006年第1期，第28頁。

[378]李慶余主編：《11個美國人與現代中國》，安徽大學出版社，1998年版，第157頁。

[379]帕特里克·杰伊·赫爾利（1883—1963），美國軍人，政治家，外交家。

[380]FRUS, 1949, Vol.9, pp.465-467.

[381]陳志奇著：《美國對華政策三十年》，（臺北）中華日報社，1980年版，第37頁。

[382]李健編著：《台海兩岸戰事回顧》，華文出版社，1996年版，第72頁。

[383]參閱中華人民共和國外交部、中共中央文獻研究室編：

《周恩來外交文選》，中央文獻出版社，1990年版，第8-9頁。

[384] [美]唐耐心著，朱立人等譯：《艱難的抉擇——美國在承認社會主義中國問題上的爭論（1949—1950年）》，復旦大學出版社，2000年版，第211頁。

[385]趙學功著：《巨大的轉變：戰後美國對東亞的政策》，天津人民出版社，2002年版，第9頁。

[386]袁明：《社會主義中國成立前後的美國對華政策觀》，載袁明、[美]哈里·哈丁主編：《中美關係史上沉重的一頁》，北京大學出版社，1989年版，第221頁。

[387]"等待塵埃落定"是艾奇遜1949年2月對一批國會議員介紹中國局勢時所講的一句話，原話是「森林中一棵大樹倒下時，直到塵埃落定，人們才能看清它破壞的後果。」這句話後來被報界用來形容政府的對華政策處於猶豫觀望中。參閱[美]唐耐心著，朱立人等譯：《艱難的抉擇：美國在承認社會主義中國問題上的爭論（1949—1950）》，上海人民出版社，2000年版，主編前言第1頁。

[388]胡禮忠等著：《從望廈條約到柯林頓訪華：中美關係（1944—1996）》，福建人民出版社，1996年版，第327頁。

[389] [美]卡爾·洛特·蘭金著，海英譯：《蘭金回憶錄》，上海人民出版社，1975年版，第122頁。

[390]袁明：《社會主義中國成立前後的美國對華政策觀》，載袁明、[美]哈里·哈丁主編：《中美關係史上沉重的一頁》，北京大學出版社，年版，第頁。

[391]FRUS, 1951, Vol.6, p.38.

[392]張淑雅：《美國對臺政策轉變的考察（1950年12月—

1951年5月》，（臺北）《中央研究院近代史研究所集刊》1990年第19期，第471頁。

[393] [美] 博克、丁伯成著：《大洋彼岸的中國幻夢：美國「精英」的中國觀》，外文出版社，2000年版，第69頁。

[394] 溫強著：《肯尼迪政府與中國：美國對華「遏制但不孤立」政策緣起》，天津古籍出版社，2005年版，第196頁。

[395] 柳靜編著：《西方對外戰略策略資料》（第一輯），當代中國出版社，1992年版，第6頁。

[396] 資中筠著：《追根溯源——戰後美國對華政策的緣起與發展（1945—1950）》，上海人民出版社，2000年版，第285—286頁。

[397] 姜南揚著：《臺灣政治轉型之迷》，文津出版社，1993年版，第44—45頁。

[398] [美] 韋艾德、葛蘇珊編著，張苾蕪譯：《臺灣政治經濟理論研究》，鷺江出版社，1992年版，第181頁。

[399] [美] 唐耐心著：《不確定的友情：臺灣、香港與美國，1945至1992)》，新新聞編譯小組，（臺北縣）新新聞文化事業股份有限公司，1995年版，第148頁。

[400] FRUS 1949, IX, pp.265-267.

[401] FRUS 1949, IX, pp.270-275.

[402] 參閱霍世亮：《論五十年代美國的對華政策》，《美國研究》1993年第4期，第85頁。

[403] 朱鑫、王甬：《三次「台海危機」始末》，《黨史文苑》1997年第3期，第44頁。

[404]鄭永平：《第二次臺灣海峽危機期間美國的臺灣政策》，《美國研究》1992年第3期，第94—95頁。

[405]霍世亮：《論五十年代美國的對華政策》，《美國研究》1993年第4期，第100-101頁。

[406]鄭又平：《臺灣海峽危機期間的美臺關係》，載資中筠、何迪編：《美臺關係四十年（1949—1989）》，人民出版社，1991年版，第160頁。

[407]肖元愷著：《百年之結：美國和中國臺灣地區關係的歷史透視》，人民出版社，2001年版，第110頁。

[408]唐小松：《肯尼迪政府的「限蔣出籠」政策（1961—1963）》，《當代中國史研究》2003年第3期，第79頁。

[409]郝雨凡著：《白宮決策：從杜魯門到克林頓的對華政策內幕》，東方出版社，2002年版，第275頁。

[410]朱明權主編：《約翰遜時期的美國對華政策：1964—1968》，上海人民出版社，2009年版，第31頁。

[411][美]卡爾·洛特·蘭金著，海英譯：《蘭金回憶錄》，上海人民出版社，1975年版，第116頁。

[412][美]卡爾·洛特·蘭金著，海英譯：《蘭金回憶錄》，上海人民出版社，1975年版，第277頁。

[413]美國國務院新聞稿（Press Release），Series No.58, June 28, 1958.

[414]趙學功著：《巨大的轉變：戰後美國對東亞的政策》，天津人民出版社，2002年版，第115頁。

[415][美]容安瀾著，賈宗宜等譯：《懸崖勒馬：美國對臺

政策與中美關係》，新華出版社，2007年版，第11、172、174頁。

[416]劉國深、李煒：《影響臺灣地區政治文化變遷的外部因素分析》，《臺灣研究集刊》2007年第3期，第6頁。

[417]FRUS, 1964—1968, Vol.XXX: China, Document 83, pp.160-164。載忻華著：《羈絆與扶持的困境：論肯尼迪與約翰遜時期的美國對臺政策（1961—1968）》，上海人民出版社，2008年版，第478頁。

[418][美]唐耐心著：《不確定的友情：臺灣、香港與美國，1945至1992）》，新新聞編譯小組，（臺北縣）新新聞文化事業股份有限公司，1995年版，第15頁。

[419]US Policy Toward Taiwan and The Government of the Republic of China (NSC5723), Statement of Policy by National Security Council, Issue Date: October 4th, 1957, CK3100246217, Declassified Documents Reference System, Gale Group Inc., 2006, pp.1-4。參閱忻華著：《羈絆與扶持的困境：論肯尼迪與約翰遜時期的美國對臺政策（1961—1968）》，上海人民出版社，2008年版，第489—490頁。

[420]忻華著：《羈絆與扶持的困境：論肯尼迪與約翰遜時期的美國對臺政策（1961—1968）》，上海人民出版社，2008年版，第491頁。

[421]FRUS, 1961-1963, Vol.XXII: China, Japan, Korea, Document 76。參閱忻華著：《羈絆與扶持的困境：論肯尼迪與約翰遜時期的美國對臺政策（1961—1968）》，上海人民出版社，2008年版，第508頁。

[422]郝雨凡著:《白宮決策:從杜魯門到克林頓的對華政策內幕》,東方出版社,2002年版,第281頁。

[423]FRUS, 1964-1968, Vol.XXX: China, Document48, pp.86-94。參閱忻華著:《羈絆與扶持的困境:論肯尼迪與約翰遜時期的美國對臺政策(1961—1968)》,上海人民出版社,2008年版,第508-510頁。

[424]胡禮忠:《一份圖謀使臺灣和大陸永久分離的美國檔案》,《世紀》2002年第2期,第30頁。

[425]鄭又平:《臺灣海峽危機期間的美臺關係》,載資中筠、何迪編:《美臺關係四十年(1949—1989)》,人民出版社,1991年版,第161頁。

[426][美]邁克爾·謝勒著,徐澤榮譯:《二十世紀的美國與中國》,北京三聯書店,1985年版,第198頁。

[427]蘇格著:《美國對華政策與臺灣問題》,世界知識出版社,1998年版,第337頁。

[428]辛旗:《近四十年臺灣社會結構變遷與文化價值體系的調適》,《臺灣研究》1990年第4期,第75頁。

[429]FRUS, 1949, Vol.IX, p.265.

[430]蘇格著:《美國對華政策與臺灣問題》,世界知識出版社,1998年版,第338頁。

[431][美]鄒讜著,王寧、周先進譯:《美國在中國的失敗》,上海人民出版社,1997年版,第417-418頁。

[432]參閱李洪波:《美臺矛盾研究(1949—2000)》,解放軍外國語學院博士論文,2006年,第318頁。

[433] [美]戴維·麥克林，時殷弘譯：《艾奇遜、摩根索與美國拒絕承認社會主義中國》，《美國研究》2000年第1期，第130—131頁。

[434]郝雨凡著：《白宮決策：從杜魯門到克林頓的對華政策內幕》，東方出版社，2002年版，第87頁。

[435] "Remarks of Welcome to Participants in the Summer Inter Program for College Students, June 20, 1962," in Public Papers of the President of the United States: John F.Kennedy 1962, p.500.參閱溫強著：《肯尼迪政府與中國：美國對華「遏制但不孤立」政策緣起》，天津古籍出版社，2005年版，第128頁。

[436]Earl Swisher, Today's World in Focus: China, Boston: Ginn & Company, 1964, p.100。參閱溫強著：《肯尼迪政府與中國：美國對華「遏制但不孤立」政策緣起》，天津古籍出版社，2005年版，第128頁。

[437]參閱呂桂霞著：《遏制與對抗——越南戰爭期間的中美關係（1961—1973）》，社會科學文獻出版社，2007年版，第258-287頁。

[438] [美]容安瀾著，賈宗宜等譯：《懸崖勒馬：美國對臺政策與中美關係》，新華出版社，2007年版，第4頁。

[439]http://www.state.gov/r/pa/ho/frus/nixon/i/20700.htr Document 3.

[440]Richard Nixon, "Asia after VietNam," Foreign Affairs, Oct.1967, pp.111-125.

[441]岡棟俊、陳友著：《美國對華政策50年》，廣東人民出

版社，2001年版，第149頁。

[442]1992 90-91頁。

[443]呂桂霞著：《遏制與對抗——越南戰爭期間的中美關係（1961—1973）》，社會科學文獻出版社，2007年版，第287-288頁。

[444]趙學功著：《巨大的轉變：戰後美國對東亞的政策》，天津人民出版社，2002年版，第240—241頁。

[445]薄燕：《中美關係的戰略基礎之演變》，《國際觀察》2000年第3期，第10頁。

[446]楚樹龍著：《冷戰後中美關係的走向》，中國社會科學出版社，2001年版，第4—5頁。

[447]郝雨凡著：《白宮決策：從杜魯門到克林頓的對華政策內幕》，東方出版社，2002年版，第283頁。

[448] "The Annul Report to the Congress on the United States Foreign Policy," Public Papers: Nixon, 1972, p.219.

[449]沈劍虹著：《使美八年紀要——沈劍虹回憶錄》，（臺北）臺灣聯經出版事業公司，1982年版。

[450]郝雨凡著：《美國對華政策內幕》，台海出版社，1998年版，第136—137頁。

[451]冬梅編：《中美關係資料選編》，時事出版社，1982年版，第82頁。

[452]現代國際關係研究所選編：《美中建交前後——卡特、布熱津斯基和萬斯的回憶》，時事出版社，1984年版，第5頁。

[453]莊去病等：《評美國的〈臺灣關係法〉》，載資中筠、何迪編：《美臺關係四十年（1949—1989）》，人民出版社，1991年版，第200頁。

[454]姚一平、張景旭：《美國對臺政策與臺灣之前途》，《政治學研究》1985年第4期，第26頁。

[455][美]羅伯特·薩特：《臺灣：正在形成的關係》，載中國社會科學院美國研究所編譯組：《美中關係未來十年——美國大西洋理事會對華政策文集》（1983—1993），中國社會科學出版社，1984年版，第329頁。

[456]郝雨凡著：《白宮決策：從杜魯門到克林頓的對華政策內幕》，東方出版社，2002年版，第723頁。

[457]參閱熊志勇：《艱難的抉擇——中美關係正常化對美臺關係的影響》，載資中筠、何迪編：《美臺關係四十年（1949—1989）》，人民出版社，1991年版，第187—188頁。

[458]郝雨凡著：《白宮決策：從杜魯門到克林頓的對華政策內幕》，東方出版社，2002年版，第486頁。

[459]潘銳：《美國的對臺政策：歷史與現實》，《國際商務研究》1999年第6期，第53頁。

[460][美]理查德·尼克森著，楊魯軍等譯：《1999：不戰而勝》，上海三聯書店，1989年版，第253頁。

[461]《臺灣淡入「後蔣經國時代」》，（香港）《明報月刊》1988年1月號，第16頁。

[462]參閱姜南揚著：《臺灣政治轉型之迷》，文津出版社，1993年版，第195—196頁。

[463]紐約外交關係協會：《處理臺灣問題——改善中美關係之道》研究報告，轉引自《編譯參考》1996年第4期。

[464]中國社會科學院臺灣研究所編：《臺灣總覽》，中國友誼出版公司，1991年版，第90頁。

[465]於江欣：《兩難：美國在台海問題上》，《世界知識》2000年第6期，第13頁。

[466]楊永斌：《冷戰後美國在在臺灣的意識形態戰略利益》，《當代亞太》2001年第9期，第13頁。

[467]戴德铮等著：《當代世界格局與國際關係》，武漢大學出版社，1999年版，第184頁。

[468]嚴波：《美國中國政治生態與臺灣問題上的"雙軌政策"》，《臺灣研究集刊》2006年第2期，第25頁。

[469]Managing the Taiwan Issue: Key is Better Relations with China, Report of an Independent Task Force, New York: Council on Foreign Relations, 1995, p.11.

[470]林正義：《1988年至1989年中美政治、軍事關係演變》，載林正義主編：《中美關係報告：1988—1989》，（臺北）中央研究院美國文化研究所，1991年版，第7頁。

[471]參閱李洪波：《美臺矛盾研究（1949—2000）》，解放軍外國語學院博士論文，2006年，第233—234頁。

[472]《臺灣關係法》第二條C項規定，「本法中任何規定，在人權方面都不能與美國的利益相牴觸，特別是有關大約一千八百萬臺灣居民（inhabitants）的人權方面。本法案特重申維護與提高臺灣所有人民的人權，為美國的目標（objectives of the United

States）」，這條規定是經過彭明敏等「台獨分子」積極遊說後，由親台獨的美國議員加上的。該條款為美國時刻干涉、關注臺灣人權狀況的發展，提供了法律依據。正是有了該條款，「美國國會才有正當理由舉行聽證會和通過決議來擴大臺灣的政治發展。自1979年以來，幾乎所有關於臺灣的聽證會都聚集於島內的政治發展上」。同時，把對它國或地區人權狀況的關注寫進本國法律的作法，也是史無前例的。參閱[日]若林正丈著，賴香吟譯：《蔣經國與李登輝》，（臺北）遠流出版公司，1998年版，第154頁；Cheng-yi Lin, "The U.S.Factor in Taiwan's Political Development, 1979-1989", Sino-American Relations, Vol.XVIII, No.4, Winter 1992, p.37.

[473]U.S.Congress, Senate, Committee on Foreign Relations, U.S.Policy Toward China and Taiwan, Hearing, 97th Congress, 2dSession, Washington, D.C.: Government Printing Office, 1982, p.18.

[474]郝柏村認為，「美國的壓力當然是有，比方美眾議院亞太小組主席索拉茲他要求我們要解除戒嚴......」參閱郝柏村著：《郝總長日記中的經國先生晚年》，（臺北）天下文化出版股份有限公司，1995年版，第334頁；漆高儒著：《廣角鏡下的蔣經國》，（臺北）黎明文化事業股份有限公司，2001年版，第269頁。

[475]孫慶余著：《民進黨現象》，（臺北）日知堂文化事業有限公司，1992年版，第46-48頁。

[476]參閱林震：《試論臺灣民主化的動因》，《河海大學學報》（哲學社會科學版）2005年第2期，第58頁。

[477]John F.Copper, China Diplomacy: The Washington-

Taipei-Beijing Triangle, Colo.: Westview Press Inc., 1992, p.7.

[478]林正義：《1988年至1989年中美政治、軍事關係演變》，載林正義主編：《中美關係報告：1988—1989》，（臺北）中央研究院美國文化研究所，1991年版，第5頁。

[479]王昭麟：《臺灣人權報告——美國觀點的重要指標》，（臺灣）《美國月刊》1989年第4卷第6期，第75頁。

[480]常燕生、辛旗主編：《轉型期的臺灣政治》，華藝出版社，1990年版，第198、201頁。

[481]姜南揚著：《臺灣政治轉型之謎》，文津出版社，1993年版，第201頁。

[482]嚴軍：《冷戰後美國對臺政策調整的內外動因》，《安徽師範大學學報》（人文社會科學版）1999年第4期，第453頁。

[483]《美國對海峽兩岸政策之分析》，http://lw.china-b.com/zxsh/20090224/324356_1.html。

[484]參閱劉國深、李煒：《影響臺灣地區政治文化變遷的外部因素分析》，《臺灣研究集刊》2007年第3期，第2、6—7頁。

[485]參閱臺灣《中國論壇》，1990年10月10日，第361期，第11頁。

[486]澄社著：《臺灣民主自由的曲折歷程——紀念雷震案三十週年學術研討會論文集》，（臺北）自立晚報社文化出版部，1992年版，第169頁。

[487]轉引自王曉波著：《統派觀點》，（臺北）臺灣海峽出版社，1997年版，第9頁。

[488][美]李侃如著，胡國成、趙梅譯：《治理中國：從革

命到改革》，中國社會科學出版社，2010年版，第347頁。

[489]孫建社：《影響中美關係的四大因素》，《當代世界社會主義問題》2001年第2期，第84頁。

[490]雲莉、孟萌：《冷戰時期與冷戰後美國對臺政策比較》，《內蒙古師範大學學報》（哲學社會科學版）年第期，第頁。

[491]唐正瑞著：《中美棋局中的"臺灣問題"》，上海人民出版社，2000年版，第299頁。

[492]Robert L.Suettinger, Beyond Tiananmen: The Politics of U.S.-China Relations, 1989-2000, Washington, D.C.: The Brookings Institution, 2003, p.437.

[493]John W.Garver, Face Off : China, the United States, and Taiwan's Democratization, Seattle and London : University of Washington Press, 1997, p.164.

[494] [美] 吉姆·赫爾姆斯、詹姆斯·普里斯特主編，張林宏等譯：《外交與威攝：美國對華戰略》，新華出版社，1998年版，第154頁。

[495]《人民日報》（海外版），1991年7月30日。

[496]牛軍：《布希政府台海政策透視》，《國際經濟評論》2001年第1—2月期，第27頁。

[497] [美] 哈里·哈丁著，柯雄等譯：《美中關係的現狀與前景：美國和中國1972年以來的脆弱關係》，新華出版社，年版，第頁。

[498]梅孜編譯：《美國總統國咨文選編》，時事出版社，

1994年版,第773頁。

[499]梅孜編譯:《美國國家安全戰略報告彙編》,時事出版社,1996年版,第8頁。

[500] [美] 理查德·哈斯著,殷雄等譯:《新干涉主義》,新華出版社,2000年版,第215—216頁。

[501]梅孜編譯:《美國國家安全戰略報告彙編》,時事出版社,1994年版,第244頁。

[502]Stephen M.Walt, "Two Cheers for Clinton's Foreign Policy," Foreign Affairs, March/April 2000, p.64.

[503]張智新:《奧巴馬對臺軍售咄咄逼人 鼓勵分裂》,http://news.stnn.cc/ed_china/201002/t20100201_1263491.htm

[504]趙大興:《美國對臺政策與中美關係》,http://www.taihaicenter.com/production/lw/waijiao/wd/003

[505]James A.Baker III, "America in Asia: Emerging Architecture for Pacific Community," Foreign Af-fairs, Winter 1991/1992,p.15.參閱張清敏:《布希政府向臺灣出售F-16戰鬥機的決定》,《美國研究》2000年第4期,第116-117頁。

[506]嚴峻文:《透視美國對臺軍購》,www.tailian.org.cn/taiwan/pinglundetail.asp。

[507]National Security Strategy by George Bush, U.S.Department of State Dispatch, March 3, 1990, 1(1).

[508]Harry H.Red, "Star Rising in the East," The Washington Post, 1997-03-09.

[509]James Mann, About Face: A History of America's

Curious Relationship with China, from Nixon to Clinton, N.Y.: Alfred A.Knopf, Inc., 1998, pp.140-142.

[510]袁明、范士明：《「冷戰」後美國對中國（安全）形象的認識》，《美國研究》1995年第4期，第10頁。

[511]王堅德：《冷戰結束後美國對臺政策的調整及其對台海局勢的影響》，《福建師範大學學報》（哲學社會科學版）2001年第2期，第101—102頁。

[512]美國參議員佩爾（Claiborne Pell），《遠東經濟評論》，1993年9月23日。

[513]Dana Rohrbacher, "What Cards Remaining in the China Deck? Dealing a Hand to the ROC", The Washington Times, May 24, 1994.

[514]James Lilley, "U.S.-Sino Relations and the Prospect for Polical Reform in China," Speech to Women's National Democratic Club, Federal News Service, May 31, 1994.

[515]Martin L.Lasater: "U.S.Interests in the New Taiwan," Orbis, Spring 1993, p.247.

[516]BrettLippeneott, "Taiwan should be Allowed to Join the World Community," Heritage Foundation Reports, August 24, 1994, Background No.132.

[517]楊永斌：《冷戰後臺灣在美國對華關係中的地緣戰略作用》，《哈爾濱學院學報》2001年第2期，第19-20頁。

[518]王曰癢、黃仁偉等著：《中美關係向何處去——柯林頓對華政策趨勢》，四川人民出版社，1993年版，第139頁。

[519]Nancy B.Tucker, "China-Taiwan: U.S.Debates and Policy Choices," Survival, Vol.40, No.4, Winter 1998-1999, p.151.

[520]龔開國：《淺析近期美國對臺灣的政策》，《現代臺灣研究》1995年8月，第11期，第16頁。

[521]Anthony Lake, "From Containment to Enlargement," Address at the School of Advanced Internation-al Studies, Johns Hopkins University, Washington, DC., U.S.Department of State Dispatch, vo.4, No.39, Sept 27, 1993, pp.658-660, p.662.

[522][美]比爾·柯林頓著，金燦榮等譯：《希望與歷史之間：迎接21世紀對美國的挑戰》，海南出版社，1997年版，第116頁；羅艷華等著：《美國輸出民主的歷史與現實》，世界知識出版社，2009年版，第254頁。

[523] "Secretary Albright 6/28 Press Briefing," USIS Bulletin, July 1, 1998, p.12.

[524]U.S.Department of State Dispatch, Vol.4, No.14, April 5, 1993, p.218.

[525]陶文釗著：《中美關係史（1972—2000）》，上海人民出版社，2004年版，第255頁。

[526]1997 1期，第55-56頁。

[527]1995 2 75頁。

[528]夏建平：《臺灣問題中的中美價值觀因素及其影響》，《雲南行政學院學報》2002年第4期，第74頁。

[529][美]吉姆·赫爾姆斯、詹姆斯·普里斯特主編，張林宏等譯：《外交與威攝：美國對華戰略》，新華出版社，1998年版，第123頁。

[530]小亞歷山大·梅格斯·黑格（1924—），美國軍人、政治家，曾任美國白宮辦公廳主任和美國國務卿。

[531]現代國際關係研究所選編：《黑格回憶錄》，時事出版社，1985年版，第89-90頁。

[532]陶文釗著：《中美關係史（1972—2000）》，上海人民出版社，2004年版，第267頁。

[533]陶文釗著：《中美關係史（1972—2000）》，上海人民出版社，2004年版，第277頁。

[534]正源編：《柯林頓訪華言行錄》，中國社會科學出版社，1998年版，第205頁。

[535]Ezra F.Vogel, Living with China: US-China Relations in the Twenty-first Century, New York: W.W.Norton and Company, 1997, pp.301-305.

[536]郭震遠：《美國對臺灣問題政策的調整》，《國際問題研究》2000年第1期，第26頁。

[537]戚興元：《中美在臺利益博弈對中美關係的影響》，《山西社會主義學院學報》2007年第4期，第27頁。

[538]梅孜主編：《美臺關係重要資料選編》，時事出版社，1997年版，第269頁。

[539][美]吉姆·赫爾姆斯、詹姆斯·普里斯特主編，張林宏等譯：《外交與威攝：美國對華戰略》，新華出版社，年版，第頁。

[540]於曉輝：《戰後美國對臺政策的調整與演變》，《現代國際關係》1996年第6期，第35頁。

[541][美]理查德·伯恩斯坦、羅斯·芒羅著，隋麗君等譯：《即將到來的美中衝突》，新華出版社，1997年版，第17頁。

[542]許慶復主編：《邁向21世紀的臺灣》，（臺北）正中書局，1994年版，第31頁。

[543]Lee Teng-hui, "Understanding Taiwan: Bridging the Perception Gap," Foreign Affairs, Nov/Dec 1999, p.13.

[544]The Economist, June 29th-July 5th, 2002, p.14.

[545]劉建飛：《後冷戰時代的中美關係與臺灣問題》，《戰略與管理》2002年第6期，第103頁。

[546]Thomas J.Christensen, "The Contemporary Security Dilemma: Deterring a Taiwan Conflict," The Washington Quarterly, Autumn 2002, p.19.

[547]參閱吳獻斌：《布希政府對臺政策的特點及其原因》，《當代亞太》2004年第3期，第20—21頁。

[548]趙可金：《布希政府對臺政策的新變化》，《學習月刊》2006年第7期（上），第48頁。

[549]陶文釗主編：《冷戰後的美國對華政策》，重慶出版社，2006年版，第72頁。

[550]李正信、荊雅珍：《布希政府對臺政策辨析》，《世界知識》2001年第19期，第24頁。

[551]陶文釗主編：《冷戰後的美國對華政策》，重慶出版社，2006年版，第73頁。

[552]趙可金：《布希政府對臺政策的新變化》，《學習月刊》2006年第7期（上），第48頁。

[553]吳獻斌：《布希政府對臺政策的特點及其原因》，《當代亞太》2004年第3期，第19頁。

[554]Thomas Christensen, "The Contemporary Security Dilemma：Deterring a Taiwan Conflict," The Washington Quarterly, Vol.25, No.4, Autumn 2002, pp.16, 19-20.

[555]楊潔勉：《臺灣政局變遷後美國對臺政策的調整及影響》，《外交學院學報》2000年第3期，第52頁。

[556]參閱李鵬：《從「戰略競爭者」到「利益相關者」：美國對華戰略定位轉移與臺灣問題》，《臺灣研究集刊》2006年第1期，第6—7頁。

[557]王公龍：《理想主義與美國的對臺政策》，《當代亞太》2000年第10期，第28頁。

[558]畢玉蓉、劉亞莉：《觀念背後的契合與碰撞——建構主義視角下的中美關係與臺灣問題》，《東南亞之窗》2006年第2期，第46頁。

[559]劉佳雁、潘飛：《淺析美國對臺政策的「民主困境」》，《臺灣研究》2007年第5期，第53頁。

[560]美國國務卿查爾斯·舒爾茨（Charles M.Schulz）1985年1月13日在參議院的證詞，《美國新聞署》1985年1月13日電。

[561]《1991年美國國家安全戰略報告》，參閱梅孜編譯：《美國國家安全戰略報告彙編》，時事出版社，1996年版，第188頁。

[562]梁雲彤、辛仲勤等著：《美國和平演變戰略》，吉林人民出版社，1992年版，第179頁。

[563]《1994年國家參與和擴展安全戰略報告》，參閱梅孜編譯：《美國國家安全戰略報告彙編》，時事出版社，1996年版，第243-246頁。

[564]劉連第編著：《中美關係的軌跡——1993—2000年大事縱覽》，時事出版社，2001年版，第3頁。

[565]「可以預見，在本世紀初的10-20年內，美國對華防範目標和措施將更趨明確，中美政治和意識形態方面的分歧更加突出，臺灣在美國對外輸出『民主』『自由』等價值觀念和政體模式方面的作用更加突顯。」參閱楊潔勉：《臺灣政局變遷後美國對臺政策的調整及影響》，《外交學院學報》2000年第3期，第56頁。

[566]范躍江：《美國「以臺制華」政策的制約因素及前景》，《臺灣研究》1997年第3期，第36頁。

[567]郝雨凡著：《白宮決策：從杜魯門到克林頓的對華政策內幕》，東方出版社，2002年版，第708頁。

[568][美]茲比格紐·布熱津斯基著：《大棋局——美國的首要地位及其地緣戰略》，上海人民出版社，1998年版，第33頁。

[569]John Fousek, To Lead the Free World: American Nationalism and the Cultural Roots of the Cold War, Chapel Hill and London: The University North Carolina Press, 2000, p.8.

[570][美]陶美心、趙梅主編：《中美長期對話（1986—2001）》，中國社會科學出版社，2001年版，第127頁。

[571] [美] 弗西格爾著，劉緒貽等譯：《多難的旅程——40年代至80年代初美國政治社會史》，商務印書館，1990年版，第1頁。

[572] [美] 孔華潤主編，周桂銀等譯：《劍橋美國對外關係史》（上），新華出版社，2004年版，第53頁。

[573] [美] 邁克爾·卡門著，王晶譯：《自相矛盾的民族》，江蘇人民出版社，2006年版，第4頁。

[574]Edward M.Burns, The American Idea of Mission: Concepts of National Purpose and Destiny, New Jersy: Rutgers University Press, 1957, p.511.

[575] [美] 塞繆爾·亨廷頓著，程克雄譯：《我們是誰：美國國家特性面臨的挑戰》，新華出版社，2005年版，第19頁。

[576] [美] J.布盧姆等著，楊國標等譯：《美國的歷程》（上冊），商務印書館，1988年版，第401頁。

[577]Roger S.Whitcomb, The American Approach to Foreign Affairs: An Uncertain Tradition, New York: Praeger Publishers, 1998, p.43.

[578]IVring Kristol, "Defining our National Interest," in Oven Harries, ed., America's Purpose: New Vi-sions of U.S.Foreign Policy, San Francisco: ICS Press, 1991, p.60.

[579]Anatol Lieven, America Right or Wrong: An Anatomy of American Nationalism, New York: Oxford University Press, 2004, p.1.

[580] [美] 愛德華·勒克著，裘因等譯：《美國政治與國際組

織》，新華出版社，2001年版，第122頁。

[581] [英] 澤烏丁·戴維斯等著，朱琳等譯：《誰在恨美國？》，中國青年出版社，2004年版，第208頁。

[582] [英] 巴裡·布讚著，劉永濤譯：《美國和諸大國：21世紀的世界政治》，上海人民出版社，2007年版，第179頁。

[583]David Ryan, US Foreign Policy in World History, London and New York：Routledge, 2000, p.187.

[584] [美] 彼得·卡贊斯坦著，秦亞青等譯：《地區構成的世界：美國帝權中的亞洲和歐洲》，北京大學出版社，2007年版，第219頁。

[585] [美] 杰里爾·羅賽蒂著，周啟朋等譯：《美國對外政策的政治學》，世界知識出版社，2005年版，第380頁。

[586] [美] 威廉·富布賴特著，簡新芽等譯：《帝國的代價》，世界知識出版社，1991年版，第9-10頁。

[587]鄧鵬、李小兵等著：《剪不斷，理還亂：美國外交政策和美中關係》，中國社會科學出版社，2000年版，第164頁。

[588]施愛國著：《傲慢與偏見：東方主義與美國的「中國威脅論」研究》，中山大學出版社，2004年版，第38—39頁。

[589]李劍明、章彤編：《美利堅合眾國總統就職演說全集》，天津人民出版社，1997年版，第6、16頁。

[590]王曉德著：《美國文化與外交》，世界知識出版社，2000年版，第18—20頁。

[591] [美] 埃茲拉·沃格爾（傅高義）主編，田斌譯：《與中國共處：21世紀的美中關係》，新華出版社，1998年版，第42

頁。

[592][美]塞繆爾·亨廷頓著，周琪等譯：《文明的衝突和世界秩序的重建》，新華出版社，1998年版，第55-56頁。

[593][美]邁克爾·亨特著，褚律元譯：《意識形態與美國外交政策》，世界知識出版社，1999年版，第33頁。

[594]王立新：《意識形態與美國對華政策——以艾奇遜和「承認問題」為中心的再研究》，《中國社會科學》2005年第3期，第182頁。

[595]Aikra Iriye, "North America," History : Review of New Books, Spring 1997, Vol.25, Issue 3, p.107.

[596][美]吉姆·赫爾姆斯、詹姆斯·普里斯特主編，張林宏等譯：《外交與威攝：美國對華戰略》，新華出版社，1998年版，第185頁。

[597]Nancy Bernkopf Tucker, "America First," in Carola McGiffert, ed., China in the American Politi-cal Imagination, Washington, D.C. : The CSIS Press, 2003, p.19.

[598]張燕冬：《大眾媒體：載舟？覆舟？》，載郝雨凡、張燕冬主編：《限制性接觸：布希政府對華政策走向》，新華出版社，2001年版，第276-325頁。

[599]Richard Madsen, China and the American Dream : a Moral Inquiry, Berkeley : University of Califor-nia Press, 1995, p.28, p.110.

[600]袁明、范士明：《「冷戰」後美國對中國（安全）形象的認識》，《美國研究》1995年第4期，第24頁。

[601]郝雨凡著：《白宮決策：從杜魯門到克林頓的對華政策內幕》，東方出版社，2002年版，第724頁。

[602][美]陶美心、趙梅主編：《中美長期對話（1986—2001）》，中國社會科學出版社，2001年版，第13頁。

[603][美]邁克爾·亨特著，褚律元譯：《意識形態與美國外交政策》，世界知識出版社，1999年版，第3頁。

[604]J.William Fubright, The Arrogance of Power, New York：Random House, 1966, p.245.

[605][美]鄒讜著，王寧等譯：《美國在中國的失敗（1941—1950）》，上海人民出版社，1997年版，序第1頁。

[606]王立新：《意識形態與美國對華政策——以艾奇遜和「承認問題」為中心的再研究》，《中國社會科學》2005年第3期，第183頁。

[607]李慶余主編：《11個美國人與現代中國》，安徽大學出版社，1998年版，第115頁。

[608]Robert Oxnam, Sino-American Relations in Historical Perspective, p.37.參閱張中義：《影響美國對華政策的幾種主要力量》，《現代國際關係》1997年第1期，第16頁。

[609]范希周主編：《臺灣政局與兩岸關係》，九州出版社，2004年版，第249頁。

[610]郝雨凡著：《白宮決策：從杜魯門到克林頓的對華政策內幕》，東方出版社，2002年版，第271頁。

[611]雨農：《中美關係發展與美國的對臺政策調整》，《黃埔》1998年第3期，第20頁。

[612] [美] 埃茲拉·沃格爾（傅高義）主編，田斌譯：《與中國共處：21世紀的美中關係》，新華出版社，1998年版，第41頁。

[613] 郝雨凡、張燕冬著：《無形的手——與美國中國問題專家點評中美關係》，新華出版社，2000年版，第278頁。

[614] 資中筠：《追根溯源：對美國對華政策（1945—1950）的再思考》，《美國研究》2000年第3期，第9頁。

[615] 福山是日裔美國人，約翰·霍普金斯大學政治經濟學教授，知名學者。著有《歷史的終結及最後一人》、《信任：社會美德與創造經濟繁榮》、《大分裂：人類本性與社會秩序的重建》等具有廣泛影響的著作。

[616] 梅孜編譯：《美國國家安全戰略報告彙編》，時事出版社，1996年版，第244頁。

[617] 羅艷華等著：《美國輸出民主的歷史與現實》，世界知識出版社，2009年版，第255頁。

[618] 王曉德：《從文化視角對美國外交政策的深層思考》，《美國研究》2007年第4期，第124頁。

[619] John W.Garver, Face off: China, the United States, and Taiwan's Democratization, Seattle and London: the University of Washington Press, 1997, p.164.

[620] 關於臺灣「民主化」進程幾個階段的劃分，參閱：Linda Chao and Ramon H.Myers, "How Elections Promoted Democracy in Taiwan under Martial Law", The China Quarterly, No.162, June, 2000, pp.387-409.

[621]呂有生著：《稱霸亞太：新世紀美國亞太戰略大調整》，大眾文藝出版社，2002年版，第291頁。

[622]郝雨凡著：《白宮決策：從杜魯門到克林頓的對華政策內幕》，東方出版社，2002年版，第271頁。

[623] [美]阿奇耐利：《努力在臺灣問題上達成妥協：從解凍走向建交》，載宮力、[美]威廉·柯比、羅伯特·羅斯主編：《從解凍走向建交：中美關係正常化再探討》，中央文獻出版社，2004年版，第77頁。

[624]熊志勇著：《百年中美關係》，世界知識出版社，2006年版，第269頁。

[625]姜南揚著：《臺灣政治轉型之迷》，文津出版社，1993年版，第201頁。

[626]北京中華世紀壇序文。

[627]李家泉：《民進黨台獨路線本質內涵是什麼》，中評社北京2009年10月18日電。

[628]金甌，原為盛酒器皿，後喻國土完整。

國家圖書館出版品預行編目(CIP)資料

美中大國關係下的臺灣發展：臺灣的歷史發展脫離不了美國的掌控 / 沈惠平 著. -- 第一版. -- 臺北市：崧燁文化，2018.11

面 ； 公分

ISBN 978-957-681-644-4(平裝)

1.臺美關係 2.中美關係

733.292552　　107018223

書　名：美中大國關係下的臺灣發展：臺灣的歷史發展脫離不了美國的掌控
作　者：沈惠平 著
發行人：黃振庭
出版者：崧燁文化事業有限公司
發行者：崧燁文化事業有限公司
E-mail：sonbookservice@gmail.com
粉絲頁　　　　　　網　址：
地　址：台北市中正區重慶南路一段六十一號八樓 815 室
8F.-815, No.61, Sec. 1, Chongqing S. Rd., Zhongzheng Dist., Taipei City 100, Taiwan (R.O.C.)
電　話：(02)2370-3310　傳　真：(02) 2370-3210
總經銷：紅螞蟻圖書有限公司
地　址：台北市內湖區舊宗路二段 121 巷 19 號
電　話：02-2795-3656　傳真：02-2795-4100　網址：
印　刷：京峯彩色印刷有限公司（京峰數位）

　　本書版權為九州出版社所有授權崧博出版事業股份有限公司獨家發行電子書繁體字版。若有其他相關權利及授權需求請與本公司聯繫。

定價：600 元
發行日期：2018 年 11 月第一版
◎ 本書以POD印製發行